大学生
职业素养培养

敬鹏飞　王曦　何立群　主编

陈卓　曹金梅　齐小静　副主编
王玥　张誉千　周丹

华中科技大学出版社
http://press.hust.edu.cn
中国·武汉

图书在版编目(CIP)数据

大学生职业素养培养 / 敬鹏飞，王曦，何立群主编 . -- 武汉：华中科技大学出版社，2025.7.
ISBN 978-7-5772-1757-4

Ⅰ . G647.38

中国国家版本馆 CIP 数据核字第 2025B8F184 号

大学生职业素养培养
Daxuesheng Zhiye Suyang Peiyang

敬鹏飞　王　曦　何立群　主编

策划编辑：杨　静　饶　静

责任编辑：荆云飞

封面设计：琥珀视觉

责任校对：阮　敏

责任监印：朱　玢

出版发行：华中科技大学出版社（中国·武汉）　　　电话：(027)81321913

　　　　　武汉市东湖新技术开发区华工科技园　　　邮编：430223

录　　排：孙雅丽

印　　刷：武汉科源印刷设计有限公司

开　　本：787mm×1092mm　1/16

印　　张：16.75

字　　数：367千字

版　　次：2025年7月第1版第1次印刷

定　　价：52.00元

目录

/ 第三章 /
简历撰写与提升

/ 第四章 /
语言沟通与面试应对

/ 第五章 /
团队合作

/ 第六章 /
时间管理

/第九章/
大学生职业礼仪培养

第一章
职业素养概述

玉不琢，不成器；人不学，不知道。

——西汉·戴圣《礼记·学记》

古人学问无遗力，少壮工夫老始成。纸上得来终觉浅，绝知此事要躬行。

——宋·陆游《冬夜读书示子聿》

職業故事

　　周同学，是某知名高校电子信息类专业本科三年级学生。周同学给自己制定的大学期间发展规划是在本科前三年扎实学习专业知识，在大三下学期开始申请各类实习提升自己的实践能力，本科毕业后直接工作。在他将这一想法与班级的教师班主任进行了深入沟通后，教师班主任建议他可以先加入自己的实验室参与部分课题的项目作为研发入门训练。在实验室研究生学长学姐的带领下，周同学很快就将项目所需的系统搭建完毕，各项指标和性能参数均优于项目需求。在综合评估了项目的创新性、系统性、实用性以及产业化条件后，教师班主任推荐周同学作为项目代表参加学校的创新创业比赛。在答辩现场的展示环节，周同学详细介绍了项目的各项指标与性能参数，明确了其衍生产品的竞争优势以及产业化的前景。在最终的点评环节，评委老师们表示，项目本身具有不错的优势和前景，这一点获得了大家的一致肯定，但是在展示的形式和内容表达上存在形式简单，重点不明显，展示画面凌乱不美观、不易于阅读理解等突出问题，无法短时间让评审对象抓住重点，在有限的答辩时间内极容易让评委形成误判，还需要进行全面调整。听了评委老师们的点评，周同学意识到除了项目本身要过硬外，还需要有好的展示途径和方式，避免"酒香也怕巷子深"的情况出现。在听取了相关建议后，周同学对答辩展示的材料进行整理优化，调整了整体风格、展示细节、展示重点，并邀请有一定美术色彩功底的同学对展示材料进行了美化。最终，周同学的项目通过层层选拔、改进、优化，代表学校参与了国家级的创新创业比赛，并获得了国家级金奖，为其毕业求职的简历增加了浓墨重彩的一笔。

第一节　职业素养含义

❖ 职业素养

一、职业素养的定义

　　从一般意义上讲，职业素养主要是指对个体在从事职业活动时所表现出的与职业标准和要求相符合的职业意识、思维、心态、道德、技能、知识、形象以及处事风格等多种维度的生理和心理条件的综合评价。根据职业素养的内容，我们一般将其分为职业信念、职业技能和职业习惯三个部分。

职业信念包含我们在开展各项职业活动的过程中所坚持的原则、心态、价值取向等，直接指导着我们在各类职业活动中采取何种抉择和行为，是我们取得职业发展和成功必须具备的核心素养。良好的职业信念在日常的职业活动中往往表现为守法忠诚、克己奉公、爱岗敬业、积极乐观、开放合作、高效务实等。

职业技能是我们完成职业要求必须具备的职业技能与知识，是职业素养的基本要求，可以通过一系列的学习、训练、强化来获取。职业技能一般和个体的专业背景、教育经历以及具体的职业类型直接关联。以律师事务为例，往往要求从业者毕业于法学相关专业、具有深厚的法学知识储备，同时具备良好的文字和语言沟通能力。其职业技能包括专业知识能力与沟通协调能力，这两者缺少了任何一个，都不能达到律师事务的最低职业要求。

职业习惯是我们为了更好地完成职业要求，通过不断积累形成的处事风格、思维方式与工作方法。例如，在行业从业要求方面，科学研究相关行业要求从业人员具有严谨细致的素质，接待服务相关行业要求从业人员具有热情准时的素质；在行业礼仪着装要求方面，工作场景包含公众正式场合的相关行业要求从业人员着装得体，工作场景包含生产场合的相关行业要求从业人员着装规范；在行业意识要求方面，包含决策和创新需求的相关行业要求从业人员具备信息搜集处理的能力，以实时跟进行业发展的最新成果和前沿趋势。

二、提高职业素养的意义

(一)提高适应建设社会主义现代化强国目标人才需求的能力

习近平总书记在2021年9月召开的中央人才工作会议上强调："当前，我国进入了全面建设社会主义现代化国家、向第二个百年奋斗目标进军的新征程，我们比历史上任何时期都更加接近实现中华民族伟大复兴的宏伟目标，也比历史上任何时期都更加渴求人才。""综合国力竞争说到底是人才竞争。人才是衡量一个国家综合国力的重要指标。国家发展靠人才，民族振兴靠人才。"

面对新时代人才强国战略的要求，适应国家在激烈的国际竞争中保持长期竞争优势的需要，我们在职业发展过程中面临的机遇与挑战也进入了新的模式和新的阶段，需要有更加坚实的专业知识储备和更加全面的综合素质，为掌握新概念、新产业、新技术、新质生产力奠定良好基础，才能积极面对不断涌现的科技革命和产业变革，始终做到坚持面向世界科技前沿、面向经济主战场、面向国家重大需求、面向人民生命健康，服务创新驱动发展、决战脱贫攻坚、决胜全面建成小康社会、卓有成效地推动区域协调发展等国家重大战略和重大工作。

（二）促进个人全面发展，提高竞争力

职业素养包括了职业技能、职业习惯和职业信念三个部分。提高职业素养，包括职业技能与知识储备的提升、职业礼仪与职业形象的改进、职业心态与职业思维意识的调整、职业道德的坚守以及职业风格的改善，既涵盖个人能力，又包括个人潜能，促进了个人综合素质的提升和全面发展，决定了个人未来的发展前景和发展空间。

良好的职业素养可以帮助个人在职业发展过程中承担和完成更加多元、更加复杂、需要多部门（团队）协调参与的工作，最终推动问题的解决与目标的达成。因此，具有良好职业素养的人在企业中会得到更多的工作机会与发展可能，其个人能力和职业认知会伴随着工作的升级而得到进一步的提升与拓展，从而全面提高个人在企业中的竞争力，促进个人职业生涯的良好发展。

（三）提升个人职场适应能力

随着社会的发展、科技的进步和产业的升级，职业环境和职业要求也在不断地变化，良好的职业素养可以帮助个人更好、更快、更从容地适应和应对变化带来的挑战与机遇，如图1-1所示。同时，当个人职业生涯取得发展，面对新的岗位和工作环境时，良好的职业素养可以帮助个人更快地适应，在减少冲突的同时提升工作效率和团队合作成效，在职场中发挥更大的作用和价值。

图1-1　职业的多维度适应

❖ 素养训练

个人职业素养清单

个人职业素养包括多种维度，涵盖个人全面成长和发展的关键要素。我们可以通过制定个人职业素养清单进行自我评估，识别和把握自身职业素养的水平与层次，制定改

进计划，全面提升个人职业素养。请结合自身实际，依据表1-1中的个人职业素养清单中的维度和描述开展自评。

表1-1　个人职业素养清单

维度	描述	自我评分 （满分10分）
品德修养	·是个人道德观念的基础，包括诚实、正直、尊重他人、守纪律等方面	
专业知识与技能	·对自己当前专业和将来要工作的行业领域有充分的认识，具有深厚的专业知识储备； ·能够将专业知识应用到实际工作中，具备一定程度的专业技能和实操能力，获得一定程度的专业认证； ·具备一定程度的跨学科知识与技能储备，能够适应涉及多领域的复杂工作； ·具有良好的学习能力，掌握高效的学习习惯和学习方法，能有效应对新出现的知识与技能	
沟通与协作能力	·能够清晰地向他人表达自己的意见和想法，避免误解； ·乐意倾听并接受他人正确的意见和建议，能够与他人进行有效的信息沟通； ·具有良好的人际关系，能够与他人和谐相处，在各种社交场合中表现得体，能在一定程度上处理人际冲突和矛盾； ·能够与他人协作完成工作，推动问题有效解决，在团队中扮演积极的角色	
信息能力	·能根据目标的信息表征需求，通过一定的方式对其进行展示表达，使得目标的信息能够有效地被传递； ·能通过不同的方法和途径获取关于某一目标的特定或某个维度的信息； ·能对获取的信息按照目标要求进行多种形式的加工处理，获得适合展示的形式和结论； ·能够通过一定的形式将信息向他人进行传递交互、展示呈现，或者通过一定的形式从他人那里获取、共享信息	
情绪与压力管理能力	·能够正确识别他人情绪状态，及时发现他人情绪变化，及时对自身进行调整； ·能够正确认识自身情绪状态，有效管理自身情绪变化，控制情绪受外部因素影响的波动程度； ·熟练掌握情绪的表达方式和途径，能够以合适的形式向他人反馈自己的情绪状态； ·面对困难、挫折和紧急突发状况，能够正确看待并具有一定的应变和解决的能力。能够通过合适的形式发泄和舒缓自身的情绪和压力	

维度	描述	自我评分 （满分10分）
时间管理 能力	·能够正确认识不同事件的工作内容及要求，明确不同事件的工作开销及轻重缓急，对不同事件能够排列出优先顺序； ·能够高效利用时间，对不同优先顺序的事件合理安排时间； ·能全面有效地把控不同事件的完成进度，及时处置突发状况，调整适应新的形势； ·能够及时克服自身拖延散漫的问题，改掉无效的学习或工作习惯，按时完成任务	
决策与目标 管理能力	·掌握决策工具的使用方法，具有一定的分析问题的能力，面对复杂问题时能进行综合思考和合理决策； ·掌握一定的目标制定的原则与方法，能根据自身优点与劣势制定合适的发展目标； ·能有效地将发展目标进行阶段性的任务分解，制定合适的行动计划，并落实各阶段任务的完成	

第二节　职业素养分类

❀ 职业素养

一、职业素养的类型

在职业素养的定义中，其涵盖的职业技能、知识、心态、思维、意识、道德、形象以及处事风格等多种维度之间既有联系也有区别，我们一般根据其特性进行分类。

（一）显性职业素养与隐性职业素养

我们根据职业素养体现的形式，将其分为显性职业素养和隐性职业素养。显性职业素养是指在职业活动中能够被直接观察和衡量的个人素养。例如，个体在工作过程中表现出的职业技能熟练程度、职业知识储备程度、职业形象得体程度等，都属于显性职业素养。隐性职业素养是指在职业活动中内在不外显、不易被直接观察，需要通过个人的行为来间接观察和衡量的个人素养。例如，个体在工作过程中表现出的职业心态积极程度、职业思维周密程度、职业道德强弱程度等，都属于隐性职业素养，需要通过个体在工作中表现出的精神面貌、工作状态和工作效果等来间接衡量。

显性职业素养在职业活动中直接显现，能够被直接观察，是个人在职业活动中给他人的直观印象，对个人的求职、他人的评价发挥着重要的作用。良好的显性职业素养可以通过学习、训练、培训等方式获得，养成的周期较短、难度较低。隐性职业素养在职业活动中不易被直接观察，但却是个人职业生涯顺利发展的重要保障，决定着个人在职业生涯发展中的上限。良好的隐性职业素养往往需要通过不断的改进与强化来实现提升，养成的周期较长、难度较高。

（二）定量职业素养与定性职业素养

我们根据职业素养评价的形式，将其分为定量职业素养与定性职业素养。定量职业素养是指在职业活动中能够通过一定指标进行量化评价的个人素养，主要包括职业技能和职业知识两个方面。例如涉及对外事务相关职业需求的外语能力这一职业素养，以英语水平为例，《中国英语能力等级量表》将其分为9级，大学英语对应于5—6级，英语专业所学则对应于7级，更加专业的人才则对应于8—9级。除此之外，还有大学英语四级、六级，专业英语四级、八级，雅思，托福等多种维度考核（试）对外语能力进行评价描述，水平的高低则以具体的分数进行体现。定性职业素养是指在职业活动中无法通过一定指标进行量化评价的个人素养，往往与个人特质有关。例如职业素养中的心态、思维、意识、道德等方面，由于涵盖范围广、维度多、内容复杂只能对其进行定性描述。以职业道德为例，它是法律意识、诚信、廉洁等多个维度的集中体现，具体到诚信这一个维度，它又会与职业工作过程中的实践行为相结合来体现，需要一事一议，甚至会有重大事件"一票否决"的情况。因此，只能对其进行综合的、定性的描述。

定量职业素养由于具有可衡量性，能通过具体指标进行量化，为考查和横向比较提供了可能。因此，定量职业素养往往是企业在招聘过程中作为硬性要求进行考查的重要指标，是企业筛选人才的第一关。大学生应充分利用在校学习的时间，通过训练、测试来提升自己的定量职业素养，并获得相应的能力评级和认证。例如通用性较强的外语等级、计算机等级、机动车驾驶资格证等；专业性较高的教师资格证、证券从业资格证、翻译资格证等。定性职业素养虽然不能进行标准量化比较，但却是在招聘后续择优录取环节中重要的考量因素，甚至起着决定性作用。因此，对于定性职业素养，要注重平时的强化，逐步形成自身的风格和原则，并将其固定到日常的思维模式和行为习惯中。

（三）习得性职业素养和本能性职业素养

我们根据职业素养获取的形式，将其分为习得性职业素养与本能性职业素养。习得性职业素养是指能够通过后天的学习、训练或者强化而获得的个人职业素养。例如，临床医学的学生，从大学入校开始临床医学专业学习，毕业后进入一家医疗机构的具体科室从事医疗相关行业工作，最后成长为该领域的专家，这整个过程就是典型的知识以及技能型的习得性职业素养从无到有逐步形成的过程。再如药学专业的学生，从大学入校开始就被教育从业要具备严谨细心的职业素养，药理、病理等课程教学过程中教授的药物与毒物之间转化的风险与防控概念，使得相应的职业素养进一步转变成工作意识与认知，并在后续的工作中不断得到强化。本能性职业素养是指与个人与生俱来的特殊潜能相对应的个人职业素养。例如，播音与主持专业的学生具备的外形、声音等职业素养；音乐表演专业的学生具备的音感、音高、音色等职业素养；运动训练专业的学生具备的体能、力量等职业素养。这些本能性职业素养，对于不具备的个人而言，即使通过后天的训练或者强化来养成，其水平也较难达到较高的层次。

习得性职业素养由于可以通过学习、训练和强化来提升，逐步成为求职过程中与他人竞争的重要维度，因此，我们需要在大学期间注重这方面的积累与强化。特别是对于目标职业有明确要求而自身存在短板的习得性职业素养，要有意识、有计划、有步骤地在大学期间不断提升其水平和层次，补齐自身素养短板。本能性职业素养是与生俱来的，其发展可能会受到遗传、环境、文化、家庭背景等多方面的影响，也可能因未被发现或者激发而被埋没，因此，我们需要尽早发掘自身的本能性职业素养。如果它与我们的职业目标一致，就要充分发挥其优势，将其培养成我们的核心竞争力。

二、职业素养的专业模型

不同职业的职业素养要求与职业的工作内容密不可分，取决于具体工作所要求的知识储备、工作技能以及从业心理、态度、沟通表达等多种维度的综合评价。而具体工作要求又与学校的专业设置和人才培养方案密切相关。例如，金融相关行业的工作需要具备良好的金融知识储备与能力，绝大部分从业者毕业于经济、金融等相关专业；IT互联网相关行业的工作需要具备良好的计算机系统与编程的知识储备与能力，绝大部分从业者毕业于计算机、软件等相关专业。因此，基于行业、岗位与具体专业之间较高的相关性，不同专业类别需要培养的职业素养类型以及标准也不尽相同。我们需要充分利用在校期间的有限时间，尽可能多地培养与自己职业生涯发展规划相关性更高的职业素养，提升自身的职业发展竞争力。以下是不同专业类别对应的职业素养描述。

（一）理学相关专业

理学相关的学科专业主要涉及自然科学和应用科学的研究与应用，涵盖的学科专业包括但不限于数学、物理、化学、生物、天文、大气、海洋、地质等领域。这些学科专业主要强调对相应原理和现象的探索与研究，通过分析掌握其形成、发展、变化的规律，用以指导各类生活、生产实践活动的开展，培养的主要是科学研究与工业应用方面的人才。其对应的职业素养模型如表1-2所示。

表1-2　理学相关专业职业素养

类别	内涵
职业精神	·遵纪守法，拥有正确的世界观、人生观和价值观，坚定正确的政治方向并具有较高的政治意识，能积极践行社会主义核心价值观，具有强烈的社会责任感； ·具有高度的敬业精神，良好的团队协作精神，弘扬科学精神与工匠精神； ·热爱自己从事的事业，具有较强的创新精神及创业能力，能够主动适应我国社会经济和相关产业发展需求，具有积极向上的工作与生活态度
职业道德与规范	·遵纪守法，能恪守职业道德，遵守职业规范，坚守职业职责，严守职业伦理，敬业爱岗，有强烈的规则意识； ·能基于专业知识与技术对工程进行合理分析，评价工程问题解决方案对社会、健康、安全、法律、文化、环境等的影响，能理解并承担相应的责任
专业基础与视野	·能系统、全面地掌握学科专业基础理论、知识、方法与实验技能，具有较强的数理和逻辑分析能力、实验实操与分析能力，以及突出的系统能力与工程实践能力； ·具有良好的人文素质和科学素质，有一定工程知识和计算机应用能力，能运用多学科交叉知识解决科学问题与实际问题； ·能完成与学科专业领域相关的建模、研究、分析、设计、开发与管理工作； ·熟悉、理解并正确贯彻国家在相关领域内的国家战略、方针、政策与法律法规； ·有国际视野，了解学科专业理论、技术在国内外的现状、前沿发展趋势、理论走向及生产实践中的应用前景，能适应技术的发展，专业视野开阔
问题分析与研究能力	·具备发现、提出、分析和解决学科专业领域相关问题的能力，具有从事学科专业领域相关的科学研究、科技开发、科技管理与教学等方面的初步能力； ·掌握资料查询、文献检索及运用现代信息技术获取相关信息的基本方法。具有设计实验或调研流程与操作、采集与记录数据、分析实验结果、撰写科学论文、学术交流的基本能力
现代工具应用能力	·具有一定的计算机及信息技术的应用能力，能熟练使用、操作与学科专业相关的现代软件、硬件平台与工具，获取一定的能力评级与认证； ·能针对学科专业领域问题所涉及的设计、预测、模拟与实现的需要，开发、选择、使用、操作恰当的技术、软硬件及系统资源、现代化开发工具，并能够理解所使用工具和资源的局限性

续表

类别	内涵
语言与表达能力	·善于表达，有清晰思考和用语言文字准确表达的能力，具有一定的演讲能力、社会交往能力； ·具备较高的中英文听、说、读、写、译等学术表达、科技写作和交流沟通能力； ·掌握教育的基本规律、基础理论与教学方法
沟通与团队管理能力	·能够就学科专业领域相关问题与他人进行有效沟通和交流，包括撰写报告、论文和设计文稿，在一定场合进行展示或陈述发言，清晰表达思路、理论或回应咨询、提问，同时能够在跨文化背景下进行沟通和交流； ·在参与或组织工程项目的过程中具有良好的组织管理能力、沟通交流能力、项目管理能力与决策能力，具有团队精神、团队意识和团队能力，能够在拥有多学科背景的团队中协同工作
终身学习	·具有快速学习、独立获取知识、自主学习、自我发展和终身学习的意识。能够通过课堂、文献、网络、实习实践等渠道获取知识。有通过不断学习掌握新技术、适应新发展的能力

（二）工学相关专业

工学相关的学科专业主要涉及对理学相关研究成果的转化与应用，涵盖的学科包括但不限于力学、机械、材料、能源、电气、电子信息等领域。这些学科主要是为适应高新科学技术发展与产业转化的实际，基于理学相关基础学科的研究成果与生产实践所积累的技术经验，将理论与生产实践结合，培养符合产业需求具有高新技术实际应用能力的人才。其对应的职业素养模型如表1-3所示。

表1-3　工学相关专业职业素养

类别	内涵
职业精神	·遵纪守法，拥有正确的世界观、人生观和价值观，坚定正确的政治方向并具有较高的政治意识，能积极践行社会主义核心价值观，具有强烈的社会责任感； ·具有高度的敬业精神，良好的团队协作精神，弘扬科学精神与工匠精神； ·热爱自己从事的事业，具有较强的创新精神及创业能力，能够主动适应我国社会经济和相关产业发展需求，具有积极向上的工作与生活态度
职业道德与规范	·遵纪守法，能恪守职业道德，遵守职业规范，坚守职业职责，履行工程师的责任； ·能基于专业知识与技术对工程进行合理分析，评价工程问题解决方案对社会、健康、安全、法律、文化、环境等的影响，能理解并承担相应的责任

续表

类别	内涵
专业基础与视野	·能系统、全面地掌握数、理、化等基础学科和所属学科专业的知识与能力，具有较强的创新精神与实践能力； ·具有大工程观，对工程实践和复杂工程问题具有一定的认知，有突出的系统能力、工程实践能力、信息技术能力、实际操作与动手能力； ·具备运用专业知识与技术解决复杂工程问题的能力，能够设计、搭建并实现满足特定功能需求的模块、流程或系统，具备软硬协同、功能协同、学科协同的系统思维和创新意识； ·能从事学科专业领域相关的研究、设计、开发与管理工作。具有较强的自主学习意识与能力，能适应技术的发展； ·具有良好的人文素质和科学素质，能运用多学科交叉知识解决科学问题与实际问题； ·有国际视野，了解学科专业理论、技术在国内外的现状、前沿发展趋势、理论走向及生产实践中的应用前景，专业视野开阔
问题分析与研究能力	·能够应用学科专业的原理与方法，对学科专业领域的复杂工程问题进行分析、研究，并通过文献研究、设计实验、建模仿真、分析与解释数据，得到合理有效的结论
现代工具应用能力	·具有一定的计算机及信息技术的应用能力，能熟练使用、操作与学科专业相关的现代软件、硬件平台与工具，获取一定的能力评级与认证； ·能针对学科专业领域复杂工程问题所涉及的设计、预测、模拟与实现的需要，开发、选择、使用、操作恰当的技术、软硬件及系统资源、现代化开发工具，并能够理解所使用工具和资源的局限性
语言与表达能力	·善于表达，有清晰思考和用语言文字准确表达的能力，具有一定的演讲能力、社会交往能力； ·具备较高的中英文听、说、读、写、译等学术表达、科技写作和交流沟通能力； ·掌握教育的基本规律、基础理论与教学方法
沟通与团队管理能力	·能够就学科专业领域相关问题与他人进行有效沟通和交流，包括撰写报告、论文和设计文稿，在一定场合进行展示或陈述发言，清晰表达思路、理论或回应咨询、提问，同时能够在跨文化背景下进行沟通和交流； ·在参与或组织工程项目的过程中具有良好的组织管理能力、沟通交流能力、项目管理能力与决策能力，具有团队精神、团队意识和团队能力，能够在拥有多学科背景的团队中协同工作
终身学习	·具有快速学习、独立获取知识、自主学习、自我发展和终身学习的意识。能够通过课堂、文献、网络、实习实践等渠道获取知识。有通过不断学习掌握新技术、适应新发展的能力

（三）文学相关专业

文学相关的学科专业主要涉及对人类社会生活实践中产生的政治、经济、法律、文化等的研究和应用，涵盖的学科专业包括但不限于政治、经济、法律、历史、哲学、文学、艺术、语言、新闻、社会学等领域。这些学科主要强调对人文社会科学的研究与应用，通过分析总结掌握人类社会活动的发展规律，形成指导各类生活实践的机制、制度和法律，保障各类生活实践的开展，构建社会价值体系，促进跨地区、语言的文化交流，丰富精神文化修养内涵，培养的主要是推动社会全面进步、促进精神与物质协调发展的人才。其对应的职业素养模型如表1-4所示。

表1-4 文学相关专业职业素养

类别	内涵
职业精神	·遵纪守法，拥有正确的世界观、人生观和价值观，坚定正确的政治方向并具有较高的政治意识，能积极践行社会主义核心价值观，具有强烈的社会责任感； ·具有高度的敬业精神，良好的团队协作精神，自觉弘扬中华民族精神、时代精神、中华优秀传统文化、社会主义先进文化，具有强烈的民族文化自信心和认同感； ·热爱自己从事的事业，能够主动适应我国社会经济和相关产业发展需求，具有积极向上的工作与生活态度
职业道德与规范	·遵纪守法，能恪守职业道德，遵守职业规范，坚守职业职责，履行职业责任； ·能基于专业知识与技术对学科专业问题进行合理分析，评价解决方案对社会、健康、安全、法律、文化、环境等的影响，能理解并承担相应的责任
专业基础与视野	·应熟练掌握学科专业相关领域的基础理论、知识与技能，并获取一定的能力评级与认证； ·熟悉中国国情和社会文化，能熟悉、理解并正确贯彻国家在相关领域内的国家战略、方针、政策与法律法规； ·具有自然科学、社会科学、人文科学等跨学科知识和扎实的文化素养； ·了解学科专业在国内外的历史演变、现状、前沿发展趋势及理论走向，理解世界文化的多样性，能够熟练运用方法论和逻辑思维分析判断国际国内形势，具有国际化视野
问题分析与研究能力	·能够应用学科专业的原理与方法，对学科专业领域的复杂问题进行分析、研究、调查，并通过文献研究、资料查询、设计实验、社会调查、信息加工等方式开展研究设计、质性研究与定量分析； ·对相关的资料、数据与结论能进行分析、思辨、解释、鉴赏，能发挥自身想象力和创造力，通过自身的独立思考和创作得出自己的见解与结论，能运用知识解决实际问题，具有较强的科学研究和实际工作能力

类别	内涵
现代工具应用能力	·能熟练使用、操作与学科专业相关的现代数字技术，能适应办公自动化，具有良好的计算机应用能力； ·能使用计算机应用软件对学科专业领域涉及的信息进行搜集、分析、加工。能够理解所使用现代工具和资源的局限性
语言与表达能力	·思维逻辑清晰，有较强的中文语言表达及写作能力，具有一定的演讲能力、社会交往能力； ·能阅读一般的古典文献，熟悉至少一门外语，具有较好的听、说、读、写、译能力； ·掌握教育的基本规律、基础理论与教学方法
沟通与团队管理能力	·具有较强的逻辑思维、语言表达能力，能够就学科专业领域相关问题与他人进行有效沟通和交流，包括撰写报告、论文、书籍、文献等，在一定场合进行展示或陈述发言，清晰表达思路、理论或回应咨询、提问； ·有较强的社会沟通与适应、公关协调、组织管理等实际工作能力，以及较强的领导、决策、组织、协调能力。具有团队精神、团队意识和团队能力，能够在拥有多学科背景的团队中协同工作
终身学习	·具有快速学习、独立获取知识、自主学习、自我发展和终身学习的意识。能够通过课堂、文献、网络、实习实践等渠道获取知识。有通过不断学习掌握新技术、适应新发展的能力

（四）医学相关专业

医学相关的学科专业主要涉及对各类生物疾病的研究与应用，涵盖的学科专业包括但不限于基础医学、临床医学、公共卫生、预防医学、药学、护理、法医、中医等领域。这些学科主要强调对各类疾病的产生、传播、诊断、治疗、预防各阶段所涉及的病理、方式、途径等的研究，提高对疾病的诊断治疗准确性，提升治疗手段的效果，增强对特定疾病的预防，避免疾病大面积产生与传播，减轻各类生物遭受疾病的困扰的情况，培养的主要是具有扎实的医学、药学知识和技能的专业医药人才。其对应的职业素养模型如表1-5所示。

表1-5　医学相关专业职业素养

类别	内涵
职业精神	·遵纪守法，拥有正确的世界观、人生观和价值观，坚定正确的政治方向并具有较高的政治意识，能积极践行社会主义核心价值观，具有强烈的社会责任感； ·具有高度的敬业精神，良好的团队协作精神，自觉弘扬中华民族精神、时代精神、创新精神、科学精神、精益求精精神，坚持严谨的科学态度，实事求是，秉持理性质疑的态度； ·热爱自己从事的事业，对工作、技术认真负责，能够主动适应我国社会经济和相关产业的发展需求，具有积极向上的工作与生活态度

续表

类别	内涵
职业道德与规范	·树立依法行医的观念，能恪守职业道德，遵守职业规范，坚守职业职责，严守医学伦理，有强烈的规则意识，自我控制能力强，做事认真、细致； ·珍视生命，关爱病人，尊重病人的隐私和人格，理解其心理需求； ·能基于专业知识与技术对问题进行合理分析，评价问题解决方案对社会、健康、安全、法律、文化、环境等的影响，能理解并承担相应的责任
专业基础与视野	·能系统、全面地掌握学科专业基础理论、知识、方法与技能，了解人体各阶段各种常见病、多发病的发病原因、发病机理、病理变化、自然病程、临床表现、诊断、预后以及防治原则； ·掌握常见传染病的发生、发展、传播、防治的规律与原则，掌握基本的药理知识及临床合理用药原则，具有临床常见急症的诊断、急救处理能力，能确定诊疗方案并安全地实施各种常见的临床基本操作，并获取一定的能力评级、认证或者从业资格认定； ·针对突发公共卫生事件具有一定的风险感知能力、风险评估与预先研判能力、现场应急响应基本处理能力。了解医院医疗质量保障和医疗安全管理体系，明确自己的业务能力与权限。熟悉学科专业领域对应行业的方针、政策和法规； ·具有自然科学、社会科学、人文科学等跨学科知识和扎实的文化素养； ·能完成与学科专业领域相关的建模、研究、分析、设计、开发与管理工作； ·有国际视野，了解学科专业理论、技术在国内外的现状、前沿发展趋势、理论走向及生产实践中的应用前景，能适应技术的发展，专业视野开阔
问题分析与研究能力	·具有严谨求实的科学研究态度，敢于分析、批判和创新。能够应用学科专业的原理与方法，对学科专业领域的复杂问题进行分析、研究、调查、评估，并通过文献研究、资料查询、信息加工等方式开展研究设计、质性研究与定量分析； ·掌握基本的实验设计方法和各种实验技能以及仪器应用，能熟练获取、甄别、分析实验数据和研究结果及其科学意义； ·具有较强的动手能力，能运用知识解决实际问题，具有较强的科学研究和实际工作能力
现代工具应用能力	·具有一定的计算机及信息技术的应用能力，能熟练使用、操作与学科专业相关的现代软件、硬件平台与工具，获取一定的能力评级与认证； ·了解本专业领域学科的发展前沿和相关学科新知识，具备使用、开发、改良、检验仪器与试剂的能力，并能有效地检索、解读和记录临床数据系统中的信息，对临床常见的诊断技术，如影像、心电图、临床检验报告等具有一般阅读分析的能力； ·具有基本的教学能力，熟悉现代常用的教学方法，熟练掌握教学中常用的现代媒体信息技术

续表

类别	内涵
语言与表达能力	·具有良好的交流沟通能力和同理心，能够与患者及其家属、同行和其他卫生专业人员等进行有效的交流，保持良好的医患关系； ·具有较强的逻辑思维、语言表达及写作能力，具有一定的社会交往能力； ·能够熟练地掌握一门外语，具备坚实的英语语言基础和较熟练的听、说、读、写、译等学术表达、写作和交流沟通能力； ·能规范地书写中英文病历，阅读中医药古典医籍及医学相关文献
沟通与团队管理能力	·能够就学科专业领域相关问题与他人进行有效沟通和交流，包括撰写报告、论文、书籍、文献等，在一定场合进行展示或陈述发言，清晰地表达思路、理论或回应咨询、提问。有较强的社会沟通与适应能力。具有较强的领导、决策、组织、协调能力； ·具有团队精神、团队意识和团队能力，能够意识到自己专业知识的局限性，尊重其他卫生从业人员及同仁，注重相互合作和学习，具有较强的国际合作和竞争的意识，能够在拥有多学科背景的团队中协同工作
终身学习	·具有快速学习、独立获取知识、自主学习、自我发展和终身学习的意识。能够通过课堂、文献、网络、实习实践等渠道获取知识。能够通过不断学习掌握新技术、适应新发展，及时掌握新药物、新剂型、新工艺、新筛选方法等新知识

（五）经济、管理相关专业

经济、管理相关学科专业主要涉及对经济运行和管理规律的研究和应用，涵盖的学科专业包括但不限于经济、财政、金融、贸易、工商管理、管理科学、公共管理、图书情报、物流管理、电子商务、旅游管理等领域。这些学科主要研究人类社会各类经济、管理活动中的现象与规律，总结归纳出行之有效的政策、模式、方法、举措，保障社会、经济的基本正常运行，提升各类经济活动效益，增强各类组织机构的运行效果，培养的主要是具备扎实的经济管理知识，掌握并熟练运用经济学、管理学实证研究方法和分析工具的专业人才。其对应的职业素养模型如表1-6所示。

表1-6 经济、管理相关专业职业素养

类别	内涵
职业精神	·遵纪守法，拥有正确的世界观、人生观和价值观，坚定正确的政治方向并具有较高的政治意识，能积极践行社会主义核心价值观，具有强烈的社会责任感； ·具有高度的敬业精神，良好的团队协作精神，自觉弘扬中华民族精神、时代精神、中华优秀传统文化、社会主义先进文化，具有强烈的民族文化自信心和认同感； ·热爱自己从事的事业，能够主动适应我国社会经济和相关产业发展需求，具有积极向上的工作与生活态度

续表

类别	内涵
职业道德与规范	·遵纪守法，能恪守职业道德，遵守职业规范，坚守职业职责，严守职业伦理，敬业爱岗，有强烈的规则意识，自我控制能力强，做事认真、细致； ·能基于专业知识与技术对问题进行合理分析，评价问题解决方案对社会、健康、安全、法律、文化、环境等的影响，能理解并承担相应的责任
专业基础与视野	·能系统、全面地掌握学科专业基础理论、知识、方法与技能，能够运用基本理论和先进的分析研究工具研究国内外经济、金融、商务、贸易、投资等方面的问题，并获取一定的能力评级、认证或者从业资格认定； ·具有自然科学、社会科学、人文科学等跨学科知识和扎实的文化素养，能完成与学科专业领域相关的建模、研究、分析、设计、开发与管理工作； ·熟悉中国国情和社会文化，能熟悉、理解并正确贯彻国家在相关领域内的国家战略、方针、政策与法律法规； ·了解学科专业在国内外的历史演变、现状、前沿发展趋势、理论走向及生产实践中的应用前景，能适应理论与技术的发展，能够熟练运用方法论和逻辑思维分析判断国际、国内形势，具有国际化视野； ·能为国家、各地方政府、企业及各金融机构的经济、金融、商务和投资等活动提供重要的决策参考
问题分析与研究能力	·有一定数理基础和信息技术应用能力，能够应用学科专业的原理与方法，对学科专业领域的复杂问题进行建模、分析、研究、调查、评估，并通过文献研究、资料查询、设计实验、社会调查、信息加工等方式开展研究设计、质性研究与定量分析； ·对相关的资料、数据与结论能进行分析、思辨、解释、鉴赏，能发挥自身想象力和创造力，通过自身的独立思考和创作得出自己的见解与结论，能运用知识解决实际问题，具有较强的科学研究和实际工作能力
现代工具应用能力	·具有一定的计算机及信息技术的应用能力，能熟练使用、操作与学科专业相关的现代软件、硬件平台与工具，获取一定的能力评级与认证； ·能针对学科专业领域问题所涉及的设计、预测、模拟与实现的需要，选择、使用、操作恰当的技术、软硬件及系统资源、现代化开发工具与平台
语言与表达能力	·具有较强的逻辑思维、语言表达及写作能力，具有一定的演讲能力、社会交往能力； ·能够熟练地掌握一门外语，具备坚实的英语语言基础和较熟练的听、说、读、写、译等学术表达、写作和交流沟通能力； ·掌握教育的基本规律、基础理论与教学方法
沟通与团队管理能力	·能够就学科专业领域相关问题与他人进行有效沟通和交流，包括撰写报告、论文、书籍、文献等，在一定场合进行展示或陈述发言，清晰地表达思路、理论或回应咨询、提问； ·有较强的社会沟通与适应、公关协调、组织管理等实际工作能力，具有较强的领导、决策、组织、协调能力。具有团队精神、团队意识和团队能力，能够在拥有多学科背景的团队中协同工作

续表

类别	内涵
终身学习	·具有快速学习、独立获取知识、自主学习、自我发展和终身学习的意识。能够通过课堂、文献、网络、实习实践等渠道获取知识。有通过不断学习掌握新技术、适应新发展的能力

❖ 素养训练

专业素养要求清单

请仔细查阅所在学科专业的人才培养方案，了解所在学科专业的人才培养目标，开展有效的目标职业探索，了解自身意向行业和岗位的工作要求。在完成上述工作后，请结合人才培养目标和意向工作岗位要求，列出自己对应的专业素养要求清单。

	专业培养目标	意向工作岗位要求	对应专业素养
1			
2			
3			
4			
5			

第三节　职业素养培养

❖ 职业素养

个人职业素养在其职业生涯发展过程中发挥着重要作用，是个人完成任务、取得成绩、达成目标的决定性因素。大学生作为具有良好专业知识储备和综合素质的群体，应尽早意识到个人职业素养培养的重要性，充分利用在校园学习生活的时间，做好职业生涯发展规划，提升自身能力和素质，及时、主动、全面地提升个人职业素养。面对前文提到的职业素养的丰富内涵，大学生在校园学习生活期间主要可以从以下三个方面进行培养。

一、理论学习

理论的形成，是对以往既有概念与知识的总结、提升，也是对生活、生产实践中发现的规律的高度概括，具有全面性、系统性、凝练性和指导性。理论学习是校园里进行知识教授、传播、理解、应用的主要途径，是培养职业素养的核心方式，也是提升职业素养最高效的方式，如图1-2所示。

图1-2　理论学习

　　通过理论学习，我们能够全面、系统地掌握知识点。通过教材、手册、资料等，我们可以直接快速地了解到各个学科专业领域的大部分知识，包括基础内容、细分专业方向以及交叉学科，从而在短时间内形成系统清晰的认知。同时，通过最新的学科论文、科研成果，我们可以及时掌握理论最新的发展和最前沿的应用。这种系统、全面的学习方式，有助于我们更好地认识和理解学科专业所涉及的问题，为个人发展提供坚实的知识支撑。

　　通过理论学习，我们能够更加有效地指导生活、生产实践。理论学习不仅仅是知识的获取，更是学习掌握生活、生产实践的方法。理论来源于生活、生产实践，又能够具体指导和支持实践的开展。学习科学理论，可以加深对事物本质的理解，把握事物的内在逻辑和发展规律，从而提高分析和解决问题的能力，帮助我们全面、系统、有效、创新地思考解决问题的方法和途径，进而制定问题解决方案，促进问题的最终解决，不断提高工作效率和质量。

　　通过理论学习提高职业素养，关键在于明确学习目标、选择学习资料、制定学习计划、落实学习过程、核查学习效果等环节。通过理论学习提高职业素养是一个系统而持续的过程，以下是一些关键步骤和建议。

　　明确学习目标：在开展理论学习之前，首先要明确理论学习的目标。明确具体的学习目标有助于开展针对性的学习，提高学习效率。需要注意的是，学习目标必须是可达成且自己可控的，不能受外界因素左右。例如，完成基础课程《微积分》整本书的知识点学习、完成某一专业课程部分章节的课后练习、掌握英语四级对应的3000个高频单词、完成3轮考研数学的复习等。相反，考试成绩超过90分、通过英语四级考试等目标，由于受到考试难度、评分标准等不可控因素的影响，不适合作为学习目标。

选择学习资料：学习资料是支撑我们开展理论学习的重要载体，也是理论学习的核心。选择的学习资料质量将直接决定理论学习的成效，高质量的学习资料有助于提高理论学习的时效性和实效性，因此需要进行有针对性的选择。通常情况下，知名授课教师的课程，学院指定的教材与教辅，某些畅销的书籍，知名机构发布的学术文献与资料或评价反馈良好的素材等都属于高质量的学习资料。随着信息技术的发展，理论学习已经不再局限于校园场景，我们可以通过互联网搜索引擎、网络平台、学术论文数据库等搜索到高质量的在线课程、公开课、主题讲座、报告、培训和理论知识资料，开展针对性的学习。

制定学习计划：良好合理的学习计划有助于我们完成理论学习的目标。在制定学习计划时，要遵循远近结合、张弛有度、事不宜迟、对症下药的原则。远近结合是指学习计划既要有长远目标，也要有近期的阶段性任务，这有助于将学习目标分阶段、逐步完成，提高学习计划的连贯性和系统性；张弛有度是指学习计划的安排不能过于密集，要注意劳逸结合，长期高强度的学习无法保证个人的身体和心理状态，反而会降低学习的效果；事不宜迟是指学习计划应该针对具体的目标时间节点尽早安排，有的学习计划要在学期内完成，有的要在求职前完成，而有的在毕业前完成即可，因此要在时间上做出合理安排，保证计划的完成；对症下药是指学习计划的制定不能生搬硬套他人的方法，要结合自身实际，充分考虑自身基础、习惯和掌握的资源，选择合适的学习模式与策略。

落实学习过程：根据计划完整落实学习过程是最终实现理论学习目标的根本保证。在明确了每天的学习时间、内容和方法后，最关键的就是执行与落实，最考验的就是学习的自律性和持久性。在这个过程中，我们一方面要提升自我约束力和执行力，另一方面也可以适当引入亲朋好友、老师等重要他人的监督。通过内外结合的方式，逐步实现小的阶段性目标，从而达成最终目标。

核查学习效果：理论学习的目标不仅仅是完成知识点的积累和记忆，更重要的是对知识的理解、总结和应用。通过理解与总结，不断地将知识内化为自身素质、能力、认知，同时在一定的程度上实现知识向技能的转化，能够在实际的生活、生产中运用所掌握的知识来指导实践锻炼，探索并解决实际问题，从而持续提升自身综合素养。检查学习的效果的途径多种多样，包括完成习题练习、通过课程考核（测验）、完成课程设计（实验）、完成科技创新项目、完成实习（实践）项目结项等。

通过阶段性地核查学习效果，能够及时总结学习目标的达成情况，尽早地发现偏差并予以纠正，对阶段性学习目标进行动态的调整，最终促成学习目标的达成。

二、实践训练

实践训练主要是以体验、实操等形式，通过课堂、校园内外的练习、实验、实训、文体科创活动、社会实践（调研）、生产实习等一系列实践性活动，帮助个体检验、巩固、完善和丰富所学的理论知识，加深对理论知识的理解与应用，培养个体创新意识、组织协调能力、动手能力、劳动技能与解决生活、生产中实际问题的能力，同时促进个体对生活生产实际、行业企业生态、国情社情实际的全面认知。实践训练对个体在职业生涯发展过程中加深对自身能力的了解、选择合适的职业方向、准备职场过渡具有重要的意义。

实践训练主要分为三个类别，分别是校园实践活动、社会实践活动、企业实践活动。三个类别的区别与联系如下。

校园实践活动：校园实践活动主要是指在校园场景下开展的各类实践活动，包括参与学术科研团队、学生组织、校园文化体育活动等。在学术科研团队中，个体可以与其他成员一起合作开展科研项目与大学生创新创业项目等学术科研活动，在这个过程中加深自己对学术、科研知识与技能的理解和运用，拓宽专业视野，不断训练自身的思维模式与逻辑，同时掌握一定的学科前沿转化与应用方案、思路、技巧，形成良好的学科专业素养；在学生组织中，个体可以与其他组员一起策划、组织开展各类活动，完成指导老师交办的各项事务性工作，在这个过程中培养自己组织领导、策划运营、管理协调、沟通交流、文档撰写等综合素质，以及一定的商业洽谈、路演筹备、流程控制、突发状况处置等技巧；在校园文化体育活动中，个体不仅能够锻炼自身身体素质、提升个人文化底蕴与修养，还能够在活动中提升团队合作、策略制定、运动技巧等能力，提升自身的审美素质和艺术修养，以及提高自身对不同文化风格和个人差异的理解、接纳与适应程度。

社会实践活动：社会实践活动主要是指在社会环境下开展的各类了解国情、社情、民情的实践活动，包括社区服务、公益活动、社会调查、文化探寻活动等。在社区服务中，通过义务劳动、普法宣传、文化展演、学术科普等活动，可以进一步了解社区规则和文化，为社区建设和乡村振兴作出贡献，在这个过程中培养自身社会责任感和公民意识；在公益活动中，通过环境保护、志愿服务、义务支教、老人陪伴、困难群体帮扶、捐款捐物等活动，可以了解社会的发展问题和社会弱势群体的需求，尝试以自身的努力在一定程度上缓解相应问题，在这个过程中培养自身的公德心、爱心、同情心、同理心；在社会调查活动中，通过选取特定主题，以观察、访谈、问卷等调查方法深入社会开展系统性、深入性的调查研究，分析现状、困境、根源以及解决途径，可以培养自身信息搜集、分析归纳、决策制定、文档编撰等能力；在文化探寻活动中，通过寻访、发掘、传承和弘扬当地的民族文化、人文历史、社会民俗、美学艺术、传统技艺等活动，可以提升自己的审美能力、文化修养和社会认知。

企业实践活动：企业实践活动主要是指深入企业、用人单位中开展参观走访、实习实训等活动，是提升职业素养的重要途径之一，如图1-3所示。在深入企业、用人单位的实践中，个体不仅能够直接接触真实的工作环境、工作内容与工作强度，还能够真实地体验和观察企业文化、工作氛围、职业发展路径，获取关于行业发展、职场文化、岗位职责、工作规范最真切可靠的信息，了解不同行业、岗位的就业、发展情况，更清晰地认识自己的兴趣、能力、优势和职业发展方向，为未来的职业选择和生涯发展规划做好铺垫。同时，通过企业实践，个体能够将理论联系实际，与团队一起运用专业知识解决实际工程应用问题，在短时间内提升其专业技能与实际操作、团队协作的能力，极大地提升个人在求职中的竞争力。

图1-3　企业实习实践

三、培训认证

培训认证是一种针对特定领域进行集中的专题培训或是进行能力水平等级认定的体系，主要包括培训、测试、认证等环节。为确保参与培训或者认证的个体确实具备了相应的能力水平或者资质，培训认证一般是通过专业机构或权威部门组织开展，并颁发相应的能力或者资质证书。例如，外语能力等级认证中的英语四级、六级考试，由国家教育部主办，颁发成绩报告单；机动车驾驶能力等级认证，由国家公安机关交通管理部门主办，在学员完成备案驾校集中开展的驾驶技能培训，通过车管所组织的驾驶理论和驾驶技能考试后，颁发相应等级的机动车驾驶证。

培训认证有助于提高个人在特定领域或行业的职业能力和专业素质，同时也是对个人学习能力、专业能力、技能水平和职业素养的一种证明，是衡量个人专业能力的重要方式。经历过专业的培训认证的个人往往具有更加扎实的专业知识，更加娴熟的专业技能，在更加高效地开展工作的同时能够保证工作完成效果，从而更好地适应岗位需求。因此，培训认证是企业和用人单位招聘考核时重要的参考依据。

对于特定的行业和岗位，特定的培训认证是从业的最低要求，也是从业者将来在行业中持续发展的重要支撑。例如，从属于教育教学行业的岗位要求的普通话等级以及教师资格证，从属于法律行业的岗位要求的法律职业资格证，从属于临床医学行业的岗位要求的住院医师规范化培训，从属于金融行业的岗位要求的各类从业资格证书等。

因此，大学生需要在大学期间充分了解自己学科专业未来的毕业去向以及就业选择，明确相应行业和岗位的能力要求，充分利用毕业求职前的有限时间完成相应的培训，制定合理的学习和备考计划并通过相应的能力认证，获取相应的资质证明。常见证书类型如表1-7所示。

表1-7 常见证书类型

语言类证书	英语四级、六级证书（CET-4，CET-6）
	英语专业八级证书
	托福（TOEFL）和雅思（IELTS）
	剑桥商务英语证书（BEC）
	翻译专业资格（水平）证书
	普通话水平测试等级证书
计算机类证书	全国计算机等级证书
	CCF计算机软件能力认证
教育类证书	教师资格证
医学类证书	执业医师证
	执业护士证
	心理咨询师证
	住院医师规范化培训合格证书
金融类证书	会计专业技术资格证书
	注册会计师证
	注册税务师证
	证券从业资格证书
	基金从业资格证书
法律类证书	法律职业资格证
土木类证书	注册土木工程师（岩土）证
其他类	驾驶证

❀ 素养训练

能力培养清单

请根据自身所在专业的教学实际，结合专业对口就业岗位需求列出大学期间需要完成的能力培养清单，包括要扎实学习的核心课程，课外要补充学习的专业知识，要在学校期间完成的能力认证等。

专业知识		证书	
课内核心课程	课外补充知识	专业证书	其他
1	1	1	1
2	2	2	2
3	3	3	3
4	4	4	4
5	5	5	5

【延伸阅读】

1.《大学生职业核心能力训练（第二版）》，童革，高等教育出版社，2020年

2.《大学生职业生涯规划（职业素养与能力篇）》，袁敏，北京理工大学出版社，2017年

第二章

信息能力塑造

夫民别而听之则愚，合而听之则圣。

——春秋·管仲《管子·君臣上》

横看成岭侧成峰，远近高低各不同。

——宋·苏轼《题西林壁》

职业故事

　　张同学，某知名高校经济学院大四学生。张同学在入校时便将升学作为自己大学期间的发展目标，因此在大学的前三年，他将主要精力都放在了课程的学习上，不断努力提升综合成绩。在大四保研阶段，张同学以优异的综合成绩获得了免试攻读研究生的资格。在获得保研资格后，紧接着就是要确定自己研究生培养阶段的导师。因为之前从来没有考虑过这一问题，也不知道从哪儿可以获得对应的信息，张同学一时不知从何下手，只能赶紧询问其他获得保研资格的同学，看看他们是如何确定导师的。在其他同学的建议下，张同学通过学院官网查看了学院导师的信息，初步了解了学院各课题组、导师的科研方向和学术成果。经过仔细比较和筛选，张同学确定了3名意向老师。随后张同学用1天时间制作了个人简历和科研计划书，分别向每位老师的邮箱发送了邮件。没多久，张同学就收到了老师们的回复。其中第一位老师明确告知，由于其他同学联系得较早，再加上自身免试研究生招生指标有限，已经确定完了，不能再多招，如对课题组其他老师的研究方向感兴趣，可以帮忙推荐；第二位老师则表示，由于学院官网信息更新滞后，目前自己的研究方向已经做了调整，整个团队的主要精力在新的方向上，如果张同学愿意转到新的方向，可以到实验室面谈；第三位老师表示看了其简历和科研计划书后，觉得张同学具有一定的科研潜力，但是当前有不少同学都在联系实验室，可以到实验室面谈后再看。随后，张同学与后两位老师先后预约时间进行了面谈。面谈结束后的第二天，张同学就收到了两位老师的回复，第二位老师明确表示，当前实验室在新的研究方向上还要进一步发力，需要更多人员、资源的投入，欢迎他选择加入；而第三位老师则表示综合考虑了所有申请的同学在学术能力、沟通表达、个人素质等多方面的情况，其他同学总体表现更优秀一点，会优先录用，同时可以帮忙向课题组其他老师推荐他。由于申报截止时间临近，张同学来不及再次寻找新的导师和课题组，只能在最后选择加入第二位老师的团队，跟着老师一起在新的方向上开展科研。

第一节　信息获取

◇ 职业素养

一、信息能力的定义

2015年3月5日，在十二届全国人大三次会议上，政府工作报告中首次提出"互联网＋"行动计划，推动移动互联网、云计算、大数据、物联网等与现代制造业结合。7月4日，国务院印发了《关于积极推进"互联网＋"行动的指导意见》，推动互联网由消费领域向生产领域拓展，加速提升产业发展水平，增强各行业创新能力，构筑经济社会发展新优势和新动能。

与此同时，随着电子计算机技术等科学技术的不断发展以及国内互联网基础设施建设的不断优化升级，互联网与各行各业的连接和融合越来越紧密，逐步呈现出自动化、智能化、智慧化的特点，已经深深融入人们日常生活和工作的各环节。截至2023年12月，我国平均每周使用互联网至少1小时的人员规模达10.92亿人，互联网普及率达77.5％。如此多的网络使用人数以及不断信息化升级的各行各业，每天都会产生海量的信息。面对如此纷繁复杂的信息，我们应该懂得如何进行处理，发挥其作用，更好地服务于自己的职业发展。这就是我们常说的信息能力。

信息能力本身具有丰富的内涵，既包括信息的生产环节，也包括信息的处理环节。从信息生产环节来看，信息能力主要是指在信息从无到有的过程中个人所表现出的信息生成、信息表达等多种能力，如第三章的简历制作与第四章的公众表达就属于典型的信息生产环节的信息能力；从信息处理环节来看，主要是指对已有的信息进行处理的过程中所表现出的信息获取、信息处理、信息交流等多种能力。我们在求职过程中对用人单位的招聘信息的筛选，在工作过程中对各种报表的整理、对项目的汇报展示等就属于典型的信息处理环节的信息能力。

（一）信息生成能力

信息生成能力是指个体根据呈现主体（如个人、团队、企业等）的信息表征需求，通过选择、组合、改造、概括、评价等方式，对其基本参数、特点、能力、优势、成果等方面的内容进行简洁、凝练、准确、流畅的表达，使得信息获取方能够直接、快速地对呈现主体形成直观感觉、概念或印象的能力。

（二）信息获取能力

信息获取能力是指个体根据信息来源和信息载体的不同，通过不同的方法和途径获取关于呈现主体的特定或某种维度的信息的能力。信息获取能力是进行信息处理、交流以及发挥信息作用的前提，是信息能力里最基本的部分。

（三）信息处理能力

信息处理能力是指个体对获取的信息进行鉴别、筛选、理解、分析、归纳、加工、存储、表达等的能力，是多种能力的集中表达。在信息处理过程中，还会涉及政策意识与处理方式的把握、网络技术以及办公软件的使用、独立完成与团队合作的协调等，这些是个人意识、能力、态度、风格的综合体现。

（四）信息交流能力

信息交流能力是指个体通过一定的形式将自己拥有的信息向他人进行传递交互、展示呈现，或者通过一定的形式从他人那里获取、共享信息的能力。信息交流能力基于信息的传递性和共享性而产生，通过信息交流，我们可以更好地展示自己、了解他人，掌握最新、最全、最准确的外部信息。它是个体在明确职业生涯选择，促进职业生涯发展，及时适应用人单位、行业、社会新形势和新发展等关键环节的重要能力保证。

二、信息的一般特点

我们在本节中讨论的信息主要是指在职业发展过程中涉及的各类职场信息，如公司信息、招聘信息、岗位信息等，其一般特点主要包括以下几个方面。

（一）时效性

职场信息的时效性是指信息在产生、传输、利用的过程中具有时间关联性以及有效性。由于用人单位和个人都是不断发展变化的，同时企业的校园招聘与大学生的学习、毕业等节点强相关，具有明显的周期性，因此职场信息具有显著的时效性特点。

例如，我们在用人单位的招聘信息里往往会看到简历投递截止于某一具体时间节点，超过则不再接受当前周期的简历投递；在企业的工作邀约信息里往往会要求在某一具体时间节点前完成，超过则工作邀约作废等，这些都是校园招聘信息时效性的体现。此外，校园招聘有"秋招"和"春招"两个大的节点，应届毕业生找工作存在"金九银十""金三银四"的说法，这些也是校园招聘时效性的直接体现。

受限于具体的招聘规模和招聘计划，企业大多是秉持"招满即止"的原则来开展招聘的，这就造成了"秋招"和"春招"存在一定的差别：如某一岗位不是特别强调在

"春招"开启，那么这一岗位在"秋招"中往往就会完成大部分甚至超额的招聘工作，"春招"则主要是解决少量剩余指标或是由于学生解约导致的缺口指标。再者，受社会经济以及行业发展前景影响，用人单位会阶段性地依据自身实际进行岗位或者部门调整，因企业发展而拓展新业务、异地新开分公司或是因提质增效精简甚至裁撤掉整个部门都是企业在发展过程中正常的现象。

因此，毕业生需要及时跟进职场信息的时效性，第一时间掌握用人单位在招聘过程中最新的岗位需求，尽早做好求职的各项准备工作。

（二）适用性

职场信息的适用性是指职场中的信息应用于不同的领域与行业，面对的往往是特定的毕业生群体。随着各行业的不断升级与发展，用人单位的具体分工和所属领域的分化越来越精细，对生产力和生产效率的追求也越来越高，在招聘过程中越来越追求"人尽其才"，因此职场信息的适用性或者针对性就越来越明显。对于大学生而言，职场信息适用性主要表现在与其学校水平、学历层次、所学专业、个人能力等维度具有较高的关联性。

例如，涉及IT互联网行业的用人单位往往会要求大学生毕业于计算机、软件、信息安全等相关专业；涉及新能源行业的用人单位往往会要求大学生毕业于材料、能源、电气等相关专业；涉及金融行业的用人单位往往会要求大学生毕业于经济、管理等相关专业。这些行业准入的专业门槛是职场信息的适用性的直接体现。再如，在选调生的报名遴选过程中，对报名人员进行了相应的限定，满足条件才能报考：一是对毕业生所属的高校进行了限定，报名人员须毕业于名单内的高校；二是对毕业生的年龄进行了限定，报名人员根据不同的学历层次不能超过相应的年龄；三是对毕业生的政治面貌或是学生干部经历做了限定，报名人员一般须是中共党员（含中共预备党员），或在高校学习期间担任班级及以上学生干部连续满一年。其中，部分选调生岗位还要求报考者具备校级及以上优秀学生干部、三好学生、优秀毕业生等荣誉称号中的一项。

因此，毕业生需要及时了解职场信息的适用性，对于其中特别的要求要提前做好规划与准备，以免遇到关键点无法满足条件的情况。特别是对于跨专业或者跨行业求职的毕业生而言，需要花费更多的时间和精力使自己达到行业最基本的准入条件。

（三）双面性

职场信息的双面性是指职场中的信息既能够反映出职场中好的一面，也能反映出职场中不好的一面。这些反映既可能是基于客观事实，也可能是基于个人或群体的主观判断。

例如，在招聘信息中，我们可以明确了解到用人单位的岗位要求。以公共关系经理的招聘信息为例，若其岗位要求里明确列出"接受全球派遣"的要求，这意味着从业人员需接受公司指派他赴其他国家工作的任务。这项要求对于不能接受赴国外出差工作的人来说就属于不好的一面；但是若某个个体可以接受赴其他国家外派工作的话，这项要求对他而言就不属于不好的一面。再如职场中的工作强度问题。计算机、软件等专业毕业生往往会选择到对口的IT互联网企业工作，如果从事研发类工作，经常会因赶产品研发进度或者新产品部署上线等事情而加班，这属于特定工作类型和特定工作岗位的客观事实。围绕这一客观事实，有的人会因为注重工作生活平衡而对加班这一工作现象评价不高，而有的人会因为加班与工作量和劳动报酬挂钩而对加班这一工作现象表示能够接受。这就是对于同一事物的不同反应。

因此，面对职场信息的双面性，我们需要在求职初期更多地搜集职场信息，全面地了解自己意向单位、岗位的信息，尽可能详细地列出其好的方面与不好的方面，结合自身实际进行相应的筛选。同时，对于获取的职场信息，我们要分清楚哪些是客观事实，哪些是主观感受。对于主观感受的部分，需要尽可能地了解其事实依据是什么，从而更加真实地把握职场的各项信息。

（四）传递性

职场信息的传递性是指职场中的信息在一定条件下，可以通过多种途径进行传递，如语言、文字、图像等方式都可以成为职场信息的传递途径。

例如，常见的生涯人物访谈，就属于典型的语言类的职场信息传递途径。我们通过寻找职场中长期工作且具有典型特征的个人，以沟通和对话的形式与他进行交流，进而获取关于某个行业、职业或单位的信息以及从业者的个人感受与体会。在语言类信息传递的过程中，我们可以更多地接触到职场的"内部"信息，如潜在的入职标准、核心素质要求、个人从业心得、职业发展建议等，这类信息往往不适合通过网络或者书籍进行公开的传播，而是以"口口相传"的形式进行信息传递。再如，常见的提供职场信息的网站、论坛等，就属于典型的文字类职场信息传递途径。通过用人单位自建的招聘网站、国家大学生就业服务平台、高校自建的就业信息网站、招聘信息门户网站（如智联招聘、猎聘网）等，我们可以很便捷、快速地搜寻、浏览各类职场信息，及时掌握各项招聘信息和招聘政策，准确地获取各个用人单位的求职通道。

面对职场信息的传递性，我们首先需要对此形成清晰的认识，认识到职场信息的传递性与传递平台和传递途径之间的必然联系。有效掌握多种职场信息渠道是求职准备阶段的基本前提和重要保障。及时地搜集多方的信源和用人单位的信息发布平台，才能更多维度地了解自己意向用人单位的信息，更准确地修正自己对用人单位的印象和认知，更有针对性地调整自己的求职准备和求职策略，更加主动地开展整个求职过程，使得求职事半功倍。

（五）可处理性

职场信息的可处理性是指职场中的信息具备被收集、处理和分析的特性。在通过多种渠道获取用人单位信息的过程中，我们会很直观地感受到以下情况：一方面，用人单位会尽可能多地展示自己的企业发展、企业文化、岗位设置、岗位需求、招聘要求等信息来吸引毕业生求职，这些信息在表达或者展示呈现的过程中，有的已经广为大家知晓，有的受限于传播方式而无法深入细致，有的则不聚焦于求职过程；另一方面，同一个用人单位内部同一类别下不同岗位，或不同用人单位相同岗位的要求、职责、待遇也不尽相同。这就要求我们能够对获取的职场信息进行有效的加工处理，通过总结归纳去掉冗余和无用信息后，进一步对精炼后的信息做出分析比较，从而做出求职决策并明确最终职业选择。

例如智能手机软件研发岗位，目前华为、小米、VIVO和OPPO等多家公司均存在相应业务和岗位设置，但是对于不同公司，存在着岗位要求、研发平台（如鸿蒙或安卓）、研发内容（如手机系统或手机应用）、工作地点、福利待遇等多方面的差异。同时与工作地点相伴随的又有生活开销、教育医疗、发展机遇等多种维度的不同。这些因素共同构成了左右个人求职意愿和求职目标的关键要素。

因此，我们在具体求职前，需要对大量的信息进行搜集整理，通过筛选提取，将纷繁复杂的岗位信息精简成若干核心要素，在有限的维度内进行有效的对比和取舍，进而做出合理的求职决策，或为实现更高质量的就业制定下一步的个人能力提升方案。

（六）共享性

职场信息的共享性是指职场中的信息在产生、传递和利用的过程中具有公开、透明和互动的特性，在一定的时空范围内能够被多个受众接收和利用。

例如，用人单位在开展招聘的过程中为了更完整、更全面、更广泛地将招聘信息传达到学生群体中，往往会采取企业官网发布招聘需求、企业微信公众号发布招聘需求与招聘安排、进校园开展线下招聘宣讲会等多种形式相组合的招聘模式。学院在促进毕业生就业方面，往往会采取组建就业QQ群、微信群发布招聘信息，召开主题班会、年级大会做就业动员、政策宣讲、能力培训等措施多维度推动毕业生高质量就业。用人单位发布的招聘信息以及面对群体的宣讲、培训等，对于信息的受众是不做区分限制的，只要获取了相关信息、掌握了对应的信息渠道，就可以进行信息查阅、聆听、处理，这是职场信息共享性的直接体现。与职场信息共享性相伴随的往往是信息的广泛传播与分享，直接的结果就是求职应聘者数量的增加。而在招聘规模一定的情况下，企业往往会按照择优的原则来进行招聘考核，这就导致了求职中比较与竞争的产生。

因此，面对职场信息的共享性，我们首先需要建立并拓展自己的信息获取渠道，尽量能够在第一时间、更加全面地掌握用人单位的招聘信息。其次，要有计划地提高自身综合能力与素质，增强自己的竞争优势，通过多方努力争取被意向用人单位录取。

三、信息来源与获取方法

信息获取是我们在日常的学习、生活、工作当中的一项十分重要的活动，一般是指围绕某一特定主体或者目标，通过一定的方式、方法、技术手段或渠道载体，获得关于这一主体或者目标的原始信息的过程。在信息获取过程中使用的方式、方法、技术手段或渠道载体，就是我们所说的信息获取途径。这些途径一般会根据信息产生的来源不同而有不同的分类。

（一）信息来源

按照承载信息的载体的不同，与用人单位相关的信息来源一般可分为四个大类：公共信息来源、用人单位来源、相关群体来源、个人经验来源。如表2-1所示。

表2-1　信息来源分类表

信源类别	举例
公共信息来源	1.图书、报纸、期刊、电视节目等，如《中国大学生就业》杂志、江苏卫视《职来职往》、天津卫视《非你莫属》； 2.搜索引擎、招聘信息门户及专题网站、论坛、博客、微博等，如百度、谷歌等搜索引擎，智联招聘、猎聘网等专题网站； 3.国家各级人社部就业服务平台，如国家大学生就业服务平台； 4.高校就业平台，如学校自建的就业信息网站、就业信息QQ群、微信群等
用人单位来源	1.用人单位的文化、产品介绍，如产品广告、产品发布会等； 2.用人单位的招聘信息，如企业宣讲会、招聘会、招聘简章、宣传折页、宣传画册等； 3.用人单位自建的宣传平台，如用人单位官网、公众号、视频号等
相关群体来源	1.用人单位负责宣传、招聘的人员，如用人单位在招聘会、宣讲会现场做宣讲或报告的人力资源部门人员、部门负责人等； 2.长期从事相关行业的人员，如正在相关行业或用人单位工作的员工、校友、学长学姐、家庭成员、亲朋好友等； 3.学校负责就业相关工作的教师，如学校就业指导相关部门长期从事就业指导、知晓相关行业或用人单位信息的老师，知晓往届毕业生去向、了解与学院有深入合作的用人单位信息的辅导员等
个人经验来源	1.个人在课程学习与实践过程中的体会感悟，如在专业理论学习和课程设计过程中感受到的将来会遇到的工作环境、内容、形式、节奏等； 2.个人到企业参观走访实地体验，如参加企业开放日、体验日，寒暑假的社会实践，企业参观走访、座谈等； 3.个人到企业开展实习实践，如通过企业考核后开展的短期或长期的生产实习、岗位实习等

1.公共信息来源

公共信息来源是指面向大众群体或能够被公众所掌握的信息来源，常见的有网络中的各类门户网站，各大媒体的电视节目、报纸、杂志，政府机关与第三方评估机构发布的各类信息。

2.用人单位来源

用人单位来源是指用人单位通过一定渠道面向目标群体展示自身产品、文化或需求等而发布的各类信息，常见的有产品广告、企业宣讲会、招聘会、产品发布会，以及用人单位官网、公众号、视频号等发布的各类信息。

3.相关群体来源

相关群体来源是指正在从事某一特定职业或是与其存在一定关联的人员发布的各类信息，例如正在相关行业或用人单位工作的员工、学长学姐、家庭成员、亲朋好友、熟人，或者长期从事就业指导、知晓相关行业或用人单位信息的学校老师、年级辅导员等发布的各类信息。

4.个人经验来源

个人经验来源是指通过个人的成长经历或实习实践经历积累的经验、感受、体会所产生的信息，例如通过观察、学习、理论分析或参观、调研走访、实习实践等实地探索所产生的收获、感悟、知觉等。

（二）信息获取的方法

根据信息来源的不同，我们有多种获取信息的方法与途径，主要包括以下几种。

1.文献法

通过查阅专业文献、图书、报纸、杂志、数据库等媒介获取信息的方法。图书馆是我们通过文献法获取信息的重要途径。图书馆中除了收藏各类书籍、报纸、杂志之外，通常还会购买各类数据库用以服务各类文献、期刊等学术资料的检索、查阅，支撑各类学术研究的开展。熟练使用图书馆资源会更好地帮助我们提升自身专业知识与能力，为求职打下坚实基础。

2.视听法

通过观看或收听电视、广播、影视资料等获取信息的方法。各用人单位的官网、公众号、视频号等是我们通过视听法获取信息的重要途径。通过这些渠道，我们可以直观地感受到用人单位的企业文化、价值取向、核心产品与业务以及最新动态等信息，从而更加全面、直观地了解用人单位。

3.网络检索法

通过互联网等信息技术开展检索来获取信息的方法。互联网搜索引擎、信息门户、网络论坛、博客等是我们通过网络检索法获取信息的重要途径。我们可以选定关键词，在搜索引擎（如百度、谷歌等）、网站、论坛、博客等平台检索我们需要的信息。相较于其他方法，网络检索法具有便捷、快速、资源丰富的特点。但是，由于网络上信源的多样性，这一方法也存在准确性、客观性不高的特点。因此，在使用网络检索法进行信息获取的过程中，我们要不断提升信息检索、分辨的能力。

4.访谈法

通过人物访谈，以沟通、对话等形式获取信息的方法。宣讲会、报告会、研讨会、生涯人物访谈、采访等是我们通过访谈法获取信息的重要途径。通过沟通对话，我们可以相对集中地了解用人单位、科研前沿领域的最新成果、发展动态和招聘要求等信息，也可以就自己特别关注的问题与相关的人员进行深入沟通，获得长期从业人员的成长感悟和发展建议，甚至可以获取不便于在网络上传播的用人单位信息。

5.问卷法

通过设计问卷在特定目标人群中开展调查以获取信息的方法。问卷调查、测评等方式是我们通过问卷法获取信息的重要途径。通过设计问卷或者测评，我们可以就自己特别关注的若干个方面开展集中的数据收集和采样。通过对采集到的数据和信息进行整理和分析，我们可以形成有针对性的结论或者应对方法，进而更高效地采取行动。

6.调查法

通过实地考察、实践等形式获取信息的方法。参观、走访、实习实践等是我们通过调查法获取信息的重要途径。通过深入用人单位开展考察、实践，我们可以从第一视角感受用人单位的工作环境、工作形式、工作内容、工作强度、团队氛围、福利待遇等，能够更加直观真切地了解实际工作场景，增强对职业工作和职业发展的感知和理解，提升工作适应性。同时，通过考察和实践，我们可以更加直接地了解自身专业知识、技术与用人单位要求的职业技能之间的差距，明确自身不足和能力欠缺，进而做到及时查漏补缺、提升自我。进一步，通过考察和实践，我们可以更加熟悉用人单位的业务和要求，有针对性地提升自己的综合能力，提高自身与岗位的适配性，提升自己求职的成功率。

（三）多种信息获取方法的比较

信息获取有多种方法与途径，不同的方法与途径各有优点与缺点，详见表2-2。

表2-2 信息获取途径比较表

方法与途径	优点	缺点
文献法	资料可靠性高，观点、论据的系统性、完整性、创新性较强，能够较为全面地提升个人认知、能力	专业性较强，存在一定技术壁垒，易读性不强

续表

方法与途径	优点	缺点
视听法	简单、直观，可视化、观点性较强，能集中了解用人单位的优势和特色	往往是对用人单位正面的反映，部分还存在美化和夸大的现象
网络检索法	常用、简单、便捷，能提供大量的、多维度的信息，便于开展延伸信息检索	信息来源复杂，存在一定量的广告以及有待验证的信息，对个人利用关键词开展信息检索的能力有一定要求
访谈法	能够与长期实际参与相关工作的从业人员开展深入的沟通，能获取更多工作体会和经验，以及用人单位的内部信息	难以确定适宜的访谈对象，同时访谈拒绝率较高，需要花时间和精力来完成预约
问卷法	能够有针对性地设计问卷内容，就自己关注的问题或者方面开展调研。在数据分析时，也能够获得相对集中的结论	问卷的合理性、封闭性设计以及最后的数据分析需要花费大量的时间和精力来完成，同时也需要大量的人力、物力来支持问卷的发放与收集。此外，问卷采样的有效性、真实性、保密性难以保证
调查法	可以深入一线实地开展走访调查，能够在真实场景中获得直接感受和亲身体验，更加有利于自己做出判断与选择。同时也能够通过实际对照查找自身不足，明确提升方向和目标	实施难度较大，企业走访与实践需要与企业完成相应的对接，需要通过学校、教师、亲友等资源来协调。部分用人单位实习考核与校招考核标准逐步接近

素养训练

开展生涯人物访谈

生涯人物访谈主要是指与在自己意向行业中具有中长期工作经历的职场人士开展访谈、交流，围绕自己感兴趣的关于职场各方面的问题、情况进行职业探索的活动（图2-1）。这一过程综合利用了信息获取的多种途径与方法。

图2-1　生涯人物访谈

通过生涯人物访谈，首先，可以直接获得关于特定行业、职业、企业、岗位的"内部"信息，这是职业信息获取最直接、最有效的渠道。其次，可以获得特定的不便于在网络等渠道公开传递的信息，如核心素质要求、晋升途径、职场真实的内心感受等。此外，通过访谈，可以获得长期从业者的从业建议，明确自身将来从事相关行业的优势与不足，从而制定更加合理的能力和素质提升方案，促进自身更好地发展。

（一）生涯人物访谈一般流程

1. 确定访谈目标

在确定访谈目标和访谈对象前，首先要明确自己掌握的专业知识、专业能力与综合素质的水平，其次要了解自己所在专业近年毕业生的就业去向。通过信息的搜集、整理、比较，确定自己感兴趣且力所能及的行业、企业、岗位等目标。在确定访谈的目标后，通过学院、社会关系、个人等渠道，在校友、亲朋好友里联系和确定3名以上长期从事相关领域工作的人员。

2. 做好访谈准备

在访谈前，需要进一步做好访谈对象的背景调查、访谈提纲的设计等准备工作。访谈对象的背景调查包括其公司所在行业、主营业务，其个人目前所在的部门、负责的工作、工作年限等信息，越丰富越好。访谈提纲的设计包括访谈目标的确立（如解决求职、生涯发展、行业探索等方面的一个或多个问题），访谈内容涵盖的维度的选择（如工作内容、工作要求、求职技巧、企业内发展路径、在校学习建议等）、访谈问题形式的明确（如开放式与封闭式选择、问题的设计等）以及访谈时长的把握等。通过访谈前的准备，提高访谈过程的针对性和目的性，促进访谈目标的高效达成。

3. 把控访谈过程

访谈可以采取多种形式，包括面对面访谈、电话访谈、微信（QQ）访谈以及问卷访谈等，其中面对面访谈的形式取得的效果最好。在访谈前，需要与访谈对象预约好访谈的时间、地点、方式、时长等，以便对方预留时间，保证访谈的顺利进行。在访谈中，要注意适时进行引导，避免访谈内容的发散，尽量集中围绕事先准备的访谈提纲进行，同时要注意倾听，尽可能多地记录访谈中的关键信息，保证得到自己想要的信息。在访谈结束后，要结合访谈开展的情况以适当方式向访谈对象致谢。

4. 撰写访谈报告

访谈结束后，要及时对访谈的记录进行汇总整理，归纳形成最终观点与结论。根据访谈当中收集到的关键信息，补充完善对相应行业、企业、岗位的认识，修正个人主观理解与客观现实之间的偏差，形成对职业世界的正确认知，进一步指导自己的职业选择。同时，针对收集到的关于岗位的能力素质要求，深入分析自身在知识、能力、素质、思想认识等各方面存在的差距，围绕这些差距制订在校期间的专业学习、实习实践、素质提升计划。最终，根据收集整理的信息，形成一份完整的生涯人物访谈报告。

（二）科学设计访谈问题

问题1：您是如何获取工作信息的？具体有哪些平台和渠道？

问题2：您觉得在求职过程中有哪些重要因素促成了最终的求职成功？

问题3：您当前从事的工作中，哪些专业的人员占主导？他们有什么优势？

问题4：您认为要做好这份工作，应该具备哪些专业知识、技能和经验？

问题5：您认为具备哪些个人素质、性格特质和能力对做好这份工作很重要？

问题6：这份工作要求的个人素质、性格特质和能力与其他工作所要求的有什么不同？

问题7：据您所知，从事这项工作的人在本单位或行业的发展前景如何？

问题8：随着科学技术的进步和经济全球化的发展，这个行业和工作是否有变化？

问题9：大多数情况下，您日常的工作内容和工作状态如何？

问题10：您在做这项工作时，最成功的是什么？最有挑战性的是什么？

问题11：您最喜欢和最不喜欢工作中的哪些方面？

问题12：就您所知，有哪些网站、论坛或其他渠道可以帮助我深入了解这个领域？

以上问题可供在开展生涯人物访谈时参考，实际访谈需结合自己的具体情况来重新设计。生涯人物访谈的核心目的是从职场人物身上获取有用信息。我们设计的问题可以以封闭式为主，这样可以节省时间，得到所需的答案。问题的设计要做到口语化，通俗易懂。

第二节　信息加工

◆ 职业素养

一、信息加工含义

信息加工能力是指基于一定的思维逻辑，运用一定的方法、途径、技巧，对自己拥有、产生的信息以及从其他人、其他渠道获得的信息进行判断、分析、归纳、应用的能力。信息加工的目的，是将一定量的、原始的、相关的信息，按照个体特定的需要进行加工，以提高信息的准确性、可靠性、针对性，提升信息的使用便利性，增加信息的价值含量，促进目标的达成，更好地支持、指导个体制定决策并采取行动。

信息加工能力是我们在职业发展过程中不可或缺的关键能力，它使我们能够将数据、资料转变成能够表达特定含义的信息，充分服务于我们的职业发展。例如，在求职过程中，简历制作与面试表达都需要我们将用于表达、描述自我的数据、事件、能力进行加工，以文字或者语言的形式表示出来，服务于求职面试这一目标需求，是我们开启职业生涯的第一步。特别是面对不同类型的岗位进行求职时，我们应根据岗位需求的不同，对同样是描述自我的信息进行有侧重的加工与表达。例如，在申请科技公司的研发类岗位时，我们应突出自己的专业技术能力；在申请事业单位的行政事务类岗位时，我们则应突出自己的事务处理和组织协调能力。这种有侧重的信息加工，使得我们在求职的过程中更加有针对性，能让用人单位更好地识别出我们与岗位需求的匹配性，更加高效地促进求职目标的达成。

随着社会进步和科学技术的蓬勃发展，特别是生成式人工智能的应用和普及，当前信息的产生变得更加丰富和多元。这使得信息具备了产量大、来源多、传播快、更迭迅速的特点，与之相对应的信息加工的方式和方法也不断地演变和升级。无论是从用人单位发挥员工能力以提升企业竞争优势的角度，还是从个人达成职业目标实现职业生涯发展的角度，如何有效地对收集到的信息进行加工并使之产生有用价值，已经成为个人素质的重要组成部分，逐渐成为个人的一项重要的发展技能。因此，我们需要紧跟时代步伐，准确把握信息加工的原则，及时掌握信息加工的方式方法，不断提升自己的职业胜任力，主动应对职业发展中的困难。

二、信息加工原则

为了提高信息的准确性、可靠性、针对性，提升信息的使用便利性，增加信息的价值含量，信息加工必须遵循下列原则，以更好地实现信息加工目标。

（一）准确原则

信息加工的准确原则是指在信息加工的各环节中，要始终保持信息的准确性，使信息能够被正确地处理和验证，避免因为加工而产生的错误信息对后续的分析和决策产生误导。信息加工的准确原则包含两个方面：一方面，在信息的获取环节，要通过筛选去除虚假、错误的信息；另一方面，在信息的处理环节，要避免因操作错误、遗漏等导致信息失真或者缺失，也要避免因为夸大而导致信息失实。

信息加工的准确原则是个体开展职业世界探索和自我展示过程中的重要原则之一。由于信源的多样性，门户网站、论坛、用人单位官网、微信公众号、自媒体等每天都在源源不断地产生与用人单位相关的信息。这些信息有的是客观真实的反映，有的是个人主观意愿和感受的表达，也有的是为了博取关注而发布的夸张不实信息；对于同样的一个事件或者客观主体，也存在着积极和消极两个方面的评价。在职业探索过程中，个体就需要把握好信息加工的准确原则，通过筛选获取真实描述用人单位和岗位的准确信息，避免形成刻板印象或是不切实际的认知。准确原则在个人求职过程中同样至关重要，特别是在简历撰写与个人经历描述部分，过度的包装或者夸大会给用人单位留下华而不实或者弄虚作假的印象，会被贴上不诚信的标签，不利于应聘求职。

（二）完整原则

信息加工的完整原则是指在信息加工的各环节中，要确保与之相关的所有必要信息都被完整收集和处理，没有出现遗漏、丢失或损坏。信息加工的完整原则是信息保持其价值，支持、指导个体更好地制定符合自身诉求的决策并采取行动的重要保障。

在进行决策的过程中，一般不是单一维度的因素影响使得我们难以做出最终决定，往往是多种因素共同作用、相互权衡，不同决策方案各有利弊，才导致我们难以取舍。以岗位类型选择为例，社会普遍认为，体制内的工作相对稳定，工作强度不高，但存在收入不高、职业发展路径单一的不足；而民企的工作收入可观，职业发展路径多样，但存在工作强度高、工作竞争激烈等问题。我们可以看到，一个工作至少受稳定性、收入、强度、发展路径这四个维度的影响。如果我们在其中某一个或者某些维度得到的信息不完整，就会导致我们在对应维度的比较上形成误判，或是难以进行决策。入职后没多久就离职的现象，大多数是由于入职前对用人单位的信息了解不完整引起的。例如，没注意到实习期、轮岗、出差的要求，不了解薪资结构、工作地点的限定，未明确工作内容、工作对象的要求等，这些都是因信息的不完整导致求职决策的失误。

（三）简约原则

信息加工的简约原则是指在信息加工的各环节中，要尽可能地将不相关、无用的信息剔除，最大限度地保留具有代表性的部分，通过特征提取使得信息更加集中、突出。其本质是精练化，是复杂信息的高级表现形式。按照简约原则对信息进行加工后，会极大地提升信息的特征性和使用便利性，将不同类别的信息或是决策选项之间的差异进一步放大。对于信息使用者而言，这有利于决策的制定或者是信息的二次利用；对于信息描述的对象而言，则能够更加简洁、直观、突出地展示其特质。

简约原则是面对大量的与用人单位相关的招聘信息以及求职面试时最有效的信息处理原则。为获取更多用人单位的信息或者是更加全面地展示自我，我们往往会通过多途径搜集招聘信息，这个过程会产生大量的形式结构不统一且存在一定重复的信息。基于简约原则对信息进行加工处理后，可以极大地减少信息规模，提高信息的特征性，使得信息变得简约、高效、突出。以求职简历的制作为例，在这个过程中，我们既要充分展示个人的能力，又要兼顾用人单位考核时的理解能力和阅读负担，就需要对个人的信息进行加工处理，兼顾形式直观和内容凝练。这种信息的简约化，不是粗暴地删除，而是围绕求职目标进行提炼、雕琢、凸显，通过精练的文字和要素鲜明地表达自己强大的专业实力和综合素质，让自身能力中与岗位要求匹配度较高、发挥决定性作用的因素在短时间内能够被捕捉，让用人单位快速地判断出自己与申报岗位的匹配度，促成应聘求职的成功。

（四）一致原则

信息加工的一致原则是指在信息加工的各环节中，对待来自不同信息源且存在定义、格式不一致的信息，通过采用标准化的模型进行信息搜集，或是采用一致的规范进行信息处理，使得加工后的信息在形式、维度以及获取途径上保持一致。信息加工的一致原则包含三个维度：第一个维度是对同一个或者同一类信息，采用一致的方式或者途径进行加工，这是保持加工后信息结构稳定、分析结论一致的保证；第二个维度是对不同类信息，采用标准化的模型进行信息采集，得到不同类信息在若干相同维度上的数据，这是信息加工后具有可对比性和可分析性的保证；第三个维度是在信息再加工前后，信息本身的形式、结构保持一致，不会因为加工而被破坏了，这是进行信息统计和二次加工的保证。

信息的一致原则是支撑个体开展信息分析统计、进行理性决策的重要原则之一。从信息的完整原则中我们知道，影响我们做出职业选择、进行职业生涯规划的因素是多维度的，不同维度之间的评价依据和标准并不统一。如果直接进行决策，只能是依据感性认知，而无法进行理性分析，这给比较和选择造成了困难。我们在决策中采用的生涯决策平衡单，就是基于信息的一致原则制作出的标准化模型。它通过罗列若干维度的影响因素，将不同类型的决策方案进行了标准化和对比维度的一致化，使得不同方案之间有了可比较性。然后再通过赋值和评分的方式，将不同维度内的评价依据和评价标准统一地转化为具体分数，进行归一化处理，使得最终的决策比较转化为单一的分数比较，为决策方案的理性分析提供了可参考的依据。此外，我们在日常工作中经常遇到的信息统计、报表制作，都需要我们严格按照信息的一致原则进行操作，字体、字号、排版布局的改动会直接影响美观和阅读效果，而数据格式的改动则会直接影响统计和汇总的准确性，导致工作无法正常开展甚至是得到错误的结论。

（五）针对原则

信息加工的针对原则是指在信息加工的各环节中，要紧密围绕信息加工的目标，采取一定的方式、方法、倾向，有选择地对信息进行处理，使得加工后的信息在内容、形式、重点等方面充分服务于信息加工目标。信息加工针对原则的核心是信息加工的目标，其前提和基础是对信息加工目标的充分调研、分析、理解。如果目标不明或对目标理解错误，信息加工就可能仅仅是信息的堆砌和罗列，甚至会出现答非所问和背道而驰的情况。其重点是对已有信息的排列与重组，通过有组织地取舍实现对重要内容的强化、不相关的弱化，促进信息加工效果的发挥与信息加工目标的实现。

信息加工的针对原则是信息加工过程中提质增效的主要途径，是我们在职业生涯规划和职业发展过程中会频繁使用的原则。还是以求职过程中的简历制作为例，实习经历和项目经历往往会被认为是个人能力的直接证明，在简历中应该体现得越多越好，实习和项目越"高大上"越好。但实际上，经历的相关性和针对性才是简历筛选中的关键。例如，一份申请互联网前端研发岗位的简历，如果罗列的都是后端研发、运营或者策划相关的实习或项目，即使取得的成果十分突出，也会因没有针对申报的岗位，被用人单位在审核时认为求职目标不明确、不匹配，结果往往是转介其他部门或是直接在简历这一环节就被淘汰。相反，即使是课内的理论学习和课程设计，只要是与意向岗位的要求相匹配，就可以向用人单位展示自己就是按照岗位"量身定制"的人才，针对性较高的内容，往往会比实习经历或项目经历发挥更大的作用，更易被公司录用。再如，在校期间的评奖评优，同样一位同学，其在申报"学习优秀奖学金""科技创新奖学金""社会公益奖学金"时填写的证明支撑材料必然会根据所申请的奖项而有所不同。只有按照申报标准分别在专业学习、学科竞赛、志愿服务等方向上突出展示自身优势，才能在材料评比、答辩展示环节脱颖而出，提高最终胜出的概率。

三、信息加工的方法

信息加工主要是指对已经搜集到的信息进行进一步处理的过程，其中涉及的数据处理方法主要包括以下几个方面。

（一）信息清洗

信息清洗是信息加工的基础和必要步骤，其主要任务是进行冗余及重复信息的删除、错误信息的纠正以及缺失信息的处理等，其目的在于提升信息的准确性、完整性和简约性。信息的清洗，是与信息的产生与传播相对应的，产生过程越烦琐、传播路径越复杂，就越需要进行清洗。通过信息之间的相互印证，实现去粗存精、查漏补缺的目的。例如，在进行生涯人物访谈时，由于访谈对象的差异性和访谈过程的开放性，我们得到的访谈记录中关于某特定岗位的信息往往存在不一致和不集中的情况。因此，我们需要对相应的信息进行清理：首先，去掉延展的部分，集中于岗位本身；其次，要将因采访对象差异而导致的岗位信息差异尽可能地删除，得到相对一致的部分；最后，对于描述错误或是因个人主观认知导致的信息出入予以纠正，这样才能获得一份简洁、正确的岗位信息。再如，在校期间的各类信息统计，出生年月等日期是具体到日还是月、以"年、月"还是以"."符号间隔，电话号码位数超过11位还是少于11位，身份证号码的倒数第二位奇偶性与实际性别是否对应、后四位是否被重置成"0000"等，这些都属于在信息加工环节中的信息清洗，是为了给后续的加工提供正确的基础。

（二）信息整合

信息整合主要是将来自不同信息源的信息整理合并到一个相对集中的信息库中，以便进行统一操作和分析。通过信息整合，能够全面掌握已有的信息，及时开展信息的查漏补缺，进一步提升信息的完整性。同时，通过信息整合，既可以获得某一维度的多种评价与描述信息，也可以获得多个维度的综合评价与描述信息，最终得到更加全面的描述和结论。例如，通过整合关于某个工作岗位的信息，我们既可以在工作强度这一维度里列出诸如每天工作时长、加班频率、工作内容重复度等多种描述，也可以列出关于工作地点、工作环境、工作待遇等多个维度的相应描述。

（三）信息转换

信息转换主要是将原始信息的形式、结构、表达方式通过一定的方式进行标准化、归一化、聚合化处理，使得加工后的信息能够被转换成适合分析、比较的形式。信息转换是实现信息一致性的前提，也是支持开展分析并做出决策的保障。信息转换当中比较常见的方法包括排位法和赋值法。排位法中典型的例子是高考录取和免试研究生录取。由于不同年份、不同省份、不同学校、不同专业间的同学成绩不具备可比性，而采用排名的方式进行排位则为横向比较提供了可能，从而可以得到相对稳定的某一高校分省高考录取位次和免试研究生比例。赋值法中典型的例子是各类高校或者专业的排名以及各类评奖评优。由于这些评价体系涵盖多个维度且标准不一，无法直接进行比较，因此往往通过对不同维度赋予权重，在每个维度分别进行打分赋值，最后合并统计形成最终得分，以最终得分的高低进行评价和决策。我们在生涯决策中使用的生涯决策平衡单也是典型的使用赋值法进行信息加工的工具。

上述信息加工方法一般是按照信息的具体适用场合和需要相互结合使用的，其中也会用到计算机软件如Office、WPS、Python等协助开展信息处理。

素养训练

准备一份评奖评优申报材料

在校园里，每个学年都会有来自国家、学校、企业和个人设立的各类荣誉称号、奖学金、助学金等评奖评优的机会。这些评奖评优有的侧重学业，有的侧重实习实践，有的侧重学科竞赛，有的侧重志愿服务，要求都不尽相同。因此，需要结合评奖评优的具体设定和自身实际情况有针对性地准备自己的评奖评优材料。

（一）申报目标确定

首先是要在众多的评奖评优项目中选择若干自身条件满足或者通过个人努力能够达到相应标准的项目，作为自己的申报目标。

部分评奖评优项目如下：

校三好学生标兵	校三好学生	校优秀学生干部
校优秀党支部书记	校优秀共青团干部	民族之星
校优秀党员	校优秀团员	社会奖学金

（二）申报材料撰写

仔细对照拟申报奖项的评价标准，逐条列出评奖要求。然后根据评奖要求进一步梳理自己满足的条件，按照相关性从高到低挑选个人事迹撰写申报材料。

（三）申报材料优化

完成初步的申报材料后，根据实际申报材料的字数、答辩形式、答辩时长等要求，按照信息加工的原则进行申报材料的优化。

第三节　信息展示

职业素养

一、信息的可视化

信息可视化主要是指将信息经分析处理后产生的摘要、关键词、数据等以图形、图表、视频或是其他视觉工具的形式进行直观展示的过程。信息可视化将抽象的或者不便于直接理解的信息转化成可感知的具象的图形、图像，使人能够更加简单直接地理解和分析信息，获取信息的关键和主要特征，理顺各信息之间的逻辑关系，从而更好地支持决策。

信息可视化促进了信息的沟通与交流。摘要、关键词、数据等以图形、图像、图表、视频等可视化的形式展示出来，首先，可以更加生动形象，更易吸引注意力，更加能凸显和传递信息的重要部分，使信息接收方加深对信息的印象；其次，可视化降低了阅读和信息获取的门槛，对信息接收方的文化、学历水平和专业性要求更低，更加有利于信息的理解和传播；最后，可视化促进了更加直观和直接的比较，使得通过信息加工得到的结论更具有说服力和可信度，能够提高观点和结论的接受程度，在各种类型的报告和演示当中具有重要的价值。

信息可视化促进了多维度信息的综合比较。当信息是由多维度的数据来表现时，信息的加工和呈现就具有复杂性和多样性，传统的数字和文字已经无法满足充分描述其本质和特征的需求，此时需要通过可视化方法进行多维度信息的综合比较，通过信息不同维度之间的图形特征来充分识别和比较信息之间的关联和差异。例如，在比较两种平板设备的大小时，其长宽高的三维数据很难有直观的感受，但是通过图像化方式进行三维的等比例呈现，再以我们常见的如用手掌大小去比较面积，用硬币厚度去比较厚度，就会对两种平板设备形成直观的感受，从而促进决策和取舍。

信息可视化有助于信息特点和规律的呈现。相较于数字和文字，图形、图像、图表、视频等可视化的形式更容易被理解和记忆，能够一目了然地呈现信息的特点和规律，帮助发掘繁杂信息背后的发展趋势。这在数据分析、比较等方面具有重要的参考价值，能够帮助人们更好地进行决策并付诸行动。例如，在准备考研之前，我们一般会去了解近几年的相关数据，如报名人数、录取比例、相关院校录取分数、本专业录取人数等。这些信息都是以数字形式记录，在比较时不够直观。但是若将上述信息转换成柱状图或折线图，就可以很直观地看到其变化趋势、不同学校之间录取分数高低、本专业报考倾向等信息，为考研报考提供直观的指导。

信息可视化促进了问题的发现与解决。当处理复杂问题时，由于涉及的信息量与工程量庞大、涵盖的领域广泛，通过信息可视化的形式，可以梳理不同模块、功能、需求之间的潜在关联与差异，进一步理顺各环节之间的逻辑关系，以全局视角推动问题的发现与解决。例如，我们在课程设计或是实验当中经常会制作流程图或结构图，通过标明各模块或步骤之间的前后衔接，可以从全过程的视角理顺逻辑顺序与主次关系。一旦流程中出现问题，就能够快速定位其源头，找到引发问题的原因。同时，这样做还能够明确问题解决的先后顺序与难易程度，促进问题的高效解决。

二、信息展示原则

（一）清晰原则

清晰原则是指在信息展示的过程中，文字、语言、图形、图像等展示元素的逻辑结构、表达方式、呈现形式应该清晰明了且易于理解，不会导致展示的内容出现理解上的歧义甚至误解。在信息展示过程中，应使用简单直接、直观明确、众所周知的元素，让表达的内容、意愿一目了然，必要时可采用注释、标注等形式进一步解释说明，确保信息能够被准确地展示、理解。

（二）重点原则

重点原则是指在信息展示的过程中，将信息的核心、关键部分进行突出的展示，使信息接收方能够直接快速地抓住信息的核心和关键。根据重点原则，一方面，在信息展示过程中，应对信息的核心、关键部分的展示分配更多的篇幅、时长、深度，通过凸显重点内容给信息接收方留下深刻印象；另一方面，通过将核心、关键部分放在突出位置或使用特殊颜色、加黑加粗、添加标签等方式，使其易于辨认与理解，与其他内容区别开来，帮助信息接收方快速地抓住信息的关键部分。

（三）一致原则

一致原则是指在信息展示的过程中，要保持展示内容前后的一致性，避免因同一性质的内容采用多种形式表达而产生视觉上的不协调，甚至导致混乱、歧义和误解。信息展示的一致性既包括展示整体的风格、排版布局、行文模式，也包括具体的文字字体、字号、颜色，图片的大小、形状等内容。一致原则并不是要求整篇内容统一使用一种字体、字号，而是对相同级别、性质、重要程度的文字、图片或重复出现的内容等采取同样的方式进行加工处理。在信息展示的过程中，如果文档材料对标题层次采用不一致的设置，会导致阅读逻辑混乱；对字体、字号、间距采用不一致的设置，会增加阅读负担；对重点内容采用多种颜色、字体进行不一致的标注，会导致重点不突出，造成理解的混淆；对前后相同的内容采用不一致的形式，会导致理解的歧义。

（四）层次原则

层次原则是指在信息展示的过程中，要在充分厘清信息各部分之间的关系的基础上，采取有主有次、分门别类的形式对信息进行有层次的展示。层次原则有助于充分把握信息的整体结构和逻辑关系，便于将信息按照类别进行相对集中的展示，从而快速、清晰地抓住信息的核心与关键部分。在信息展示的过程中，文档材料的章、节设置以及多级标题的设置，都是信息展示层次原则的直接体现。通过合理的层次设置，也可以进一步提升信息二次利用的效率。

（五）合适原则

合适原则是指在信息展示的过程中，要充分结合信息本身的特点和展示目的，选用合适的图表、图形等形式进行相应的信息展示设计，充分发挥不同展示形式的优势，更好地突出信息的特征和重点。例如，在展示单一个体的信息时，可以使用一段文字的形式进行展示；而对于多个个体的信息，若信息简短，如个人简介等，可以使用表格的形式进行展示，若信息较长，如个人事迹等复杂信息，则可以先使用表格进行基本简单信息的汇总统计，形成对整体情况的概述与介绍，然后使用文字的形式分别展开详细说明。再如，对于每年应届毕业生的毕业去向信息，当我们需要了解保研、考研、出国（境）、就业等去向的比重时，可以使用饼图的方式来展示，但当我们需要了解每一类去向的趋势时，饼图就不太适合，应按照对应年限使用柱状图或是折线图进行展示。

三、信息展示形式

信息展示具有文字、表格、图表、图像、视频等多种形式，不同形式在处理不同类型的信息时能够发挥特定的效果。因此，在信息展示过程中，需要充分结合信息本身的特质，选用合适的信息展示形式，从而达到事半功倍的效果。

（一）文字展示

通过文字来展示信息是最常见的信息展示形式，主要用于对特定的人、事物或理念进行详细系统的介绍、说明、解释。文字展示一般可以使用章、节、段落、列表等形式来组织内容，将信息展示得更加深入、全面且清晰易懂。与专业知识能力养成和训练相对应的课本、教材，发表的专业论文，以及在求职过程中使用的个人简历等，都属于信息的文字展示形式。

在文字展示形式中，有一种类型称为公务文书（简称"公文"），是机关团体、企事业单位等依法成立的社会组织用于办理公务、具有一定格式的应用文。公文从类型上分为命令、决定、决议、指示、公报、公告、布告、通告、通知、通报、报告、请示、批复、函、会议纪要等，它们分别具有不同的使用场景和作用，如表2-3所示。严格意义上讲，公文在行文标题、抬头、正文、落款、字体、字号、行间距、页边距等方面都有明确的规范，掌握相应的知识与概念是职业的基本要求，需要我们在职业生涯发展中能够熟练掌握并应用。具体公文的版式可以参照《党政机关公文格式》国家标准。

表2-3　公文种类

序号	公文种类	适用场景
1	决议	适用于会议讨论通过的重大决策事项
2	决定	适用于对重要事项作出决策和部署、奖惩有关单位和人员、变更或者撤销下级机关不适当的决定事项
3	命令（令）	适用于公布行政法规和规章、宣布施行重大强制性措施、批准授予和晋升衔级、嘉奖有关单位和人员
4	公报	适用于公布重要决定或者重大事项
5	公告	适用于向国内外宣布重要事项或者法定事项
6	通告	适用于在一定范围内公布应当遵守或者周知的事项
7	意见	适用于对重要问题提出见解和处理办法
8	通知	适用于发布、传达要求下级机关执行和有关单位周知或者执行的事项，批转、转发公文

序号	公文种类	适用场景
9	通报	适用于表彰先进、批评错误、传达重要精神和告知重要情况
10	报告	适用于向上级机关汇报工作、反映情况，回复上级机关的询问
11	请示	适用于向上级机关请求指示、批准
12	批复	适用于答复下级机关请示事项
13	议案	适用于各级人民政府按照法律程序向同级人民代表大会或者人民代表大会常务委员会提请审议事项
14	函	适用于不相隶属机关之间商洽工作、询问和答复问题、请求批准和答复审批事项
15	纪要	适用于记载会议主要情况和议定事项

（二）表格展示

通过表格来展示信息是最直接、常用的数据类信息展示形式，主要是以行或者列的形式将信息的多种维度进行集中展示。利用表格来展示信息，可以直观清晰地呈现信息的结构和组成，同时有利于进行信息的比较、查找和计算。表格的形式在展示大量简短信息或多个选项（如姓名、日期、民族或不长的数值串等）的情况下，具有集中、清晰、结构化、便于查找的优势，但当某些维度的信息相对冗长时，则需要与文字展示形式相互搭配使用。在校期间涉及的个人成绩单、学期成绩排名、个人基本信息统计表、毕业去向统计表等，都属于信息的表格展示形式。如表2-4所示的源自中国教育在线网站的考研信息统计表就是典型的表格展示。

表2-4 考研信息统计表（万人）

年份	硕士录取人数	考研报名人数
2017年	72.22	201
2018年	76.25	238
2019年	81.13	290
2020年	99.05	341
2021年	105.07	377
2022年	110.35	457
2023年	114.84	474
2024年	—	438

（三）图表展示

通过图表来展示信息是最直观的信息展示形式。图表能够将信息可视化，辅助我们更好地理解和掌握信息的特征，对信息开展进一步的分析，以支持决策的开展。常见的图表类型有柱状图、折线图、饼状图、雷达图、词云图、流程（结构）图等。

1.柱状图

柱状图是一种同时具备分类和定量显示功能的信息展示形式。它利用柱状的条形来展示信息的维度分类，用条形的高度来展示信息的定量大小。柱状图可以将数据类信息转化成一系列条形，并且可以给表征不同维度信息的条形赋予不同颜色，从而便于进行信息的同比和环比分析。柱状图具有直观、清晰、易于对比的特点，尤其适用于纯数据类信息的处理以及展示发展趋势。将表2-4所示的考研信息转换成图2-2的柱状图显示后，相比于表格形式明显更加直观、形象，对比更加突出。

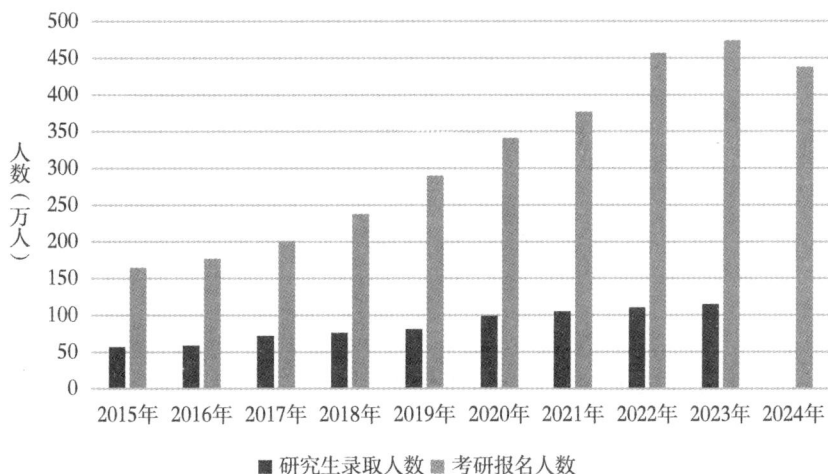

图 2-2　考研信息柱状图

2.折线图

折线图是一种通过短划线连接信息各个数据点进行特征表征的信息展示形式。折线图适用于展示信息特征随着某一变量（如时间、剂量、浓度、重量等）变化的情况。通过连接各个数据点，折线图可以清晰地反映信息的变化趋势和规律。例如，经济相关专业涉及的股票走势分析，材料相关专业涉及的受力形变分析，生命科学相关专业涉及的剂量效果分析等，都属于折线图的典型应用。折线图在展示比例（占比）或趋势类信息时具有明显优势。比如，对于表2-4所示的考研信息，当我们想要了解考研录取比例趋势时，折线图能够更加清晰地反映相应的趋势（按照考研录取人数占总录取人数一半粗略计算）。从图2-3中，我们可以很清晰地看到，近年来考研录取比例呈现明显下降趋势。

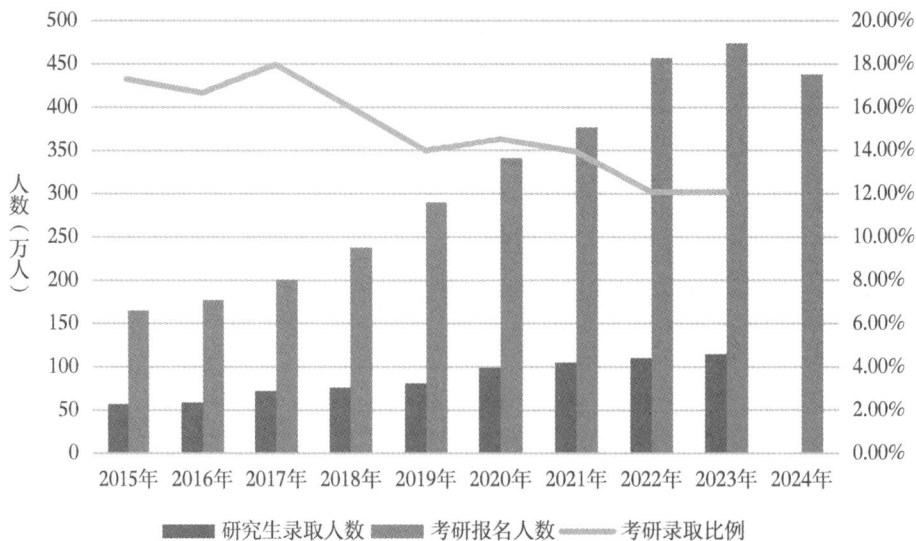

图2-3   考研趋势图

3. 饼状图

饼状图是一种通过在饼状图形中按照信息各维度所占比例划分扇形区域大小来表征信息的展示形式。饼状图主要用于展示信息各维度之间的比例结构和相对大小。相较于柱状图和折线图，饼状图更能够表征信息的结构组成，清晰地反映信息的各部分间的主次和重要性关系。例如，图2-4所示为某高校发布的2024年毕业生就业质量报告中的就业单位行业分布图。从图中我们可以很直观地看到，"信息传输、软件和信息技术服务业"是该校毕业生最重要的就业去向，占比超过了1/4。其余类别的占比和相对规模也可以通过饼状图直观呈现。

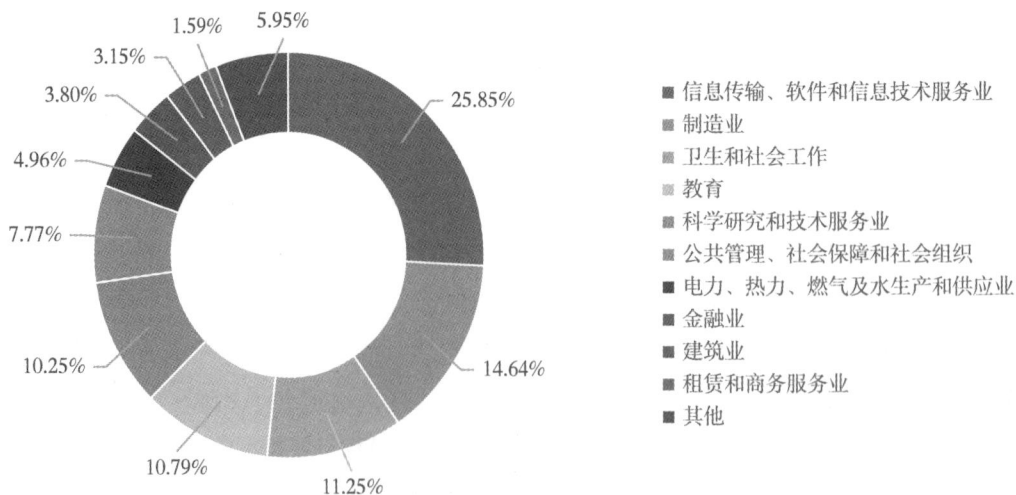

图2-4   某高校2024年毕业生就业单位行业分布饼状图

4. 雷达图

雷达图是一种类似蜘蛛网的多边形信息表现形式，适用于多维度信息的比较。从雷达图中心向外辐射的轴线代表信息的各维度，经过归一化处理后，连接不同轴线上等值的点就形成了横向的等值线，构成了一系列同心多边形。这些轴线和同心多边形共同构成了雷达图。在雷达图中，轴线上的点与中心的距离代表信息在该维度上的数值或者程度，连接这些点就构成了对信息各维度的基本描述。雷达图能够同时呈现出信息在多个维度上的比较，也能够反映某一维度与要求或者标准之间的差距。如图2-5与图2-6所示分别为某高校毕业生对自身就业能力各项因素的自评评分雷达图以及用人单位对某高校毕业生就业能力各项因素的评分雷达图。通过这两幅图，我们可以清晰、全面地了解该高校毕业生的能力画像，也能明确对应的能力提升方向。

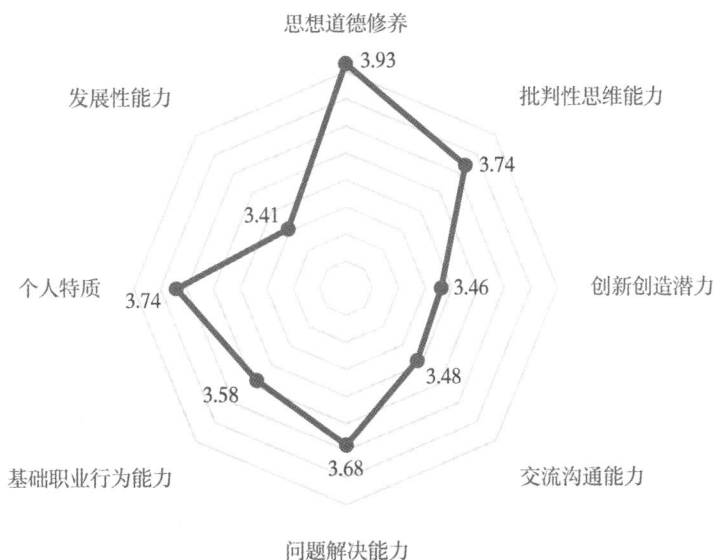

图2-5　某高校毕业生对自身就业能力各项因素的自评评分雷达图

5. 词云图

词云图是一种主要对文字进行可视化的信息展示形式，它通过在一定面积内以文字字符大小进行区分的方式来表征文字的重要性或出现的频率及次数。在词云图中，某文字越是关键字或高频词汇，其字符则会越大。词云图可以用在文件解读、群体特征描述、就业单位或地点分析等多种场景，具有重点突出、直观易懂的特点。如图2-7展示的热门搜索城市词云图，从图中可以直观地看到搜索排名前三的城市分别为广州、上海、深圳。

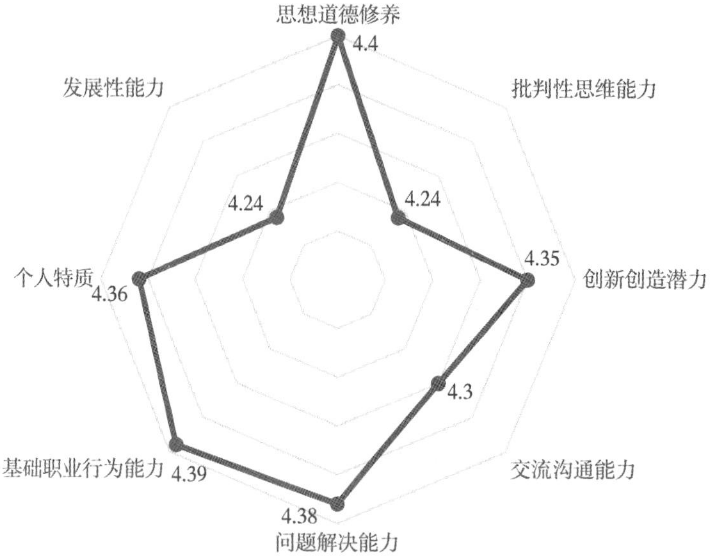

图2-6　用人单位对某高校毕业生就业能力各项因素的评分雷达图

图2-7　热门搜索城市词云图

（四）图像展示

通过图像来展示信息是最形象、生动、快速的信息展示形式，主要是以视频、动画、短片、海报等形式对信息进行多种维度集中展示。图像展示往往集成了文字、画面、动画以及声、光、影等多种形式与技术，能够在短时间内吸引注意力，传递大量的信息。相较于其他类型的展示形式，图像展示具有下列优势：①不一定要求具备文字阅读能力，在一定程度上降低了阅读和理解的门槛；②信息化时代为视频的发布提供了技术和渠道支撑，更有利于信息的广泛传播；③具备介绍实景、实物、实操的能力，可以切换更多场景、角度、方式，深度还原事、物、境、操作的实际情况；④可以通过提升图像内涵、色彩、画面等方式提高吸引力和记忆性，加强信息传播广度和记忆深度。图像展示的形式特别适用于演讲、演示、讲解、叙事等场景。常见的慕课、公开课、广告、发布会等都是图像展示形式的典型应用。

以上是四种常见的信息呈现形式。在使用时需要结合信息的类型、场景和展示需求进行合理地搭配组合，以提高信息展示的吸引力和效果，更好地促进信息的理解和分析，更加充分地支持决策。我们平时进行展示时经常使用的PPT软件，就集成了上述常见的信息呈现形式，我们要熟练掌握其使用方法，提升制作技巧。

◆◆ 素养训练

制作班级同学信息统计表

在掌握了信息展示的各项原则和形式后，搜集班级同学的信息，按照下列步骤制作一份班级同学信息统计表。

1.问卷制作：制作一份标准化的信息统计表，涵盖班级同学的姓名、出生年月、性别、民族、政治面貌、生源地等信息。在统计表中给出各统计信息的参考模板，确保所有信息按照正确的格式和标准填写，便于后续进行批量处理。

2.信息搜集：邀请班级同学填写信息搜集问卷。

3.信息加工：对搜集到的问卷结果进行数据清洗，改正错误信息，修订不标准信息，统一同类信息的格式，转变信息表示形式以便于进行统计。

4.信息展示：为便于信息的快速传递和易于理解，采取不同的方式对搜集到的班级同学信息进行展示，如性别使用柱状图进行展示，生日按照月份使用柱状图展示，民族和政治面貌使用饼状图进行展示，生源地使用词云图进行展示。

5.信息审核：对可视化展示的信息进行分析、审核与修正，对于存在错误或遗漏的数据及时进行修正和补充，确保信息最终的准确性。

通过以上步骤，可以有效地完成班级同学信息统计表的制作。

【延伸阅读】

1.《党政机关公文格式》（GB/T 9704—2012），徐成华等，中国标准出版社，2012年

2.《从平凡到非凡：PPT设计蜕变》，回航，中国水利水电出版社，2021年

第三章

简历撰写与提升

工欲善其事，必先利其器。

——春秋·孔丘《论语·卫灵公》

天下大事，必作于细。

——春秋·老子《道德经》

职业故事

《汉书·东方朔传》节选

东方朔字曼倩，平原厌次人也。武帝初即位，征天下举方正贤良文学材力之士，待以不次之位，四方士多上书言得失，自衒鬻者以千数，其不足采者辄报闻罢。朔初来，上书曰："臣朔少失父母，长养兄嫂。年十三学书，三冬文史足用。十五学击剑。十六学《诗》《书》，诵二十二万言。十九学孙、吴兵法，战阵之具，钲鼓之教，亦诵二十二万言。凡臣朔固已诵四十四万言。又常服子路之言。臣朔年二十二，长九尺三寸，目若悬珠，齿若编贝，勇若孟贲，捷若庆忌，廉若鲍叔，信若尾生。若此，可以为天子大臣矣。臣朔昧死再拜以闻。"

朔文辞不逊，高自称誉，上伟之，令待诏公车，奉禄薄，未得省见。

第一节　简历制作的五个要求

职业素养

简历，作为求职者递向应聘公司的首张名片，承载着展现自我风采和突出个人价值的重任。一份用心制作的简历，能快速抓取简历筛选者的眼球，为后面的求职历程增色不少，并为求职者赢得面试机会。一份结构清晰、内容精炼的简历能够大大提高求职者的求职效率，使求职者能够在众多应聘者中脱颖而出，更快地找到心仪的工作。简历制作也有基本的要求和方法，可总结归纳为"五项基本要求"。

一、内容简洁但有重点

通常大公司在简历初筛的阶段对每份简历评估的时间不会超过10秒，现在很多公司都采用AI智能筛选，因此简历的阅读体验很重要。采用一个简洁大方的模板，突出重点和关键词，版式不需要太花里胡哨，否则会喧宾夺主。特别要注意，简历内容应控制在一面A4纸以内，如果内容太过冗长就会重点不突出，让招聘官陷入"乱花渐欲迷人眼"的境地。此外，如果有重要内容在反面，也会造成招聘官错失重要内容。

那么如何梳理简历内容呢？我们可以按照做PPT的方法，先把内容和框架梳理出来。简历的基本内容包括：个人信息、求职意向、教育背景、社会实践与工作经历（项目经验等）、荣誉与奖励等，具体见图3-1。按照这个框架梳理精简个人经历，可以让简历有重点、有层次。因此，制作简历的第一步是"建立个人经历库"，罗列自己需要撰写的内容，分门别类地整理好，根据自己的实际情况对每一项进行简单的梳理。

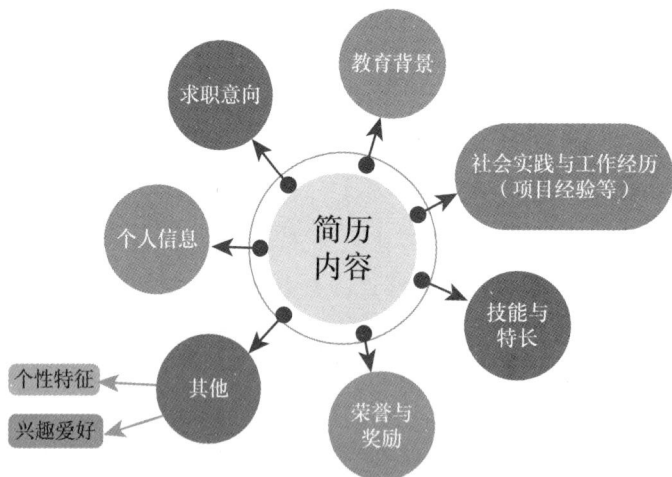

图3-1 简历的框架

一份完整的简历一般会具备以下要素：

·个人信息：个人照片、姓名、联系方式等基本个人信息；

·教育经历：个人的学历及就读情况（一般从大学起）；

·求职岗位：个人意向求职岗位；

·工作经历、项目经历、实践经历：个人的工作情况及主要的项目工作经历；

·自我评价：个人的自我评价或自我介绍。

除上述基本元素外，简历的风格不要过于花哨（艺术类需作品集的除外），避免招聘官抓不住简历的重点。尤其在"金三银四"求职热时期，HR一天往往会看几十甚至上百份简历。突出重点和关键词，可以帮助招聘官快速锁定目标。

有了简历的框架后，根据岗位目标明确自身优势，有清晰的未来规划，对面试公司有充分了解，这些都是加分项，是我们在制作简历前需要做好的准备工作（如图3-2所示）。

二、学会利用浏览顺序

HR浏览简历时一般遵循"从左到右，从上到下"的顺序。按呈现顺序，简历大致可以分为基本信息、求职意向、教育背景、实习实践经历、校园经历、培训经历、所获奖项、特长和自我介绍。其中基本信息、求职意向、教育背景和社会实践与工作经历是必须要有的，具体内容可以参考图3-3。

1.大学里最值得骄傲的三件事（这可能会成为你简历中的突出事件）

2.大学里你曾经做得最失败的三件事（这帮助你进行职业定位，在简历里尽量避免）

3.你最希望被记住的三个方面的素质（可用于求职信里简要地概述自己）

4.你有哪方面的突出能力及能胜任何种工作

思考自己

1.你想要一个什么样的工作（求职意向）

2.什么样的工作环境你最喜欢（在求职信中概述你对单位的期待）

3.什么样的事你不能做（尽量避免的领域）

思考环境

写简历前的准备工作

在一张纸上写下有关你自己的一些想法和事迹

行动

选择那些最重要的，你最想放到简历中的事情

1.所有文凭、资格证书、协会成员证书、专业技能职称证书等

例如：英语四级、六级证书、计算机等级证书等

2.你的论文、发表的文章、出版的书籍和其他相关的文章

3.可能的成果模型、照片或成果摘要

4.你的获奖证书和其他获奖证明（三好学生、优秀干部、征文比赛获奖、演讲比赛获奖等）

5.你的候选推荐人的地址和电话

6.任何关于你的评估文件

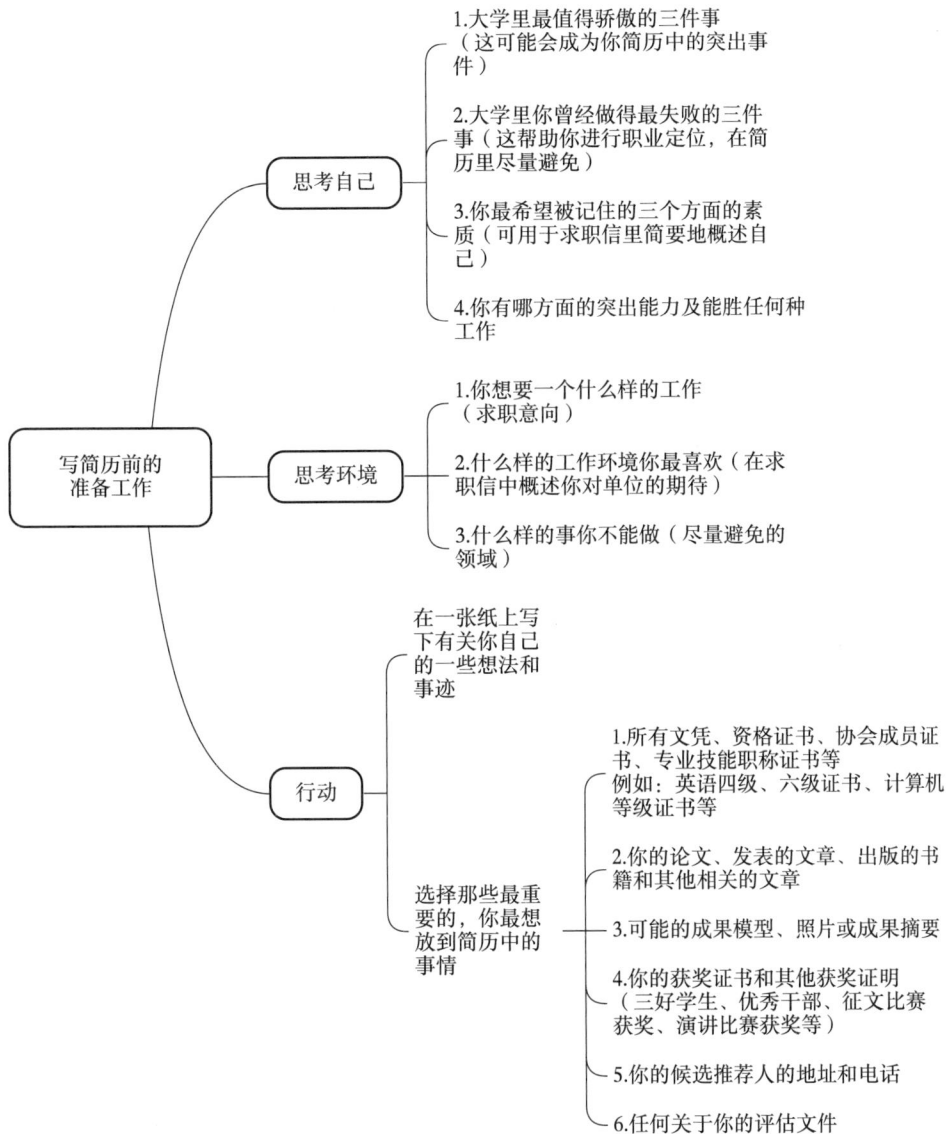

图 3-2 写简历前的准备工作

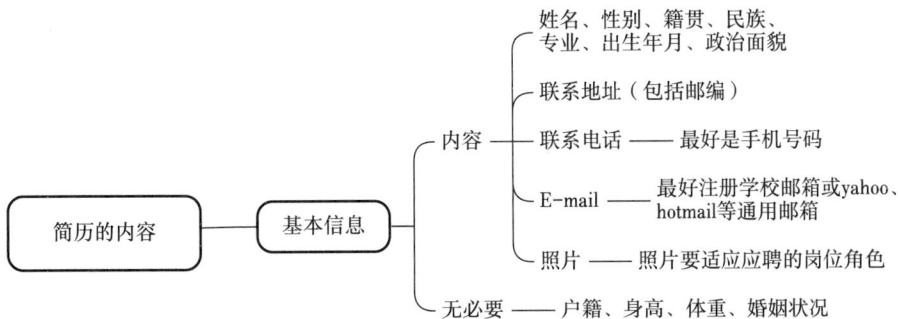

姓名、性别、籍贯、民族、专业、出生年月、政治面貌

联系地址（包括邮编）

联系电话 —— 最好是手机号码

E-mail —— 最好注册学校邮箱或yahoo、hotmail等通用邮箱

照片 —— 照片要适应应聘的岗位角色

内容

简历的内容

基本信息

无必要 —— 户籍、身高、体重、婚姻状况

图 3-3 简历的内容

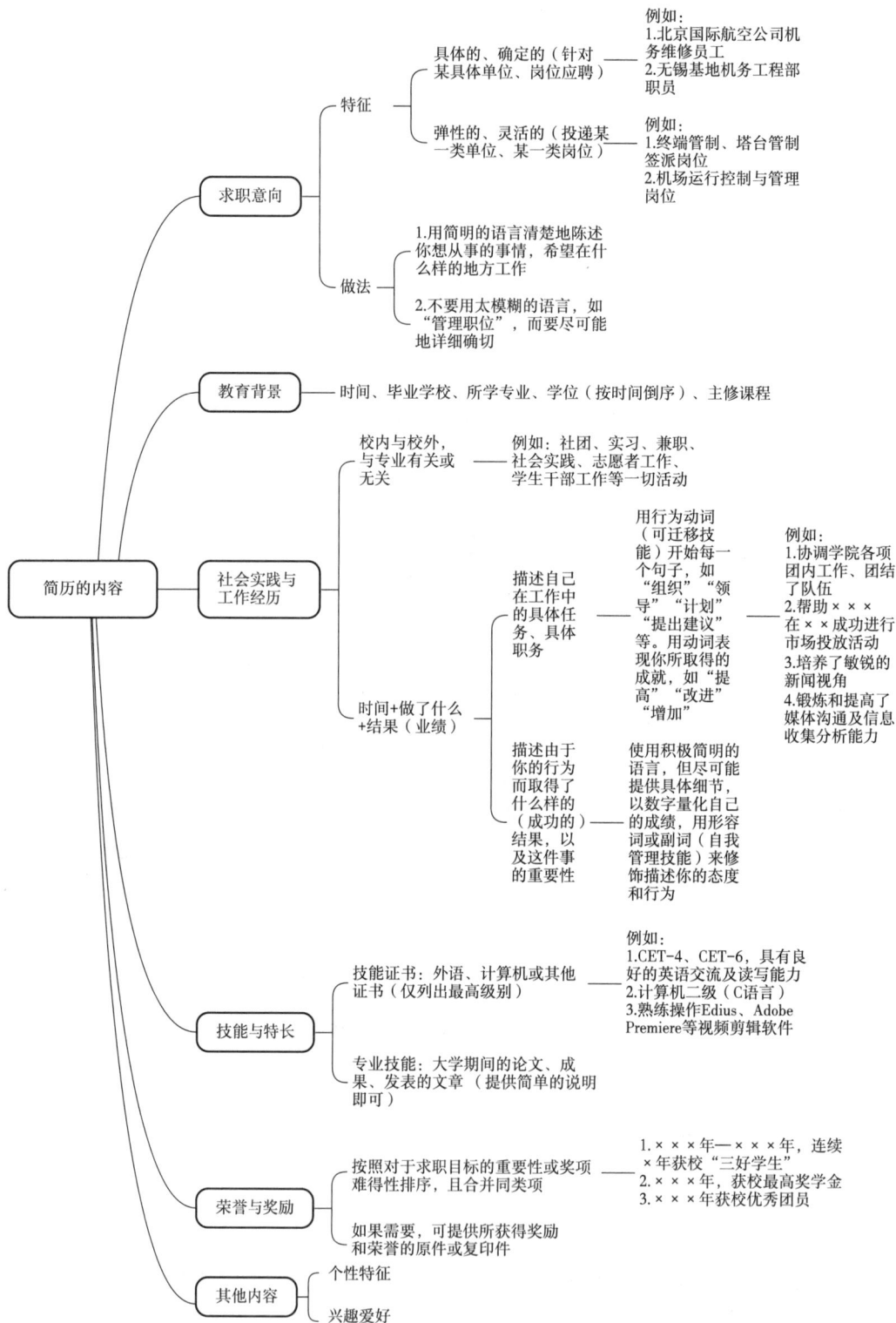

简历的内容

- 求职意向
  - 特征
    - 具体的、确定的（针对某具体单位、岗位应聘）——例如：1.北京国际航空公司机务维修员工 2.无锡基地机务工程部职员
    - 弹性的、灵活的（投递某一类单位、某一类岗位）——例如：1.终端管制、塔台管制签派岗位 2.机场运行控制与管理岗位
  - 做法
    - 1.用简明的语言清楚地陈述你想从事的事情，希望在什么样的地方工作
    - 2.不要用太模糊的语言，如"管理职位"，而要尽可能地详细确切

- 教育背景——时间、毕业学校、所学专业、学位（按时间倒序）、主修课程

- 社会实践与工作经历
  - 校内与校外，与专业有关或无关——例如：社团、实习、兼职、社会实践、志愿者工作、学生干部工作等一切活动
  - 时间+做了什么+结果（业绩）
    - 描述自己在工作中的具体任务、具体职务——用行为动词（可迁移技能）开始每一个句子，如"组织""领导""计划""提出建议"等。用动词表现你所取得的成就，如"提高""改进""增加"——例如：1.协调学院各项团内工作、团结了队伍 2.帮助××在××成功进行市场投放活动 3.培养了敏锐的新闻视角 4.锻炼和提高了媒体沟通及信息收集分析能力
    - 描述由于你的行为而取得了什么样的（成功的）结果，以及这件事的重要性——使用积极简明的语言，但尽可能提供具体细节，以数字量化自己的成绩，用形容词或副词（自我管理技能）来修饰描述你的态度和行为

- 技能与特长
  - 技能证书：外语、计算机或其他证书（仅列出最高级别）——例如：1.CET-4、CET-6，具有良好的英语交流及读写能力 2.计算机二级（C语言）3.熟练操作Edius、Adobe Premiere等视频剪辑软件
  - 专业技能：大学期间的论文、成果、发表的文章（提供简单的说明即可）

- 荣誉与奖励
  - 按照对于求职目标的重要性或奖项难得性排序，且合并同类项——1.×××年—×××年，连续×年获校"三好学生" 2.×××年，获校最高奖学金 3.×××年获校优秀团员
  - 如果需要，可提供所获得奖励和荣誉的原件或复印件

- 其他内容
  - 个性特征
  - 兴趣爱好

续图 3-3

三、用案例来证明能力

简历中需要突出展示个人的优点和能力长处，如果只是自夸，不辅以案例，就会缺乏说服力。采用过往的案例和经历来证明自己的能力会更有说服力。例如，要证明自己有比较强的沟通能力，可以直接引用之前的科研经历、实践经历、实习经历中，与交流沟通、组织协调相关的内容。要证明自己有较强的抗压能力，可以描述一段在短时间内高效率完成某项任务并且获得好评的经历，也可以描述一段在同一时间内完成多项任务的经历。

四、体现和岗位的匹配度

简历内容与求职岗位的匹配度很重要，可谓"一把钥匙只能开一把锁"。我们需要针对求职岗位量身定制简历，切忌"一个简历走天下"，如图3-4所示。调动你在校时参加的各项活动经历，选择"包装"的侧重点，让过往经历与求职岗位更有相关性。

图3-4　简历与岗位是否匹配

五、细节决定成败

简历是求职者的"门面"，是文科生的第一份文书总结，是理科生的第一份实验报告，是求职者给就业单位的第一印象，因此尤为重要。第一，切忌出现错别字、用词不准、标点符号错误等低级错误。这些细节错误会传递出"不够细心、不踏实、基本功不扎实"的坏印象。第二，个人照片一定要选择穿正装的登记照，如果是"设计师"或"互联网行业"，可以适当自由，高质量照片也是会给我们加分的小细节。第三，简历中使用的字体风格不要超过三种，以"黑体、仿宋、楷体"为佳，字号大小也不要超过三种，太多会显得简历不够简洁，增加阅读障碍。第四，在关键内容上适当增加"下划线"或"加粗效果"，可以突出重点，更加吸引眼球。

制作一份优秀的简历能够帮助同学们在众多应聘者中脱颖而出，增加获得面试机会的可能性。因此，制作简历时要注意突出个人的优势和能力，并根据不同岗位的需求进行调整。同时，简历的制作应该简洁有重点，遵循浏览顺序，用案例证明能力，体现和岗位的匹配度，并注意细节的处理。通过这些方法，可以制作出一份精准、简洁、有力的简历，提高自己的求职成功率。

❖ 素养训练

一起来试试吧

根据上述的方法，我们来看看下面这一份简历。如果你是 HR，你会有什么感受？这篇简历好在哪里？又有哪些不足之处呢？

王路飞

政治面貌：－－－－　　联系方式：－－－－
出生年月：－－－－　　电子邮箱：－－－－
英语水平：－－－－　　兴趣爱好：－－－－

教育背景 EDUCATION

2021.09-2024.06　－－－－大学（985）　　建筑学硕士（保研）
研究方向：城市设计及其理论，关注都市环境发展，收集处理城市各类数据，提供问题解决方案；担任党支部组织委员

2016.09-2021.06　－－－－大学（211）　　建筑学学士
曾参与省文保建筑修缮、武汉市规划院项目，GPA-3.78，排名8/60，发表小论文2篇；曾担任副班长、全国性会议志愿者

实习经历 INTERNSHIP

2023.07-08　　华为技术有限公司　　合肥 全球五十强　　客户经理实习生
客户维护：在导师带教下，负责建立、推进ToB客户的连接和关系建设，分析客户在商业项目方面的计划、采购、咨询等需求与痛点，提供解决方案，达成经营目标；接受1周销售专业培训，学习平台精品课程40h+，参加客户侧集团座谈会1场
人际关系：结识数十位顶尖高校同学与企业代表，扩大了人脉圈层，增强了社会认知，提前适应了高强度的职场规则和生活

2023.03-04　　华润万象生活商业华中大区　　武汉 五百强央企　　校园大使
宣传推广：负责校招信息的多渠道宣传推广工作，线上转发校、院、宿舍群覆盖41个，线下触达学院10余个，于两场大型双选会上分发宣传页，地推拓展受众，并解答疑问；吸纳意向同学70余人加群交流，转化其中42人参加宣讲会及应聘面试
支持协调：负责企业在华科宣讲的校企信息互通、地域支持、布控协调，代表企业与学生双向传递需求，助力企业招聘改进

2022.07-09　　深圳市立方建筑顾问有限公司　　深圳 甲级设计院　　城市设计实习生
参与项目：－滨海湾公寓设计、深圳南山区某科技园投标、深圳龙岗区某小学投标等，负责比选方案、制作调研报告，掌握Ps、CAD、ID等设计软件；随公出差与甲方洽谈餐叙，方案草图获甲方认可，具有一定的市场意识和服务意识

2020.10-12　　尤安建筑设计股份有限公司　　武汉 上市设计院　　建筑设计实习生
设计助理：参与绿地集团某酒店设计、塘栖某商业街项目的方案、扩初、施控全过程，绘制平立面图，制作施工制本3套，建模9栋，制作项目方案澄清PPT 1份并向甲方汇报；和小组同事抢抓节点，三周内按时交付某楼盘全套报建图纸

校园实践 PRACTICE

2021.09-2022.12　－－－－－大学建规学院研究生会　　办公室负责人
校院活动：策划组织迎新、干训、团建、摄影大赛等活动15场，主担策办校级活动1场，共编写推文19篇，服务师生500+
账务保障：负责研会所有部门的账务报销，按规定记账、登账、做账，账面清晰，经手账目负责29项，共计4万余元
个人能力：擅长活动项目的前期准备、物料宣发、对外联络及团队合作，熟练使用秀米、剪映、office等办公软件

2022.03-07　－－－－－－建筑模型巡展&学术论坛　　统筹/展陈设计
全程统筹：落实导师策划案，设计各展场平面和视觉要素，把控武汉、深圳、广州三地四场服务，组织学术论坛的现场会务
多方协调：对接展馆单位、展品厂家、学校、工人等，调度资源排除问题，总观客人数400+，成果发表在www.gooood.cn

2021.09-至今　　建规学院建筑21级硕士生党支部　　党支部委员
组织党建：了解同学们的思想状况，群众基础好，民主评议连年优秀；负责组织材料工作编写记录册2本，获推荐优秀党员

2018.12-2019.01　　武汉金拱门食品有限公司（McDonalds）　　社会兼职
校外锻炼：学习与不同人群交流，磨练心智增加阅历，提高了ToC的沟通能力和销售技巧，初步构建市场和利润观念

获奖荣誉 AWARDS

－－校优秀研究生干部	－－－研究生才艺大赛团体十佳
－－－－二等学业奖学金	－－－－大学国家励志奖学金*2
－－建规会卓越负责人	－－－大学土建学院三好学生
－－－校级优秀共青团员	－－－大学土建学院新十奖学金

自我评价 SELF EVAL

乐于合作：待人和善、坦诚交流，热爱团队工作
做事认真：事事回应、件件落实，及时沟通反馈
目的性强：以终为始、灵活应对，持续跟踪目标
发展中国家建筑设计大展 & 设计党赛　　银奖

好处：＿＿＿＿＿＿＿＿＿＿＿＿＿＿＿＿＿＿＿＿＿＿＿＿＿＿＿＿＿＿＿

＿＿＿＿＿＿＿＿＿＿＿＿＿＿＿＿＿＿＿＿＿＿＿＿＿＿＿＿＿＿＿＿＿

不足之处：＿＿＿＿＿＿＿＿＿＿＿＿＿＿＿＿＿＿＿＿＿＿＿＿＿＿＿＿

第二节　简历写作八大原则

❖ 职业素养

在掌握了一些基本的撰写简历的概念后，就要开始不断深化简历中的细节，增加可读性以及描述的准确性，使自己的求职形象和特点可以更加立体和生动，贴合招聘企业的求职画像。

一、用关键词说话

企业招聘官在初筛简历时，平均浏览一份简历的时间不超过10秒。如何在短暂的10秒内，抓取招聘官的眼球，需要我们好好花时间来做准备。在初筛简历时，招聘官主要是通过查看简历中是否有相关的关键词来进行"初印象"打分。关键词的作用在网申中的效果显著，如果简历中没有相应的关键词，有可能直接就被系统"筛选掉"。如果你是应聘互联网行业相关的职位，招聘官可能会对简历中的"流量""转化率""拉新××""活力度"等关键词比较敏感。有了这些关键词，应聘官可以快速地抓取到这份简历的重点，并通过这些关键词提供的信息迅速判断其是否与岗位匹配，从而决定是否通过这份简历。

所以，在制作一份简历前，应聘者应该针对应聘的岗位、公司以及行业进行充分的了解和信息搜集，特别是招聘公告上的信息，这上面往往就有许多"关键词"信息。这些"关键词"通常描述的是学历要求、经验要求、性格特点、能力要求、专业要求等内容。应聘者需要明确这些关键词有哪些是跟自己符合的，是核心关键能力，可以分别对应到你的简历中的哪部分内容，通过什么案例、什么成果来呈现。招聘官在初筛简历过程中，会迅速锁定涵盖了"关键词"的简历，完成首轮筛选。

二、用动词说话

在描述过去的实习实践、挂职锻炼的经历时，使用"动词"可以更好地进行描述，"动词"更能给人以画面感和动感，能够更加详细且准确地描述细节。在表达细节上，一般可以采用以行为动词开头的短句群。"动词"可以描述出具体的行动画面，有画面感了就会给阅读简历的人带来场景感和真实感，并且，"动词"能更加准确地构建事情的细节，更加精准地展现应聘者在项目中扮演的角色和发挥的作用，例如："负责××

运营""帮助××盈利""实现××""主持××项目"。

> ★**案例：实践经历**
> ·负责统筹并执行×××大学"南极光"歌唱大赛
> ·作为主要负责人，组织武汉高校烹饪大赛
> ·策划数学系"DIY装机大赛活动"
> ·组建团队，全程参与设计电信学院网站
> ·承担学校校庆官方系列宣传中的官网页面制作工作

三、用数字说话

撰写简历时，不仅要对过去的经历进行充分挖掘，还要学会用"数字"进行总结和凝练。因为相比大段的文字描述，"数字"更能够突显个人亮点，吸引招聘官的眼球。"数字"具备更强的描述准确性。例如，形容夏天的天气，可以用"好热""酷热""炎热"等形容词，但是每个人对温度的感知是不一样的，所以在理解上会有偏差。然而，如果直接说"今天天气特别热，有40度！"这样的表达一出，就立马有种热气扑面的感觉。所以，如果你的经历中有可以用数字来表示的部分，一定要用数字的形式来表达"数量之多、程度之深、范围之广"。

例如，"实现月增粉10万＋的运营目标""达到引流5万人次""完成项目200页的设计图纸，整理汇报PPT三次，修改数十次"等，用数字是最能说明成果、体现业绩的，也更令人信服。

四、用结果说话

在学会使用"关键词""动词""数字"后，撰写简历还要学会用"结果"说话，用尽可能多的成绩、成就、亮点、业绩来向招聘官传递这样一个信号：过去的领导和公司对我们是高度认可的，未来，我们是能够胜任应聘的职位的。例如，某项工作获得了什么奖项，某项工程拿到乙方回款多少，某项活动参与人数多少、覆盖人数多少、引流多少……

★**案例：项目经历**

原稿：策划了"新生杯"歌唱比赛活动，并负责选手选拔、节目编排、活动宣传。本人的组织与协调工作确保了整场比赛的顺利进行。

修改后：作为第一负责人策划"新生杯"歌唱比赛活动，并在两个方面突破了传统

的歌唱比赛模式：

一是以"残酷一叮"的方式，在2个小时之内从100名报名选手中选拔出20位决赛选手，大大提高了选拔效率。

二是与20名参赛选手共同讨论决赛方式，设计出精彩的"必唱"和"抢唱"比赛环节，使比赛现场异常热烈。

五、独特性原则

"独特性"不意味着"奇葩"或者"搞怪"。这里的独特性是指大多数人不具备的经历，例如有跨国公司实习经历、国外交流学习经历、学生社团实践及管理经历、创新创业经历。同时，可以用一些厉害的"大佬"给自己背书，例如在某500强企业实习并获得优秀实习生称号，或者在某某院士团队进行××国家级项目研究，深度参与某自然科学基金课题研究等。

★**案例：项目经历**
2021.07—2021.08【设计院】×××院士创作室|实习建筑师
·参与项目：JPT总部大厦建筑设计策划、梧州苍海大厦公寓户型改造方案
2018.11—2019.03【设计院】×××院士团队|实习建筑师
·参与项目：北京首钢冬奥园南区城市设计、北京国药·四号院区城市设计

六、真实性原则

当然我们不能为了追求数字化、结果化就进行简历造假，包装我们的过往经历不等于捏造不实信息，求职诚信是每一位求职者应该坚持的职业标准、道德标准。在撰写简历时，我们应该用事实说话，杜绝造假。每一个项目都要是真实的、准确的、可信的，因为投递简历只是求职的第一关，在后续的面试以及实习中，招聘官和项目负责人都会反复检验你在简历中体现的个人经历和素养。特别是在面试中，HR会根据你的简历内容进行反复地提问，阅人无数的招聘官只需要几个问题就能判断你的经历是否真实、数据是否符合客观规律和逻辑，一旦被发现有不实信息，将会置自己于非常被动的求职境地。

★**案例**：在简历中出现的某个项目经历或者实习经历，例如曾经参与过某国创比赛，主持的物流机器人项目获得金奖，都可能成为面试中的重点。在面试中，HR有可能会围绕该项目进行详细提问，如果项目并非自己亲身经历，那么很有可能会露出"马脚"，不清楚细节、不能说出其中的逻辑和技术原理，就会影响最终面试的结果。

七、相关性原则

简历不是我们的个人自传，不需要全方位、无死角地记录每一个细节。我们可以理解成这是一个"命题作文"，需要围绕"作文题目"——"求职岗位"来撰写简历。首先，要剖析这个岗位需要什么样的专业背景、职业素养、实践经历等。分析清楚后，要根据这个"作文题目"来挑选和组合内容。相关性原则要求我们能够在众多社会实践经历、实习工作经历中挑出与职位最相关的经历。即使专业不对口，也要突出相关的实践经历、培训经历或者辅修过相关课程等。简历上的内容始终要遵循"岗位相关"原则，无关紧要的经历请大胆舍弃！

★案例：　求职目标——证券公司、银行客服或信贷专员

工作经历：

- 2022.11　　　　　　"爱心猫猫队"负责人，开展社会公益工作。
- 2022.10—2023.9　　学校学生会文体部干事，组织大型文体活动。
- 2023.5　　　　　　参加×××大学"金秋艺术节"摄影风采展。
- 2024.7—2024.8　　环邦信息咨询公司暑期实习，在新闻部做翻译工作。
- 2024.8—至今　　　迅联金融培训公司兼职分析员，参与培训项目。

修改后：

【只保留跟岗位相关的经历并进行扩写】

①2024年8月至今　　迅联金融培训公司　　分析员（兼职）

- 参与中国著名券商为期15个月的培训项目规划，撰写商业计划书参与竞标，中标后访谈12位券商高级管理人员，负责完成"培训规划战略体系"70%的内容。
- 参与设计"华尔街初级员工培训中国版"培训课程，共计80个课时单元，对接20位培训专家。
- 负责"金融行业机构客户与大户营销技巧培训"的具体操作，如制定培训手册、制作文印物资、布置会场等，确保培训时期各项任务顺利开展，获得领导和同事的高度好评。

②2024年7—8月　　环邦信息咨询公司新闻部　　实习生

- 每日更新欧美金融市场最重要的5条新闻线索，收集3条与中国市场相关的评论。
- 翻译当天《华尔街日报》《金融时报》等关于国内金融市场的新闻报道。
- 起草新闻评论稿，内容涵盖电子、通信、物流、教育、快消等行业，共35篇。

八、简洁性原则

人的阅读兴趣和文本的厚度成反向相关，也就是说，如果简历的内容写得越多，内容越杂，那么HR的阅读兴趣就会越低。所谓"简历"就是"简单的个人经历"，它是根据目标岗位对我们过往经历的浓缩。有些同学很优秀，无论是实习经历还是校内经历都很丰富，为了体现自己的能力，于是把所有的经历都写到简历上，又由于简历纸张大小有限，于是都挤成一堆。其实简历重在"简"，关键是要重点突出、个人标签明显，并非简历越长就能力越强、经历越丰富、与岗位越匹配。反而过于复杂的简历会让招聘官筛选困难。我们在遵循上面七大原则的基础上，也要做到简历的"内涵丰富"和"外表简洁"。

素养训练

一起来试试吧

训练一：将以下几则招聘简章中的"关键词"圈出来吧！

招聘岗位1：某某公司人力资源专员

1.人力资源类、管理类、心理学专业本科及以上学历，同时欢迎优秀的理工科毕业生应聘；

2.CET-6成绩426分及以上，听说读写熟练；

3.具有基本的人力资源知识，具有较好的文字表达能力；

4.具备良好的沟通、协调和解决问题的能力。

招聘岗位2：某某公司智能系统及应用设计师

岗位职责：

1.负责智能系统的设计、开发和优化，分析业务需求，制定技术方案；

2.负责开发和维护智能算法和模型、硬件部署、工程应用等；

3.负责智能系统的架构设计与技术选型，进行系统性能分析和优化；

4.负责智能化前沿技术研究。

任职条件：

1.硕士研究生及以上学历，计算机科学、人工智能、电子工程、信息技术或相关专业；

2.具备扎实的编程能力，熟练掌握至少一种编程语言，能进行复杂模型的设计与实现；

3.熟悉PyTorch、TensorFlow等主流深度学习框架和开发工具，具有智能系统、机器学习、深度学习等相关领域的项目经验者优先。

招聘岗位3：某某公司助理产品经理

岗位职责：

1. 协助智能硬件产品的策划及迭代工作；

2. 参与设计和改进产品的功能，关注用户体验，提出优化建议；

3. 协助定期进行消费者需求挖掘和行业竞品分析；

4. 协助进行产品的整个生命周期管理，跟进产品开发进度，确保产品按时发布；

5. 与项目管理、开发、设计等团队紧密合作，确保策略和产品目标的一致性。

任职要求：

1. 本科及以上学历，硕士优先，专业不限；

2. 对智能硬件产品充满热情，对产品设计和用户体验有浓厚的兴趣；

3. 具备数据敏感性和数据分析能力，拥有良好的逻辑分析能力，能从用户行为数据中归纳和发现产品改进方向；

4. 良好的沟通能力和团队合作能力，能在快节奏的环境中灵活工作；

5. 英语听说读写能力优秀者优先。

招聘岗位4：某某公司商务助理

岗位职责：

1. 销售合同执行：独立完成合同的起草、审核、签订、执行等流程，关注并负责风险预警及控制；

2. 应收款管理：持续跟踪应收款进展，并向销售提供一系列管理措施监控账款操作，支持并配合销售完成应收款回收；

3. 各类数据（合同、应收账款、验收单）的统计、分析；

4. 招标信息的筛选、对接及跟进统计，支持投标工作。

基本要求：

1. 理工科类相关专业，本科及以上学历；

2. 有良好的沟通和理解能力，性格开朗，思路清晰，有一定的计划性和执行力；

3. 自我学习能力较强，能够在导师的指导下独立完成岗位技能学习；

4. 熟练使用办公软件，有一定的文字书写能力和理解能力；

5. 有清晰的个人目标，能够承受一定的压力，热爱销售及支持业务工作，后期想转销售岗位的优先考虑。

招聘岗位5：某某公司国内/国际销售工程师（工作地点：长沙、成都、西安、杭州、北京、济南、俄语区、中东、东南亚、中亚等地）

岗位职责：

1. 负责区域销售计划的制定与执行，根据市场营销计划，完成个人年度销售任务；

2. 负责销售回款、销售费用控制；

3.负责区域内市场开发、客户关系管理；

4.负责区域内市场信息的收集、客户的跟踪、竞争对手的分析；

5.负责建立良好的区域客户关系，树立公司企业形象；

6.负责区域内销售机会的发掘，销售信息管理，市场售前、售中、售后工作的协调处理，项目招投标工作的组织及处理。

任职要求：

1.市场营销、计算机、电子、通信、工商管理、国际贸易、英语、俄语、阿拉伯语等相关专业，本科及以上学历，国际销售优先有在国外留学经历的中国留学生；

2.CET-6、TEM-4及以上，英语流利，有国内驾照、国际驾照，能适应出差；

3.熟练操作各类办公软件工具。

训练二：根据上述的八个原则来修改以下这些简历的表述吧！

案例1——修改前：

·项目经历：

云南省普洱市少数民族留守儿童教育资源调研|队长　　　2023.8—10

·走访云南省普洱市多个少数民族乡镇及县城，走村入户，主要完成访谈和调研工作；

·根据上级部门要求撰写新闻稿，对接当地宣传部门，组织科普教育展览等活动；

·完成数据分析和调研报告，获得"校级优秀团队"和"省级优秀个人"称号。

案例1——修改后：

·项目经历：

云南省普洱市少数民族留守儿童教育资源调研|队长　　　2023.8—10

_____

_____

_____

_____

案例2——修改前：

·实践经历：

××××大学团委学生委员会|委员　　　2021.09—至今

·负责出席××××大学学生委员会全体会议，参与审议各项议案、报告和议题，参与学生干部选举；

·负责与同学们保持联系，倾听同学们的诉求和意见，形成议案在委员会全体会议上提出；

·负责团委学生会人力资源总体规划，人员招聘、培训及素质拓展，成员绩效考核及人员关系协调等，获"校级优秀学生干部"称号。

案例2——修改后：

·实践经历：

××××大学团委学生委员会|委员   2021.09—至今

_____

_____

_____

案例3——修改前：

·科研经历：

用于多种神经毒素检验的生物传感器设计|中科院武汉物理数学研究所 2023.05—
至今

·针对现如今赤潮泛滥而导致大量海洋毒素富集于贝类的快速检验难题，提出新的
解决方案；

·查阅相关最新文献，结合分子遗传学、毒理学、神经科学等知识设计出生物传感
器基本模型；

·寻找导师并获得批准在实验室参与科研实践活动，依照导师意见优化生物传感器
设计；

·组建iNeuron团队，担任队长，开展科研实践，撰写项目立项申请书，获得学校
资金支持。

案例3——修改后：

·科研经历：

用于多种神经毒素检验的生物传感器设计|中科院武汉物理数学研究所 2023.05—
至今

_____

_____

_____

第三节　高效简历应该这么写

职业素养

在撰写简历的过程中，难免会碰到一些让人感到"尴尬"的问题。例如，我是一个
长相平平、成绩一般、没什么特长的"普通"学生，那该如何撰写简历呢？自我评价是
应该低调内敛还是个性张扬呢？接下来，我们看看这些问题要怎么解决。

一、如何正确阐述工作经历

简历中最重要的即是"工作经历"部分，在制作这部分的内容时需注意：将工作/项目经历倒序撰写，即最近的一段工作/项目经历写在最上方，第一段工作经历写在最下方。

这是为了让招聘官在短时间内看见我们在最近一段工作经历中的价值，便于其进行匹配筛选。在书写工作/项目经历时可借鉴以下方法，以快速提炼出重点。

（一）STAR法则：常用来提炼工作经历

S（Situation）：明确相关经历的背景及环境，即在什么背景或场景下开展工作。

T（Task）：工作中的目标以及关键的环节和流程，即基于什么样的目标及其他的关键环节和流程是怎么样的。

A（Action）：为达成目标采取的具体行动，包括相关情况的分析、过程步骤等。需用概括性文字总结，切忌泛谈、空谈。

R（Result）：工作最后的结果。

通过STAR法则来描述工作经历，如图3-5所示，主要目的是抓住过往工作经历中的亮点及个人优势，让HR发现我们是能解决问题的人，而非等闲之辈（详细请看第八章第一节）。

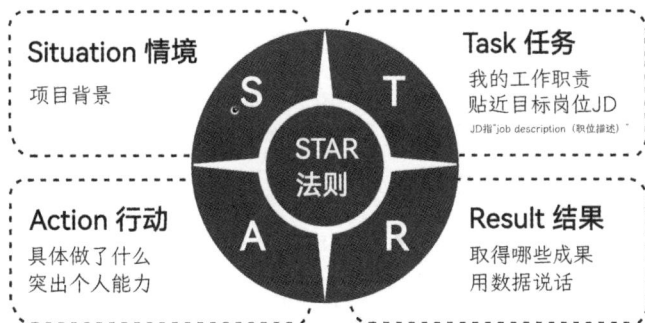

图3-5 STAR法则

（二）PAR法则：用来阐述一项具体的项目经历

P（Problem）：项目所要解决的问题及背景描述。

A（Action）：在项目开展过程中所采取的行动。

R（Result）：在上述采取的行动中所获得的结果及既往的业绩数据或环境数据。

通过PAR法则描述某段项目经历时，不仅可以涵盖工作目标及进展情况，还能将过程/结果的数据进行展示，直观体现我们的工作价值。

上述两种方法可以帮助我们理清自己过往的工作/项目经历情况，在撰写简历时挑选每段工作经历中最有价值的部分，以展示我们的个人能力。

二、简历个人优势怎么写

（一）突出自己的专业能力

根据自己想要应聘的工作岗位，看看自己有哪些优势。例如，设计岗位：精通PS、CAD、AI、AE等各种专业设计软件；新媒体岗位：多个自媒体平台爆款图文/视频作品产出经历（作品浏览量10万以上），强调自身的文案功底；电商运营岗位：3年以上电商运营经验等。

（二）突出工作背景优势

如果我们曾经在世界500强企业等一些知名企业任职过，那么就可以将这一优势写到简历上面。由于知名企业的录取门槛一般都比较高，从知名企业出来的员工，工作能力和水平一般都不会低，还可以借鉴先进理念和经验。不过我们要将离职原因写得非常清晰、不容辩驳，以免招聘官产生其他疑问。

（三）突出以往工作中取得的成绩

在描述性的文字中，招聘官很难快速找到结果，因此，可以通过量化以往的工作业绩，来突出个人的工作能力优势。例如，销售岗位：一年内销售额超过1000万元，业务增长40%；运营岗位：同时运营多个平台渠道，单个账号实现涨粉10万以上；人事岗位：在职一年为公司招聘优质员工1000名，平均入职时长超过三个月，人员与工作岗位匹配度达70%等。

三、"三无"应届生简历怎么写

"三无"应届生，指的是无名校背景、无实习经历、无大赛获奖经历的应届毕业生。什么都没有，简历怎么写？写简历之前我们要明白一点，简历在求职的时候有什么作用？简历是你的名片，是你提供给公司的一份初步"使用说明书"，简单来说，就是展示你的经历和能力。

· 个人信息

简历的这一栏往往有很多内容，但是重点内容只有这几个部分：姓名、年龄、政治面貌、联系方式、求职意向。

政治面貌：如实填写，如党员、预备党员、入党积极分子。

联系方式：电话和邮箱一定要写，电话方便对方联系，邮箱用来接收offer。

求职意向：只写一个求职意向。

·教育背景

重点写你的毕业院校、毕业时间、专业以及在学校里的亮点（成绩好可以写绩点和排名，有获奖就写上奖项），如果主修课程和岗位有关也可以写上。

·过往经历

校园经历和实习经历，这一部分是简历最重要，也是篇幅最长的部分。深挖校园经历，没有当过学生会干部，也没有当过班干部，那有没有当过普通成员呢？这期间有没有参与过什么学校的校园活动？在活动中，你是否参与过统筹协调、做宣传、拉赞助、现场布置等环节？这些经历都可以写下来。什么活动不重要，重要的是体现你的组织协调能力，你的沟通社交能力等。

如果这些经历也没有，小组课堂作业、学校的一些小项目、成绩较好的课程项目作业等，凡是你在学校期间取得的任何一点成绩都可以写上去。

写这一部分的作用并不是为了体现这个项目有多厉害，而是突出某方面的能力，例如在课堂作业中担任组长，可体现你的管理能力和统筹协调能力。

·技能证书

英语、计算机、会计、教师资格、人力资源管理等领域的证书都可以写上去。如果这些都没有，写上你会的应用软件，尤其是Office办公软件，如PPT、Word、Excel，不需要你十分精通，会用就行。

文案撰写能力：参加过征文比赛，写过策划方案、校园或者班级活动稿件等。

信息搜集整理能力：做过某个课程的调研或问卷设计、文献搜索等。

其他技能：设计、绘画、计算机等。

尽可能增加与岗位要求相关的技能。

四、自我评价怎么写

这一部分在简历中并不是最重要的，但同样需要认真对待。它是对个人能力的总结，应结合你心仪公司的岗位要求来实现。一般按照这种结构来写：指出某项工作的核心＋阐述工作的思路和方法＋自己热爱这份工作。建议提炼3~5个关键词作为个人"卖点"，并以此为标签突出自身优势。

例如要应聘一份新媒体运营的工作，自我评价应该这么写：

·具备新媒体运营理论及实践经验，创新能力强，具有卓越的执行力。

·熟悉微信公众号、知乎、小红书、抖音等自媒体平台运营规则，能快速针对各平台调性制定运营策略；擅长数据分析，能利用新榜数据、千瓜数据等工具对账号进行数据分析，及时调整运营策略。

1. 自我评价的常见误区

·千篇一律型

"本人吃苦耐劳、工作认真、积极努力……"

这类陈词滥调几乎出现在每一份简历中。它们过于泛化且缺乏具体实例作为支撑，无法让招聘官从中捕捉到个人的独特价值。在信息爆炸的时代，这样平淡无奇的自我评价只会被迅速忽略。

·表决心型

"我会坚决服从公司安排，尽最大的努力做好本职工作……"

虽然表现出积极的态度是好事，但仅凭空洞的决心和承诺，没有实质性的成果展示，难以赢得招聘官的信任。实际上，决心需要用实际行动和过往成就来证明。

·答非所问型

描述大量与应聘职位无关的校园活动或个人经历，如"在校期间积极参与社团活动……"

这不仅浪费了宝贵的简历空间，也未能针对岗位需求进行有效传达。容易使招聘官困惑，不清楚求职者的专业能力和职业定位。

·长篇大论型

洋洋洒洒的自我评价看似全面，实则缺乏焦点，如"本人诚实可信……"

这类冗长的叙述不仅让招聘官难以快速抓取关键信息，也可能因为缺乏重点而令人失去阅读兴趣。

2. 自我评价撰写公式

为了避免上述误区，一个高效且吸引人的自我评价应遵循以下结构：

·核心经验：明确指出你在特定领域或行业的积累时间及范围，体现专业深度。

例如："拥有超过10年的互联网运营经验，深耕电商与在线教育领域。"

·重点产出：列举具体成就，用数字量化成果，展现你的价值贡献。

例如："成功领导团队实现业绩增长300%，单日交易额突破200万元。"

·关键技能：强调你掌握的关键技能，包括硬技能（如编程、数据分析）和软技能（如团队协作、领导力）。

例如："精通互联网线上运营流程，擅长推动项目进展和跨部门协作。"

·工作风格：根据目标公司文化调整，展现你与企业文化的契合度。

如果目标是初创公司，可表述为："始终保持创业精神，乐于接受新挑战，致力于在创新环境中贡献力量。"

★案例：

新媒体运营岗

"拥有3年新媒体运营实战经验，专注于文案创作、线上活动策划与用户互动管理。独立操作多个项目，凭借敏锐的运营思维和深厚的文案功底，成功产出3篇阅读量超过10万的爆款文章，推动粉丝增长1万以上。熟练运用各类新媒体工具，擅长内容创新与热点追踪。"

媒体编辑岗

"资深媒体人，拥有5年杂志编辑工作经验，擅长以独特的视角挖掘故事，文笔流畅，语言表达精准有力。在高强度工作环境下仍能保持高效产出，快速适应不同题材的写作要求。具备出色的自学能力和团队融入能力，善于在快节奏中保持高质量的内容创作。"

客户经理岗

"拥有7年工作经验，曾任20人团队领导者，为国际顶级电商平台提供专业纠纷处理与客户服务，有效提升客户满意度。擅长策略性沟通与解决冲突，具备强大的团队管理和数据分析能力。在任期内多次荣获客户表彰，展现了卓越的客户关系维护和业务优化能力。"

通过上述公式与案例，我们可以看出，一个成功的自我评价应当是精炼、聚焦且个性化的。它能够快速向招聘官传递出你是谁、你能做什么以及为什么你是最佳人选的关键信息。避免落入常见误区，采用有效的撰写策略，能让你的简历在众多申请者中脱颖而出，助你迈向理想的职场舞台。

素养训练

假如你是HR

根据前面课程的学习，请你和同桌一起分析下面的简历。

XXX

求职意向：结构工程师/CAE 仿真工程师

生日：1995/09   籍贯：江苏 徐州

电话：XXXXXXXXXXX   政治面貌：中共党员

邮箱：XXXXXXXXXXX

🎓 教育背景

2019/09-2022/06	XX 大学	船舶与海洋结构物设计制造（学硕 保研）
2015/09-2019/06	XX 大学	轮机工程（本科）

💼 科研工作

2020/12-2021/06   **水下航行体静动态性能仿真分析**   **学生负责人**

➢ 项目主要内容是建立艇体尾部耦合模型、计算艇体不同工况下的轴承力学性能、轴系强度校核、轴系振动特性；

➢ 利用 CATIA 建立艇体尾段几何模型，并使用 HyperMesh 划分网格进行前处理；

➢ 利用 ANSYS APDL 对艇体—轴系耦合模型进行仿真分析，包括静力分析、模态分析、谐响应分析。

2020/07-2021/01   **XXX 舰典型设备基座减振方案仿真研究**   **主要参与者**

➢ 项目主要内容是对基座的减振性能进行仿真计算，提出设备隔振方案，为基座减振性能提供支撑；

➢ 对结构模型进行谐响应分析，探究阻尼敷设方案、阻振方钢、基座板材等厚度参数对基座振动传递特性的影响；

➢ 采用隔振措施后，水线面以下船体外板的均方速度总级仿真计算值降低不低于 3dB。

2020/09-至今   **基于不确定性模型的轴系振动特性分析**   **学生负责人**

➢ 项目主要内容是计算轴系在动态不确定性激励下的振动响应，并将理论解与仿真解对比验证；

➢ 利用 ANSYS APDL 建立轴系有限元模型，提取结构质量、阻尼、刚度矩阵，进行瞬态响应分析（数值仿真）；

➢ 采用 Matlab 编程，构建非概率凸模型，计算轴系在动态不确定激励下的振动响应（理论计算）。

📄 发表论文

➢ 2021/06   艉轴承刚度等效形式对轴系横向振动影响研究-《中国舰船研究》-**中文核心期刊**-**第一作者**

➢ 2021/06   基于凸模型过程的船舶轴系不确定振动分析-第十八届全国船舶水下噪声学术研讨会-**第一作者**

➢ 2021/06   A general Fourier formulation for in-plane and out-of-plane vibration analysis of curved beams-《Shock and Vibration》-**SCI 期刊**-**第四作者**

⚙ 实践经历

➢ 2019/09—2021/07   担任**党支部**组织委员、院研究生会科创部长、导师助教，具有良好的沟通协调能力；

➢ 2018/05—2018/06   **金工实习**，实践操作车、钳、焊等工种，学习零件的制作加工等；

➢ 2017/04—2017/06   校船"育德轮"**海上航行**实习 54 天，学习机舱设备的维护与管理及拆装实习。

🏷 技术技能   ## 🏆 荣誉证书

➢ 英语、计算机：CET-6、计算机二级（C语言）   ➢ 2020/10   XX 大学二等学业奖学金

➢ 专业技能：熟练使用 Matlab、AutoCAD、CATIA、   ➢ 2019/10   XX 大学一等学业奖学金
ANSYS APDL、ANSYS Workbench、   ➢ 2017&2016   国家励志奖学金
Patran/Nastran、Abaqus 、HyperMesh、Origin   ➢ 2017/11   上海木兰奖学金
等专业技术软件及 Office 办公软件   ➢ 2015/06   陈剑渊王耐社会助学金

👤 自我评价

➢ 抗压力、自驱力较强，有较好的团队合作意识；

➢ 能够独立自主完成工程项目，并整理成研究报告；

➢ 不惧怕未知领域，对于科研上的各种困难，能快速学习并找到解决方案。

分析要点：实习经历是否契合？学生经历如何写出彩？数据化表述是否充分？

· 优秀案例分享：

入职北京快手科技有限公司

XXX

📞 ▓▓ ▓▓▓ ✉ ▓ ▓ ▓

👤 应届生　💼 产品经理

教育经历

XXXX 大学　　　　　　　　　　　　　　　　　　　　　　　2021.09 - 2024.06
艺术设计 硕士 建筑与城市规划学院

XXXX 大学　　　　　　　　　　　　　　　　　　　　　　　2017.09 - 2021.06
艺术设计 本科 美术学院

本硕专业课成绩排名均为前10%；曾连续三年获学业奖学金；获国家级、省级专业竞赛七项奖项，参与国家社科基金艺术学项目。获"研究生会卓越负责人""研究生会优秀个人""校级优秀团员""优秀学生干部""优秀毕业生"等荣誉称号。

实习经历

XX科技有限公司　　　　　　　　　　　　　　　　　　　　　2023.xx - 至今
产品经理

- **客户端智能推荐**：当前广告流量增长见顶，提升广告收入需要效率指标CPM牵引，客户端作为检索漏斗的最下游，历史策略干预少，CPM竞价效率存在提升潜力与空间；希望在客户端建设广告预估重排序的能力，端云协同，提升广告CPM带动商业化大盘消耗增长；通过在客户端构建广告候选池，并在客户端进行广告重排，用价值更高的广告替换当前广告，达成大盘预期消耗+1.24%，CPM+1.25%的收益增长。
- **排序计费机制优化**：广告流量机制中各种竞价扶持因子的使用直接影响广告排序计费结果，会对大盘CPM产生影响；针对排序计费因子使用不规范、不公平的现状进行优化，提升广告CPM带动消耗增长；通过"控制扶持因子额度""升级扶持因子作用公式"等具体动作，同时设计对各业务合理使用的监控机制，降低对大盘消耗的折损，带来了商业化大盘消耗+1.05%的收益。

XX公司　　　　　　　　　　　　　　　　　　　　　　　　2023.xx - 2023.xx
产品经理

1.C端分发策略
- **爆款助推**：业务初期在站内声量较小，数据稀疏，希望通过对头部高转化商品针对性助推做出showcase，帮助业务整体起盘扩量；通过定义爆款指标，对入圈笔记进行保量提权，达成大盘商详pv+8.06%，成交额+3.22%。
- **人群探索**：在冷启环节通过对圈选人群的针对性召回进行探索，优化曝光与目标人群分布偏移，提升模型匹配准确性；上线人群画像圈选实验5个，追踪体验及效率指标，推全表现良好实验组2个。
- **自动投流**：运营自选笔记投流阶段，完成度低，效率较差，需产品化能力承接；通过前台"投流任务管理"页面与后台"自动投流策略"建设，实现运营创建投流任务，自动投流对笔记统一赛马，达成流量利用效率的提升。

2.B端功能平台
- **入驻链路优化**：当前PC端商家入驻流程复杂，供给增速差，需优化流程并形成有效的招商触达机制；通过"入驻页重构""招商页重构""站内信触达""资源位曝光"等产品手段，承接业务"开四城"流量使商家供给增长环比提升35%，入驻链路转化漏斗优化至70%。
- **商家成长体系搭建**：当前新手商家在站内的经营缺少体系化引导，商家不知道此刻做什么，怎么做；通过建设工作台首页"经营任务"模块，在商家分层下设置合理的经营任务，并给予流量激励；模块访问率达78%。

XX股份有限公司　　　　　　　　　　　　　　　　　　　　2023.xx - 2023.xx
产品经理

- **AI助手市场**：根据业务目标调研，分析可落地场景方案；通过新增产品模块封装大模型能力，以自然语言交互达到开箱即用的目的。同时协助研究院进行大模型训练数据泛化，数据检验工具优化并跟进效果评估。
- **控制中心建设**：在控制中心0-1搭建过程中，参与"实时监控""远程调度"模块设计，实现实时监控机器人执行情况，远程一键调度机器人，补全产品能力，支撑达成项目交付。
- **基线易用性优化**：针对客户侧反馈基线产品易用性差、稳定性不足的问题，持续跟踪竞品迭代，制定易用性优化SOP，产出优化方案，在基线客户端产品侧跟进6次版本迭代，优化项20+，使产品易用性提高近30%。涉及原型绘制、PRD撰写、主持方案评审、组织售前培训，完成产品白皮书及操作手册的编写等。

校园经历

XXXX大学 建筑与城市规划学院研究生会　　　　　　　　　　　2021.XX - 2022.XX
新闻部部长

- **组织领导能力**：提出【研究系】核心宣传定位，升级【研院】+N系列栏目，运营"XXX建规学院"系列媒体矩阵，使相关文章数据增长75%，发帖量提升60%，组织策划多场大型校园活动，拿到校级朋辈媒体评分第一的成绩。

技能/评价

- **个人技能**：熟练使用产品工具Axure、Figma、Xmind、Visio、Office；能够运用SQL、Excel进行基础的数据分析；了解前后端相关技术；另熟练掌握PS、AI、Pr、3Ds Max、SU等多媒体软件。
- **自我评价**：强学习及自驱力，能快速上手工作；坚持走出舒适圈，尝试多种可能性；具备良好的审美能力，善于沟通；拥有较好的抗压力和执行力。

第四章

语言沟通与面试应对

好言一句三冬暖，话不投机六月寒。

——《增广贤文》

谈话，和作文一样，有主题，有腹稿，有层次，有头尾，不可语无伦次。

——梁实秋《谈话的艺术》

职业故事

《墨子怒耕柱子》译文

春秋战国时期，耕柱子是一代宗师墨子的得意门生，不过，他老是挨墨子的责骂。有一次，墨子又责备了耕柱子，耕柱子觉得非常委屈，因为大家公认耕柱子是众多门生中最优秀的人，但他又偏偏常遭到墨子指责，让他面子上过不去。一天，耕柱子愤愤不平地问墨子："老师，难道在这么多学生当中，我竟是如此的差劲，以至于要时常遭您老人家责骂吗？"墨子听后，毫不动肝火，说道："假设我现在要上太行山，依你看，我应该用良马来拉车，还是用老牛来拖车？"耕柱子回答说："再笨的人也知道要用良马来拉车。"墨子又问："那么，为什么不用老牛呢？"耕柱子回答说："理由非常简单，因为良马足以担负重任，值得驱遣。"墨子说："你答得一点也没有错，我之所以时常责骂你，也只因为你能够担负重任，值得我一再地教导与匡正你。"耕柱子听了墨子的解释，感到欣慰，放下了思想包袱。

第一节　语言沟通

❊ 职业素养

托尔斯泰说，语言把自己体验到的感情传达给别人，而使别人被这感情所感染，也体验到这些感情；海涅说，言语之力，大到可以从坟墓唤醒死人，可以把生者活埋，把侏儒变成巨无霸，把巨无霸彻底打垮；莫里哀说，语言是赐予人类表达思想的工具。

语言沟通可以帮助人们获得他人的理解，给他人留下深刻的印象，只有掌握正确的语言沟通技巧，我们才能在学习工作中充分展现个人魅力，在生活中过得更加愉悦和自如（图4-1）。

一、认识语言沟通

人际交往的信息交流主要通过语言沟通来完成，面谈、辩论、咨询、演讲等都是语言沟通的表现形式。

图 4-1 语言沟通

（一）语言沟通的要素

沟通是一个信息双向传递的过程，一个完整的沟通过程包括信息的组织和发出、传输渠道、信息的接收解读和信息反馈。从沟通的要素来看，其有效性与信息发出方的表达是否恰当、传输渠道是否有效、信息接收方的接收理解和反馈都密切相关，同时也受到干扰因素的影响。传输渠道是信息传输的媒介，常见的有面对面交流、电话、语音通话、语音留言等，选择的渠道不同，传递效果也不同。当然这个过程中还伴有干扰因素，比如外部环境的影响（环境安静与否、通信设备信号强弱）以及人为的干扰和成见等。

从语言沟通的要素构成中我们可以知道，良好的语言沟通能力不仅体现在能够很好地表达，也就是"会说"，还体现在能够听清、听懂对方的话语并作出恰当的回应，也就是"会听"。"听"和"说"是语言沟通的两个方面且互为因果，听的内容会直接影响说的效果，说的内容也会影响对方听的效果。语言表达从信息的需要程度和表达效果来看，分为三个层次："听清与说清""听明与说明""听懂与说好"。语言表达的真正意义除了与内容有关外，还与表述者的语境、身份、态度有关。我们在听的过程中除了要听清楚基本要素外，还要听明白潜在信息，听得出对方的情感态度以及延伸的语意；我们在说的时候要根据目标进行自我调控，及时调整语言材料和话语形式。

（二）语言沟通的内容

语言沟通就是"说"与"听"之间的反复，说的目的是告诉对方什么，听的目标是搞明白对方想告诉我们什么，这个"什么"就是语言沟通的内容，包含事、物、情和理。

事是指人物的经历、事件的发展变化、场景空间的转换等，侧重交流的是时间、地点、人物、事件的起因、经过和结果。无论是说还是听，都要注意这6个方面的细节。

物是对描述对象的情态描绘，侧重于交流物的形状、色彩、情态等。描述的逼真度会影响到听者对事物的感受。

情是发言者表达自己的情感态度，反映的是发言者的价值观，听者可以感受到情的深浅、真假、好恶等。

理是发言者对事和物发表见解，表明自己的观点和态度。听者可以感受到说者的思考深度和方向，了解说者的价值观。

（三）语言沟通的要求

语言沟通是人们必须的和无处不在的活动，是传递信息、协调关系、实现自我发展和保持良好身心的保障，有效的语言沟通应该具有以下特点：

准确：口语交流中，说者要表达准确，用词应该符合大多数人的理解和认知，语意应该明确；听者要理解准确。

简明：沟通中，表达者应该将复杂的内容简单化，抽象的东西具体化。表达的过程中可以根据事物类别、故事发生顺序等分点分条进行讲述。

有趣：幽默的语言有利于给听者留下活泼快乐的印象，生动的描述可以让听者在大脑中产生画面感，从而激活听者的思维。因此，在表达的过程中既要运用大量的词汇，也需要运用灵活多变的句式，还要注意语言的抑扬顿挫，增加表情、手势等的配合。

有礼：语言是个人综合素质的表现，沟通时应呈现出良好的修养、积极的心态和周到的举止，要让对方感觉到被尊重，避免大呼小叫、污言秽语或颐指气使等。例如老师批评学生听课不够用心，如果说"你是个笨蛋"就很不合适，不仅会伤害学生还会伤害家长；如果问"是老师讲课的方式你不喜欢吗？"既能让学生认识到自己的错误，还能体现老师的谦虚用心，有利于开展后续交流。同样，当我们表达一个观点，不确定别人是否理解时，用"不知道我有没有讲清楚"会比"不知道你有没有听明白"让人感觉更舒服。

二、把握语言沟通的情境

孔子说："言未及之而言，谓之躁；言及之而不言，谓之隐；未见颜色而言，谓之瞽。"语言沟通具有社会属性，语言表达要符合所处的情境，说什么，什么时候说，怎么说，要因人因事而定，做到合适得体。

（一）把握时机

沟通的合适时机指的是双方都愿意进行对话，且具备沟通的客观环境条件。例如：在别人取得成绩时及时祝贺祝福会显得更真挚；冒犯别人或者工作没做好时，及时承认错误并道歉的效果是最好的。如果领导通过邮件或者微信等给你布置任务，看到消息以后应该及时回复"收到"并告知预期完成时间，如果觉得不能胜任也应该尽早说明情况。相反，不回复或者延迟回复都会给人留下不好的印象。遇到困难不及时沟通，到截止日期才汇报，不仅会让人觉得不可靠，也会影响工作进度。此外，他人情绪激动的时候，不适合讲道理；他人瞌睡的时候，不适合传递新知识；他人讲话的时候，不适合打断插嘴等。

（二）把握场合

沟通的场合对于沟通的效果有很大的影响。在沟通之前，我们要了解沟通的场合和背景，以更好地理解对方的需求和期望；在沟通过程中，我们需要根据实际情况适时调整自己的沟通策略，以提升沟通效率。不同的场合有不同的氛围，如在正式场合，我们的语言应该完整、规范、郑重；在非正式场合，我们的语言可以轻松随便；大庭广众之下，我们的语言应该规范清晰，私下里可以随意自然。有些场合下，沟通有时间限制，如参加面试、做报告等，我们就要注意确保自己的语言要围绕主题，简洁明了，避免冗长和啰唆。在某些场合下，可能存在一些特定的规范和礼仪，我们需要了解并遵守这些规范，以显示对对方的尊重。在某些场合下，我们可能会讨论一些敏感的话题，这时我们需要特别注意自己的言辞，避免冒犯对方或引起不必要的纷争。在某些场合下，我们可以利用一些资源来辅助沟通，如投影仪、幻灯片等，帮助我们更有效地传达信息。

（三）把握对象

我们需要全面了解沟通对象，包括他们的需求、期望、个性和沟通风格。同时，要清楚对方的角色和背景，以调整自己的沟通方式。例如，与上级沟通可能要比与同事沟通更正式一些，而与客户沟通则可能需要更多耐心和说服技巧。识别沟通对象的需求和目标至关重要，这有助于我们提供相关的信息和解决方案，使沟通更加高效。此外，我们要适应对方的沟通风格，如果对方喜欢直截了当，那么我们也应该尽量简洁明了；如果对方偏好详细的分析，那么提供更多的背景信息和细节将非常重要。

（四）把握事态

我们要理解沟通中可能会出现的各种具体情况，包括事情的紧急程度、参与者的情绪状态以及预期结果。我们要不断观察和适应，以确保沟通能够顺利进行并取得预期效果。首先，要了解沟通的内容和目标，确定沟通中需要解决的核心问题是什么，以集中精力在最重要的议题上。其次，要观察并理解参与沟通的人的情绪状态。如果事态紧张，可能需要采取缓和气氛的策略；如果有冲突，可能需要中立和调解的手段。此外，要根据事态的发展，决定你的沟通应该是直接、坦率的，还是温和、体贴的。对于复杂或敏感的沟通事态，要确保有足够的信息和数据来做支撑。在沟通中，一定要保持灵活性，根据事态变化调整沟通策略。

三、语言沟通的干扰因素

语言沟通的干扰因素包括生理因素、心理因素、文化差异、环境干扰、语言不通、认知差异和情绪影响等。这些因素可能单独存在，也可能相互交织，共同影响沟通的效果。

生理因素：如听力障碍、言语障碍等，可能导致信息传递不畅或产生误解。

心理因素：如情绪波动、注意力不集中、思维方式不同等，会影响沟通效果。

文化差异：涉及不同的价值观、信仰、习俗和行为习惯，可能导致对同一句话的不同理解。

环境干扰：如噪音、距离感、场合不合适等，会分散注意力，降低沟通效果。

语言不通：可能导致无法理解对方的意思或造成误解。

认知差异：涉及个体的知识水平、理解能力和表达能力，不同的认知水平可能导致信息传递的不对等。

情绪影响：如激动、愤怒、焦虑等，会使双方无法冷静沟通，甚至引发冲突。

为了克服这些干扰因素，可以采取一些措施，如保持冷静，耐心倾听，用清晰明了的语言表达，选择适当的沟通环境，尊重文化差异，提高自己的认知水平和语言能力等。此外，非语言沟通的辅助手段，如肢体语言、面部表情和语调等，也可以在一定程度上减少误解和干扰。

四、提升语言沟通能力

提升语言沟通能力非常重要，它涉及多个方面的改进和练习，通过不断学习和练习，我们可以逐渐提高沟通技巧，从而在生活和工作中取得更好的沟通效果。以下是一些实用的方法。

（一）对阅读多模仿

多阅读，丰富词汇量，词汇量对于更准确地表达思想大有裨益；向自己钦佩的沟通高手学习，观察他们是如何表达的，学习他们的技巧，并尝试模仿。

（二）练习倾听技巧

良好的沟通是双向的，理解他人的话语同样重要。练习耐心倾听，理解对方的观点和需求，给予对方反馈。

（三）提高语言清晰度

清晰的发音和适当的语速可以帮助对方更好地理解你的话。你可以通过朗读练习和语音训练来改善发音。

（四）组织语言结构

练习使用逻辑清晰的语言结构，包括开头、中间和结尾，使你的言语条理清晰，便于理解和记忆。这一练习可以通过写作来训练，讲话前先列一个提纲，写一个发言稿，通过写作来组织和表达个人的思考。

（五）练习非言语沟通

肢体语言、面部表情和眼神交流等非言语沟通方式可以增强你的语言表达。

（六）参加沟通训练

参加专业的沟通技巧培训或工作坊，从专家那里学习，并通过实践提高自己的能力。

（七）付诸实际应用

多参与各种社交活动，在多种情境下练习沟通技巧。无论是正式的演讲还是日常对话，都是提升沟通能力的好机会。每次沟通后，思考一下哪些地方做得好，哪些地方可以改进，也问问听众的想法，谦虚听取并接受他人的反馈，在下一次实践的时候加以改进。

❖ 素养训练

赞美技能训练

1. 发现他人的优点：请找一个你熟悉的朋友或同事作为观察对象，留心观察并记录下你发现的他们的三个优点，然后在适当的时候真诚地告诉他们。

2. 具体情境赞美：设想这样一个场景，你的一位朋友或同事刚完成了一项困难的任务，付出了很多努力，但结果却不一定是完美的。试着用具体、真诚的语言表达你的赞美，并在下一次遇到类似情形的时候给予他人赞美。

3. 转批评为赞美：回想一下你曾经想要提出批评的场景，尝试将批评转换为建设性的赞美，即在指出需要改进的地方之前，先肯定对方所做的努力或已取得的成果，然后在下一次你想批评别人的时候转批评为赞美。

4. 处理赞美的回应：模拟收到赞美的场景，练习如何礼貌地回应，同时保持谦虚和积极的态度。当别人赞美你的时候，尝试应用训练中学习到的方法进行回应。

5. 团队中的赞美：在你目前所在的工作团队、社团或者班级中，尝试公开肯定他人的贡献，表达对他人的感谢，增强团队凝聚力和积极性。

批评技能训练

1. 情境分析：设想一个工作场景，你的同学或者同事因迟到导致了项目延误，练习如何提出批评。

2. 情绪管理：在提出批评时，练习如何管理自己的情绪，保持冷静和专业，避免使用情绪化的言辞。

3.具体客观：提供具体的例子和客观的数据来支持你的批评，避免模糊和主观的评价，使对方更容易理解和接受。

4.对事不对人：批评应针对特定的行为或工作成果，而不是个人的品质。这有助于减少对方的防御心理，更专注于问题的解决。

5.三明治反馈法：先给予赞美，然后是批评，再以赞美结束。练习如何平衡这三部分，使信息传达更为有效。

6.团队中的批评：在团队环境中，练习如何公开表扬但私下提出批评，以促进团队成员的改进和成长。

话题选择技能训练

1.社交场合的话题选择：在社交聚会上，你需要与不同背景的人交谈。练习选择符合普遍兴趣且避免争议的话题，如流行文化、美食体验或旅行故事。

2.团队协作中的话题选择：在团队会议中，练习选择有助于促进团队合作和项目进展的话题，如任务分配、进度更新或团队建设活动。

3.冲突解决中的话题选择：在解决冲突的对话中，练习选择有助于缓和紧张气氛和促进解决问题的话题，如共同目标、利益和解决方案。

4.面试中的话题选择：在面试中，除了回答面试官的问题，你也可以展示自己的价值。练习将谈话引导至你的专业强项、成就或与公司需求相关的议题。

倾听能力训练

1.主动倾听：练习全神贯注地听别人说话，避免在对方讲话时进行打断、心不在焉或急于表达自己的观点。

2.非语言沟通：练习在倾听时使用肢体语言，如点头、眼神交流和面向对方，以表明你在认真听对方的讲话。

3.重述和总结：练习在对方讲完后，用自己的话重述或总结对方的要点，以确保你正确理解了对方的意思。

4.提问：练习在对方讲完后提出相关问题，以澄清不明确的点或深入了解对方的想法和感受。

5.避免立即评判：练习在对方表达观点时，避免立即做出评判或提出反驳，而是先尝试理解对方的立场和感受。

6.情绪共鸣：练习在倾听时感受对方的情绪，并表达同情和理解，例如通过说"听起来你当时很沮丧"来回应对方的情感。

7.注意语言细节：练习关注对方在谈话中使用的词汇和表达方式，以便更好地理解对方的意图和需求。

第二节 面试准备

一、认识面试

面试是面试官以交流和观察为主要手段，通过面谈、线上交流（视频、电话）或书面考核的形式来考查应聘者的知识、能力、性格、价值观和综合素质的一项活动（图4-2）。面试给公司和应聘者提供了双向互动的交流机会，能使双方相互了解，从而更准确做出聘用与否、受聘与否的决定。

图4-2 认识面试

首先，面试是一项考试活动，考试的类型有面谈、线上交流和书面考核等。考试题目千变万化，但始终围绕着考查应聘者的知识、能力、性格、价值观和综合素质而开展。大多数面试题目没有固定的答案，其评价标准是应聘者是否合适所应聘岗位。既然是考试，应聘者就要认真了解目标岗位的面试流程和类型、常见面试题目，并做好充分准备。

其次，面试是一项双向互动的交流。面试不仅仅是用人单位考查应聘者，也是应聘者了解目标岗位的一个重要途径。用人单位为招到合适的人大费周章，求贤若渴。求职者为找到适合的岗位，也是摩拳擦掌，跃跃欲试。面试就是一个通过交流和互动确认彼此是不是合适的过程。如果合适，双方皆大欢喜，如果不合适，双方继续"众里寻他"。

因此，求职者要将自己和面试官放在平等的位置开展沟通交流。求职者也可以将自己置身于目标岗位来与面试官交流，这样既可以克服紧张情绪，展现出真实的自我，又可以让面试官更准确地判断自己是否合适。

让我们一起了解面试的类型。

根据面试实施的方式，可分为单独面试（单面）与小组面试（群面）。单独面试是指面试官在单位时间内只考查一位应聘者。小组面试是指面试官在单位时间内同时考查多位应聘者，最常见的小组面试是无领导小组讨论。无领导小组讨论是由一组应试者组成一个临时工作小组，讨论给定的问题，并做出决策。这个小组是临时拼凑的，并不指定谁是负责人，目的就在于考查应试者的表现，尤其是看谁会从中脱颖而出，但面试者并不是一定要成为领导者。无领导小组讨论一般用于考查具有领导潜质的人，或用于招聘公务员、人力资源岗、行政岗、销售、项目经理等"与人打交道"的岗位。

根据面试的标准化程度，可分为结构化面试、非结构化面试、半结构化面试。结构化面试是指依照预先确定的题目、程序和评分标准进行面试，要求做到程序结构化、题目结构化和评分标准结构化，也就是面试的内容、形式、程序、评分标准及结果的合成与分析等构成要素，都按统一制定的标准和要求进行的面试。非结构化面试也称为"随机面试"，所问的问题不需遵循事先安排好的规则和框架，面试官可以任意地与应聘者讨论各种话题，或对不同应聘者提出不同问题。半结构化面试介于非结构化面试和结构化面试之间，是指面试构成要素中有的内容作统一的要求，有的内容则不作统一的规定，即在结构化面试的基础上，面试官可以向应聘者提出一些随机性的问题。

根据面试题目的内容，可分为情景性面试和经验性面试。在情景性面试中，面试题目主要是给定一个情景，考查应聘者在特定的情景中会如何反应。在经验性面试中，面试题目主要围绕应聘者过去的相关工作经验展开。

根据面试进程，可分为一次性面试与分阶段面试。顾名思义，一次性面试是指用人单位通过与应聘者的一次交流互动就做出是否录用的决定。分阶段面试是指用人单位通过多轮面试分阶段考查应聘者后才做出是否录用的决定，例如一面、二面、三面，甚至四面、五面等。现在很多用人单位都会进行分阶段面试，不同用人单位在不同面试阶段对面试官、面试形式和面试内容的安排不尽相同，但不管面试形式如何变化，考查的内容都是看看应聘者的综合素质和专业技能如何，是不是适合所应聘岗位。

二、做好面试准备

案例：某公司校园招聘，面试官正在面试一个应届毕业生。

面试官：你为什么未来想从事这个行业？

求职者：这个行业这几年挺火的。

面试官：你今后在职业发展上有什么打算呢？

求职者：还没想太多，没什么打算。

面试官：那你为什么来这里参加招聘会呢？

求职者：大家都来应聘，我也就来了。

面试官：那你今后希望过什么样的生活呢，你希望从事什么样的工作？

求职者：沉思……

面试问：怎么想的就怎么说，没关系的。

求职者：继续沉思……

面试官：你还可以再想想再说。

求职者：我之前没怎么想过。（突然抓起简历就走）

"凡事预则立，不预则废。"面试也是如此，我们不仅要自己觉得适合这个岗位，还要让面试官在短暂的面试过程中觉得我们适合，这就要求我们为获得心仪的工作提前做好充分准备。不管我们去应聘什么岗位，首先要在心态上将自己看作该岗位的工作人员，并从内到外武装自己，如图4-3所示。从外武装，是指我们的穿衣打扮等要与目标岗位的要求相一致，求职态度端正，携带资料齐全，即物质准备。从内武装，是指我们要提前多积累与岗位需求相关的技能、经验，并认真梳理总结，在面试中展现出来，即素质准备。

图4-3　面试的准备工作

（一）物质准备

以下物质准备建议清单对于大多数应聘者是适用的。

1. 求职正装一套

2. 配套黑色公文包一个

3. 干、湿纸巾各一包

4.黑色签字笔两支，求职记录本一本

5.全套考试用品：2B铅笔、橡皮、直尺、计算器等

6.可靠的手机

7.中英文简历和求职信（根据面试职位定制）

8.纸质版与电子版登记照（1/2寸）和生活照（5/6寸）

9.各种证件的原件、复印件、扫描电子版：

· 就业推荐表、协议书

· 成绩单（加盖学校公章）

· 身份证、学生证

· 英语、计算机证书

· 职业资格证书

· 奖学金证书

· 荣誉称号证书

· 发表作品

· 知名教授推荐信（如有）

（二）素质准备

不同岗位对应聘者的技能和经验有不同的需求，因此我们必须根据目标岗位的需求来做相应的准备。不管我们应聘什么岗位，用人单位最关心的莫过于我们能不能胜任这个岗位，我们能在目标岗位上创造什么价值。因此，面试中最常见的三个问题如下：

1.请你做个自我介绍好吗？

2.可以谈一下你的相关工作经历吗？

3.如果遇到××情况，你会如何处理？

不管面试什么岗位，我们都要认真对待这三个问题并做好充分准备，我们甚至可以围绕这三个问题开展一次模拟面试。

对于问题1和2，我们可以围绕面试单位和任职需求，梳理自己过去的学习、科研、学生工作、实习实践和工作经历，找出那些和目标岗位最相关的经历，用简明扼要的语言呈现给面试官。

对于问题3，我们可以将自己置身于目标岗位，想象自己已经入职了，遇到××情况会考虑哪些因素，要如何处理。

（三）心态准备

1.将面试官当作新同事

著名猎头科迪洛斯曾给广大求职者忠告："你应该把自己当作雇员，正在那里讨论一项新计划，而不应该把自己看作是渴求获得录用的求职者，并因此而显得卑躬屈膝、

唯唯诺诺。"对于面试，不妨把面试官当作自己的新同事，看作是自己上班的第一天，这样你会如何表现呢？

你应该会早早起床，穿戴整齐，让自己精神饱满。你会提前了解企业文化，提前熟悉业务，不懂就问，不会夸夸其谈。你应对每个人都彬彬有礼，面带笑容，并且不主动去谈和工作无关的事情。总之，你会让自己的言行举止看上去就是一名正式员工。

当你将面试官看作新同事，你会将面试问题当作你和面试官在真诚讨论问题，而不是为获得一个职位而讨好面试官。当然，作为一名正式员工，你不能对公司一无所知，对所提的问题毫无准备，这就要求你必须提前做好充分准备。

当你将面试看作第一天去上班，你也不会过于放松。大多数人第一天上班的时候都会有一点紧张，像个听话的孩子，会谦虚请教其他同事问题，也不会轻易和"新同事"开玩笑，坐姿、站姿都不会松松垮垮，有失礼或不妥的地方，会向"新同事"道歉。

在面试中，不管问到什么样的问题，也不管是什么类型的面试，都要积极展现自己，表现出自己的职业素养、解决问题的态度和能力。

2.学会给自己减压

在面试的时候，适度的紧张和压力有助于集中精力，提高面试表现。但过度紧张慌乱，则容易让自己听不清楚问题或变得张口结舌。一般来讲，过度紧张源于追求完美，即太在意自己的表现，因此，在面试时要学会保持平常心，抛开得失心。

防止面试紧张最有效的办法是充分准备，但如果即将面试的时候你还是紧张，那么你可以掌握一些临场减压的方法，例如深呼吸、嚼口香糖或听音乐。有研究表明喝热茶也可以缓解紧张，但热咖啡并不是很好的选择，咖啡会提高人的应激激素皮质醇的水平，不利于减压。

3.总结过去，面向未来

尽管面试官喜欢问求职者过去的经验，会关注求职者过去的业绩，但他们更关心的还是未来你可以创造什么价值。面试官只是想通过了解你的过去评估你适不适合、能不能胜任所应聘的岗位。因此，你以前取得的成绩只是一种背景，可以证明你有经验，但并不意味着你来到新单位、新岗位还会做出同样的业绩。所以，在面试中，谈论过去的成绩不要占据太大篇幅，建议简单陈述事实，或者谈一谈你的知识、能力上的成长，同时，注意将过去的经验与所应聘的岗位联系起来，让面试官相信你可以胜任岗位，并且可以干得很出色。当然，面试官也许会问你对上一个工作单位的评价，那么注意不要抱怨"前任"，无论你对"前任"多么不满，也不要在面试中表现得过于激烈，这是基本的职业素养。

在谈论未来规划的时候，要避免喊空洞的口号，如"给我一个工作机会，我会改变世界"。也要避免将职级规划、收入规划与职业目标混为一谈，如"未来5年之内成为公司中层领导""未来5年之内可以全款买房买车"或"工作10年后自己开一家公司"

等，这些都是无效回答。你要明白：大多数人都希望自己若干年后可以进入管理层；职业成功也不能简单地用金钱来衡量，工作不应该仅仅为了养家糊口；如果想自己创业，那么企业就是在给自己培养潜在的竞争对手。对于未来规划，面试者应该结合自身性格、爱好、能力和之前的经历，围绕所应聘岗位的需要和发展来谈。同时，你要认识到，不管你的职业目标是什么，都要通过不断的学习来实现。因此谈及未来，你不仅要谈憧憬，更应该讲讲你为了实现目标做过哪些努力，接下来的学习计划是如何的。

4.真诚热情，积极乐观

任何一家单位都希望招进去的人是真诚、热情的。真诚是指：你要让面试官看到你是真心诚意地想要获得这份工作，并且会认认真真地干下去；无论自己的优点、缺点，还是以往失败或成功的经历，以及个人的基本情况，你都要保证是真实的，没有弄虚作假。

任何一家单位都不会拒绝员工对工作的热情，要在面试中表现出你对所应聘岗位的热情。但谈及对这份工作的理解和热爱时，要言之有物，要体现出你的专业性，不能让面试官觉得你对岗位一无所知或是叶公好龙。

同时，在面试的过程中，我们一定要给面试官传递正能量，让人感觉到你的健康乐观和积极阳光。在言语上，我们既不能过度谦虚，唯唯诺诺，也不能夸夸其谈、傲慢自大。太过谦虚会让面试官觉得你也许不敢面对挑战或不能够积极承担责任，傲慢自大会让面试官觉得你华而不实。

第三节 应对面试

一、应对单独面试

（一）单独面试的类型

单独面试是指面试官在单位时间内只考查一个求职者（图4-4）。单独面试可以让面试官与求职者进行充分的交流互动，面试的时间长短一般因人而异。单面是求职者的必经之路，因此，要在面试前做足准备。单独面试的常见类型包括：

图4-4 单独面试

1.结构化面试；

2.半结构化面试；

3.压力面试；

4.情景面试；

5.电话或视频面试。

有时候，因为异地面试、求职者人数较多或者工作性质要求频繁使用电话与人沟通，用人单位往往会先安排一次电话面试，以判断是否要安排下一轮面试。电话面试也有自我介绍和常规问题询问，由于媒介不同，求职者需要特别重视。

首先，要在心态上重视。将电话面试当作正式面试，做好充分准备，保证通话设备完好，提前了解单位和岗位，提前梳理自己的能力和经历。为提高面试质量，你还应该准备纸笔，以便及时记录面试官的问题，并列出自己回答问题的要点。

其次，要选择合适的时间和地点。电话面试的时间应保证自己可以不受打扰全心全意地参加面试，又在对方的工作时间内。要确保环境安静，信号良好，避免在公共场所接电话，也要避免有电视声音或音乐声，以提高通话质量。

最后，要注意在接听电话过程中的语速、语气和礼貌。你要通过语言让电话另一头的面试官感觉到你的专注和自信大方。一定要有礼貌，吐字清楚，言简意赅，语气轻松，语速适中，声音大小合适。面试结束时，你一定要记得感谢面试官的来电，感谢给你面试机会，表达希望进入下一轮面试的渴望。道别的时候，你也最好等对方先挂断电话。

随着信息技术的发展，网络面试成为面试的常见形式。网络面试即视频通话面试，综合了电话面试和面对面面试，二者需要注意的细节，网络面试都要注意。同时，要确保视频设备状态良好，背景干净整齐，环境安静且不被打扰。除此之外，一定要注意视频礼仪，面试一开始就要询问对方是否能看得到你和听到你的声音，如果出现了技术问题，建议暂停面试，待问题解决后再继续。

（二）单独面试的应对

单独面试的开始一般是自我介绍，接着面试官会围绕目标岗位，通过四种问题来充分了解求职者，其后双方会就彼此感兴趣的问题开展互动交流，如图4-5所示。关于了解类的问题，面试官一般会针对求职者的简历和自我介绍内容，进一步了解求职者的基本信息，或请求职者回答面试官感兴趣的问题。

专业类问题考查的是求职者的专业能力。专业能力直接关系着求职者是否能胜任岗位，因此，求职者要在面试中表现出自己扎实的专业知识，过硬的业务素质，以及认真学习的态度和较强的学习能力。对于应届毕业生而言，专业课程成绩、课程设计能力、专业实习经历、技能证书和科技创新成果等是体现专业性、学习态度和学习能力的良好证明。求职者一定要知道所应聘岗位的任职要求，有针对性地做准备，即使你所学专业

图4-5 单独面试的结构

不符合要求，只要你在面试中展现出你具备岗位所需要的专业技能，也能获得面试官的信任和青睐。

针对行为类问题的面试即经验面试，面试题目主要围绕应聘者过去的相关工作经验展开。在情景类问题的面试中，面试题目主要是给定一个情景，考查应聘者在特定的情景中会如何反应。我们通常会根据自己以往相关的经历来回答情景类的面试题目。行为类和情景类问题都重点考查面试者的价值观、品德、性格、职业倾向、应变能力、沟通表达等综合素质。

1. 自我介绍

自我介绍能不能让面试官对你感兴趣，能不能给面试官留下良好的第一印象，影响着后续的交流，尤其是当等待面试的人比较多的时候，这一点更为关键。那么如何做好自我介绍呢？

自我介绍一：我叫***，毕业于**大学**专业，22岁，平均成绩90分，班级排名第一，是校学生会主席，组织过很多社团活动，还是学校开放日的形象大使。我爸爸是某局局长，有广泛的人脉。我的爱好是游泳、骑马。

自我介绍二：我叫***，来自**大学**系。我关注贵公司很久了，对总裁助理一职也非常向往。我知道做总裁助理英语必须很好，所以我除了平时在校刻苦学习英语，还利用寒暑假到旅行社实习；我也知道总裁助理的文笔要好，所以一直练习写作，给校广播站和杂志社投稿，现在已发表多篇文章，而且给出版社翻译过外文书。

以上两个自我介绍，你觉得哪个更好呢？

自我介绍一般包含三个要素：我是谁？我可以做什么？为什么我能够胜任？"我是谁"是指你在面试中一般要简单交代你的姓名、教育背景和工作经历。"我可以做什么"是要围绕所应聘岗位阐述你对其工作内容和目标任务的理解。"为什么我能够胜任"是要结合自己的经验、能力，告诉别人你具备履职尽责的素质。有人总结出一个"总分总"自我介绍法，如表4-1所示。它不一定能让你的自我介绍很出彩，但能帮助你围绕岗位，理清思路，抓住重点。

表 4-1　"总分总"自我介绍法

您好，我叫×××，很荣幸贵公司能给我这个机会参加面试，下面我做一下自我介绍：	××年我毕业于××大学××专业，毕业以后，我先后在三家公司工作过（大学期间，我曾先后担任××××）：	第一家（概况&业绩亮点）	所以我认为我很适合贵公司的××岗位，谢谢。
		第二家（概况&业绩亮点）	
		第三家（概况&业绩亮点）	
	通过这几年的学习/工作，我认为我形成了如下优势：	优势 A	
		优势 B	
		优势 C	
	最后，我性格开朗，喜欢认识新朋友，也喜欢挑战新目标。		

　　自我介绍一定要围绕所应聘岗位展开。认真梳理你的工作经历、实习经历、社团经历、担任学生干部的经历或者是参加科技创新的经历，选择那些与应聘岗位最相关的、最能体现你具备岗位所需能力素质的经历，在自我介绍中简洁有力地展现出来。你在自我介绍中的优势也是基于胜任所应聘岗位的优势，而不是你在家庭生活中或应聘其他岗位时的优势。比如应聘研发岗时，你应该聚焦在如何通过相关经历和证书展现你的研究能力，而不是说你可以做一手好菜。

　　自我介绍是面试的必考题目，要有一个出彩的自我介绍，必须提前做好准备，一定要围绕岗位开展，不可千篇一律，不可华而不实，要言简意赅，不可拖泥带水，要在短时间内展现出你的核心竞争力和独特价值。同时，注意自我介绍的内容和简历上的描述应该保持一致，切忌弄虚作假。

　　2. 学会讲故事

　　面试官很多时候会问你过去的经历，通过你的故事去认识你，因此，要学会讲好自己的故事，学会把握细节。例如：

　　· 举一个你参与策划并组织活动的例子。

　　· 请描述"你努力说服他人接受你的观点"的一次经历。

　　· 请讲述你在团队工作背景下遇到的最具有创造性和挑战性的事情。你用什么方法来鼓励他人和自己完成这件事？

　　· 请讲述这样一种情况：对方表达不清，但是你必须理解其意图并回答问题，你会如何应对？

·请讲一下去年你承担的最具有挑战性的任务之一。

如何讲好故事呢？不少HR和面试成功者推崇STAR法。STAR法给我们提供了一个描述某件事情的思路和方法，即在什么样的情形下，面临什么样的任务，你采取了什么样的措施，取得了什么样的结果。不管是什么样的经历或故事，都可以应用STAR法将故事完整有条理地讲出来。它可以帮助求职者清晰、有条理、有逻辑地讲述故事，轻松应对面试官的行为类问题。

STAR法的具体内涵，可参考本书第三章第三节第一部分内容。

3. 回答好5类问题

在单独面试中，面试官会向求职者提出各种各样的问题，但不管问题怎么变化，面试官的目标都是招聘适合该岗位的人。因此，尽管问题千变万化，都可以归纳为五类基本问题。这也是求职者在投递简历前就必须想清楚的问题。

动机：你为什么到我们公司来？

面试官很想知道求职者是不是真的想获得这个工作机会，是不是对行业现状、单位情况和岗位职责有所了解，面试前有没有认真做准备，面试态度是不是端正。例如：

·你为什么选择我们公司？

·你理想中的公司是怎样的？

·你对本公司有什么认识？

·你是怎么知道我们招聘这个职位的？

·你为什么选择这个职位？你喜欢这份工作中的哪一点？

·你认为这个职位的主要工作内容是什么？

·你对**行业的市场竞争状态有什么看法？

·告诉我三件关于本公司的事。

应对此类问题，最重要的是提前准备，有选择地投递简历。所选择的岗位应该是自己认真考察过的，自己向往的同时适合自己且自己也能胜任的。要拒绝盲目投递简历、盲目参加面试。回答此类问题，一定要正面积极，可以适当夸用人单位，但一定要诚恳认真。

品德：简历是否真实？

面试官经常会针对简历提出如下一些问题，来确定你的简历是不是真实，同时考查你是一个什么样的人。

·你在大学里的成绩在班上处于什么位置？

·你参加过哪些社会活动，做过哪些社会工作，你认为其中最有意义的是什么？

　·你有哪些证书和奖励？

　·跟我谈谈你做过的**工作（针对简历上所写的某项实习或兼职）的情况：你是怎样找到这份工作的？做得怎样？你印象最深刻的事情是什么？

　　面对此类问题，求职者一定要诚实作答，切忌伪造经历。如果问到过去的某件事，可应用STAR法进行讲述。

　　能力：你能做什么？能否胜任所应聘的岗位？

　　面试官在面试中重点考查的是你的专业能力和综合素质能不能胜任目标岗位，问题主要围绕你的专业学习、与目标岗位相关的工作经历或实习实践等展开。

　·大学四年里你做过的最得意的事情是什么？

　·业余时间你做些什么？

　·你最近读过的一本书是什么？能跟我讲讲你的体会吗？

　·你在大学都学了哪些专业课？除了这些，你还会什么？

　·我们为什么雇用你？你凭什么获得这个职位？

　·你为什么选择这所大学？你学到了哪些与你今后工作相关的知识和技能？你对自己所学到的满意吗？

　·你有哪些技能可以胜任这项工作？

　·举一个你参与策划并组织活动的例子。

　·你学习的动力是什么？

　·对于这份工作，你如何发挥自己的所学、专长或经验？

　　回答此类问题：一是提前熟悉岗位的工作内容、职责和任职要求；二是梳理与该岗位相关的学识和经历；三是明确自己为何能够胜任该岗位。

　　性格：你是什么样的人？

　　你是内向还是外向？是严谨严肃还是热情开朗？是不是吃苦耐劳？性格是应聘岗位与个人是否匹配的重要依据，是面试官在面试过程中考查的一个重点。

　·你的家庭情况如何？

　·你最崇敬的一个人是谁，他对你的影响是什么？

　·你如何评价自己？你最看重的品质是什么？最需要改进的又是哪一点？

　·你有哪些优点和缺点？

　·你有什么兴趣和爱好？

　·你和同学相处得怎样？

·你愿意出差吗？你介意加班吗？

　　面试官问你的家庭情况，是想知道你的家庭、亲人对你有什么样的影响，而不仅是家里有几口人或你父母的职业。你的父母也许是农民，他们可能教会你勤奋、努力、踏实；你的父母也许是普通老师，他们可能教会你兢兢业业、爱岗敬业。在回答这个问题的时候，要重点强调温馨和谐的家庭氛围，家人对你工作的支持以及你对家庭的爱和责任感。也许你很不幸，父母好吃懒做，还偶尔对你拳打脚踢，那么，这或许也教会你要拒绝成为像他们一样的人。

　　面试官问你崇敬的人或偶像，是想了解你的价值观和人生态度。回答这个问题时，最重要的不是你的偶像是谁，而是你为什么崇拜他，他的哪些品质或事迹打动并影响了你。

　　面试官请你对自己做出评价或者说出自己的优缺点，其目的是判断你能否客观真实地认识自己，以及你的优点是否符合岗位需要，缺点是否会影响以后的实际工作。在回答这个问题时，不能想半天才挤出一句话，这个问题在面试前就要想清楚。你至少要找出自己的三个优点，并大大方方、信心十足地进行阐述，且尽量使自己的优点符合岗位需求，避免泛泛而谈。对于缺点，要结合本人实际和岗位需求，坦白地讲，但注意要选择无碍于面试的缺点，表达出你克服缺点的决心，将缺点的不良影响降到最小。不宜说出令人不放心或不舒服的缺点，例如"我的缺点是喜欢八卦"。同时，我们要认识到优缺点有时候是可以相互转化的，例如，对自己认为做得不对的事，会直接提出，因此会得罪人，但这说明你有主见、有原则；办事急，有时候有点毛躁，准确性不够，但这说明你执行力比较强；对于工作上的困难，喜欢自己琢磨，不爱一开始就问领导或同事，但这说明你善于思考，具有一定的独立性；什么都想学，什么也没学精，但这说明你爱学习，知识面广。

　　缺点讲述范例一：我需要压力才能更好地工作，在有要求、有竞争的时候我的效率更高。我的学习成绩很好，因为有考试的压力。但是在大学里面，我没有做太多的兼职活动，因为没有赚钱的压力。所以我特别希望自己的老板能比较严格，多给我一些压力。

　　缺点讲述范例二：我有时候会急于求成，或者说做事比较急躁。一旦接手一个任务，总是想要尽快把它赶完，总觉得做完了一件事情心里才舒服。但是，欲速则不达，太追求速度，就会牺牲质量。所以，我现在总是提醒自己：质量第一，速度第二。

　　业余爱好在一定程度上可以反映求职者的性格、观念和心态。当面试官问你的兴趣爱好时，一定不能说"没啥兴趣爱好"，那会让面试官觉得你生活很无趣，会担心你和同事之间的相处问题。叙述爱好时，应注意与目标求职岗位结合起来。如果你的爱好仅局限于看书、听歌，面试官可能会怀疑你性格有点内向、孤僻；如果你的爱好是运动方面的，那么面试官可能会认为你性格比较阳光开朗。当然，打麻将等让人觉得不够积极的爱好最好避免提及。

对于有些行业和岗位，偶尔加班和出差在所难免，面试官经常会针对加班和出差提出问题。这主要是考察求职者是不是吃苦耐劳，对工作是否足够热爱。对于这样的问题，你可以回答"职责范围内的加班和出差没问题""我会以大局为重，有时候遇到一些大项目或者在一些重要节点，加班完成任务都是应该的"等话。

期望：你对未来有何打算？你的职业规划是什么样的？

通常，单位招聘员工，不仅是希望解燃眉之急，更是希望员工能够有所成长，并在以后的工作中可以独当一面。因此，面试官会问你的职业规划或者未来打算。这类问题主要用来判断求职者在工作上对自己是否有要求、有规划，是否有长远目标并且积极主动，规划与公司的发展需要是不是相一致，能否在公司长久干下去。常见的问题包括：

- 你的长远理想和目标是什么？你准备怎么实现它们？
- 你今后三年的职业目标是什么？你的短期和长期目标分别是什么？
- 你认为事业成功的标准是什么？你的目标切合实际吗？
- 你的个人职业发展计划是什么？
- 你期望的收入是多少？
- 除了挣钱，你对工作的其他要求是什么？
- 你对你的上级有哪些要求或期望？
- 你希望有一个什么样的工作环境？
- 你打算继续深造吗？
- 在什么情况下，你会主动离开本公司？

回答此类问题，你一定要将自己的未来目标和职业规划与公司的发展需要结合起来，你要告诉面试官为了实现这些目标，你已经做了哪些努力，具备了哪些能力，以及将如何进一步提高。

对于薪资问题，你应该在了解单位基本情况的基础上谈，你可以设定一个范围，或者将这个问题"踢"回给面试官去回答。你可以告诉面试官，薪水并不是最重要的，你更在乎职位本身，因为喜欢才选择，相信企业未来会发现你的价值，并给予你物质上和精神上的肯定。同时，你要让面试官认识到你不仅仅是为了养家糊口而选择这份工作。

除了以上五类问题，面试官可能在面试快结束时问："你有没有问题要问或想了解的？"这个时候，你不应该说"没有"或者"我能拿到多少钱"，这会被认为你对该单位和该职位没有太浓厚的兴趣。你可以将自己当作单位的新员工，就岗位需要和职业发展需要征求面试官的意见，也可以侧面试探面试官你通过面试的可能性。以下是求职者反问面试官的一些参考问题：

· 在这个岗位上，我面临的最大挑战是什么？

· 您能描述一下这一职位典型的工作日情形吗？

· 贵公司经营多元化，对其他业务的投资相当积极，今后会把焦点放在哪个产业上？

· 我的专长是产品研发，请问研发部门在贵公司处于什么样的地位？

· 我已经取得××资格证书，这个对将来公司希望我担任的工作有实质性的帮助吗？

· 贵公司对新员工有没有什么培训项目，我可以参加吗？

二、应对群体面试

案例：某985本科工科男的求职困惑

咨询师：请问您这次来做咨询是想获得什么样的支持或帮助呢？

求职者：我不知道如何应对面试。

咨询师：你可以具体说一下你目前遇到的困难吗？

求职者：我近期放弃考研，想找工作，去参加了几次面试，都很不理想，尤其是群体面试，我从来没成功过，有时候第一轮面试就被淘汰了，我在小红书上看了很多面试经验，但越看越没信心。

咨询师：您的问题我已经了解了。现在让我们结合你过去的面试经验来寻找面试失败的原因，并探索提高面试成功率的方法好吗？

群体面试就是面试官同时面试多名求职者的面试（图4-6）。有的企业为提高面试筛选效率，会在单独面试前安排群体面试；有的企业则为了优中选优，在中间的面试环节安排群体面试。

图 4-6　群体面试

常见的群体面试形式有轮流作答、无领导小组讨论、分组辩论、管理游戏等，其中，轮流作答的形式与单独面试较为相似。

（一）无领导小组讨论

这是最典型和最常见的群体面试方式，分组辩论和管理游戏可以看作是无领导小组讨论的特殊形式。

1. 无领导小组讨论的一般流程

·所有成员落座后，面试官介绍整个群体面试的流程，明确时间安排，随后分发群体面试题目、草稿纸和笔。

·小组内自我介绍。这是让面试官和小组成员认识你的好机会。切记：要说明与岗位匹配的能力、优点，让对方能记住你。

·给出3—5分钟的读题时间，让面试者独立思考，并在A4纸上写出自己的解题思路及结论。

·每个成员轮流简要介绍自己的方案和观点。

·大家进行小组讨论，逐渐确定整体方案和结论。该环节的重点是要积极参与讨论，表达观点并推动讨论顺利进行。你的表达能力、组织协调能力、说服力均会在该环节得到体现。

·讨论时间到，组内推举出公认的优秀成员，代表本组进行总结发言。

·面试官对某些成员进行提问。问题涉及方案内容、群体面试中被提问者的表现和对他人的看法等。

2. 常见的无领导小组讨论题目类型

开放式问题

面试官给出的题目背景较为开放，要求面试者针对一个开放性问题发表观点。这类问题的答案范围较广，给予求职者较大的答题空间，主要考查其综合分析能力及组织协调能力。例如：

·你认为个人成功的关键因素是什么？

·如何看待当前社会上的"躺平"现象？

·你觉得在未来10年内，哪些行业将会有最大的发展潜力？

·如果你被分配到一个完全陌生的团队并被指派为临时负责人，你会如何开展工作？

两难式问题

两难式问题要求面试者在两种各有利弊的选项中做出选择。这类问题主要考查面试者的分析能力、语言表达能力以及说服力等。例如：

·如果你发现公司的某个产品存在安全隐患，但立即召回将导致公司巨额损失，你会如何处理？

·如果你的同事经常因为私事影响工作效率，作为团队负责人，你会如何既保证团队效率又维护好同事关系？

·当你的团队成员提出一个大胆的创新方案，但其他成员担心风险过大时，你会如何协调这种分歧？

排序选择问题

排序选择问题通常要求面试者在多个选项中根据一定的标准进行排序，这类问题主要考查应试者的逻辑思维、分析能力、决策能力。例如：

·一架飞机坠毁在一座荒岛上，只有7个人生存下来：孕妇、小学生、科学家、运动员、飞行员、老人、文学家。荒岛上唯一的热气球只能载一个人，请问你怎么选择？

·单位经费紧张，现只有20万元，要办的事情有以下几项：解决办公电话线路的问题、装修会议室大厅等以迎接上级单位委托承办的大型会议、支付职工的高额医疗费用、五一劳动节为单位职工发福利。作为该单位的分管领导，你将如何使用这笔钱？

·如果你有机会创业，你会选择哪个领域？为什么？请列举至少三个你认为最有潜力的领域，并按优先级排序。

·在你看来，职场中最重要的能力是什么？请列出至少五个你认为重要的能力，并按重要性排序。

资源争夺问题

资源争夺问题通常模拟一种竞争激烈的实际情境，要求小组成员在有限的资源条件下，通过讨论和协商来达成某种目标或分配方案。这类问题旨在考查应试者的沟通能力、协作能力、领导力以及解决问题的能力。例如：

·如果公司资源有限，无法同时满足所有部门的需求，作为部门负责人，你会如何争取更多资源？

·城市里有一块公共空地，可以用于建设公园、学校或住宅。请作为城市规划委员会的成员，讨论并决定这块地的最佳用途，并考虑如何满足不同群体的需求。

·你们是一个新成立的项目团队，需要选举出一位领导者和几位关键角色（如技术负责人、市场负责人等）。请讨论并决定谁最适合担任这些角色，并解释你们的选择理由。

· 假设你们是一个探险队，在一次航海中遭遇风暴，全体成员漂流到一座未开发的荒岛上。岛上只有一些基本的生存物资和工具，且数量有限。请讨论并决定如何分配这些物资，以确保团队的生存机会最大。

实际操作类问题

实际操作类问题通常要求面试者在模拟的情境或任务中展示其实践能力、团队协作能力和解决问题的能力。这类问题往往涉及具体的操作步骤、策略选择和执行细节。例如：

· 假设你们是一个项目团队，负责推出一款新软件产品。请讨论并制定一个详细的项目计划，包括需求分析、设计、开发、测试和上线等阶段，并明确每个阶段的关键任务和责任人。

· 你们是一个跨部门组成的团队，负责组织公司即将举行的年度盛会。请讨论并确定团队成员的角色和职责分工，如活动策划、宣传推广、场地布置、嘉宾接待等。

· 给定一个具体的业务场景（如提高用户满意度、降低成本、提升销售额等），请讨论并提出至少三种创新的解决方案，并说明每种方案的实施步骤和预期效果。

· 假设你们是一家电商平台的客服团队，突然遇到大量用户反馈同一商品存在质量问题。请讨论并制定一个应急处理方案，包括如何快速响应用户诉求、调查问题原因、采取补救措施等。

3. 面试官如何考查无领导小组讨论中求职者的表现

在无领导小组讨论中，面试官考查的重点是求职者的逻辑思维能力、领导能力、沟通能力、创新思维、语言表达能力和团队合作能力等。因此，在无领导小组讨论中，面试官不仅仅看一个人的表现，更重视这个人对团队的贡献。

面试官主要是基于以下几个方面对求职者的能力素质进行判断：

· 是否主动发言，发言的次数多少？

· 是否能够倾听别人的意见，是否尊重别人，不打断别人的发言？

· 能不能正确理解别人的意思，反应是否灵敏？

· 是否敢于发表不同的见解，能否肯定别人的意见，并坚持自己的意见？

· 是否善于提出新见解、新方案？

· 是否善于说服他人，调解争议，能引导团队朝着一个方向努力？

· 是否善于归纳总结、分析概括问题？

· 是否有奉献精神和团队意识？

4.无领导小组讨论的应对策略

认清形势，明确定位

一般而言，无领导小组讨论的角色有：组长（Leader）、进程控制者（Timer）、记录员（Recorder）、陈述者（Reporter）、协调者（Coordinator）、破冰者（First Speaker）以及其他成员（Member）。这些角色可能是在无意识中形成的，也可能是有意识扮演的。千万不要生搬硬套，注意扮演的角色定位要符合自身条件，要考虑组员的实力对比和应聘岗位的特点。面对不同的讨论题目和不同的组员，个人的角色定位不是一成不变的。同时在一项讨论中，个人扮演的角色也不是唯一的，一个角色也不是只能由一个人来扮演。角色是在讨论互动中形成的，个人要根据讨论需要，以有利于团队达成目标为指导，充分发挥自己的作用。

积极主动，展现自己

面试开始时，如果你对面试题目很快就有思路和想法，你可以抢先亮出自己的观点。这不仅能给他人留下深刻印象，还有可能引导他人发展观点和见解，从而争取充当领导者的角色。但即使如此，你仍然要耐心倾听其他人的发言，并注意不要长篇大论以至于其他人没时间发言。如果你没有第一个发言，也没关系，你可以肯定别人的意见或提出自己的不同见解，也可以根据大家的发言进行补充。当遇到意见不一致或者有争执的时候，你可以调解。切忌一言不发。

你的发言一定要有理有据，逻辑清楚。如果你吞吞吐吐、语无伦次或词不达意，很难给团队做出贡献，也就很难给面试官留下好印象。在表达自己的观点时，你可以按照"第一、第二、第三"或者"首先、其次、最后"的方式来阐述。

团队合作，携手并进

不管你多么想表达自己或多么能干，都要注意大家是一个小组，要以小组共同完成目标为导向开展讨论，切忌只管自己。

一是要避免打断他人。当别人表述观点的时候，不要轻易打断，即使你有不同意见，也应该等对方叙述完，斟酌之后再予以反馈。

二是要主动承担责任。例如有的人发言冗长且无逻辑，即使你不是领导角色，也可以看着时间提醒一下"现在还有××分钟，还有××个人没有发言"。有的人发言偏离主题，你也可以将大家再引导回主线。当你看到某些人从头到尾没有发言，你可以说

"我觉得我们应该听一下×××的想法"，给团队其他人创造发言的机会。

三是要避免长久的争执。讨论时间都是有限且短暂的，团队要力求达成一致意见并完成目标任务，因此，当有人反对你的观点时，千万不要在无关紧要的问题上争执。当遇到其他人争执时，也要引导他们以大局为重，求同存异，以合适的方式结束争议，凝聚力量，合理分工，一起完成任务。

（二）分组辩论式群体面试

面试中的分组辩论与传统辩论存在一定区别。传统辩论会有充足的时间拆解辩题、准备资料，形成完整的论点体系；而分组辩论式面试通常是拿到辩题后立刻开始辩论，缺少时间与队友沟通，也找不到足够的事例、数据做支撑。在这种极限考验面前，一个优秀的领导者能主导一次成功的破题，一个思维敏捷的人能在自由辩论阶段贡献精彩的发言，一个逻辑性强的人能拆解出精彩的论点，一个执行力强的人能保证己方论点的顺利输出，一个人的表达能力也会在这种高压场合中表露无遗。因此，分组辩论很考验求职者的表达能力、合作意识、知识储备、对问题思考的深度以及逻辑能力（图4-7）。

图4-7　分组辩论式群体面试

应对分组辩论要把握好如下几点。

认真准备：一是认真阅读题目，收集相关资料和信息，构建自己的论点论据；二是要理解辩论规则，明确辩论的形式、时间限制和评价标准；三是要列好提纲，组织好语言，做好发言准备。

优化策略：一是根据个人优势选择适合的角色，如领导者、主要发言者、反驳者等；二是要基于事实和逻辑构建你的论点，避免情感化或主观判断；三是认真倾听对方的观点，找出漏洞和弱点，为反驳做准备；四是要清晰、有条理地表达你的观点，使用有力的论据和例证；五是要根据辩论的进展灵活调整策略，应对突发情况。

团队合作：一是与团队成员充分协商，分配每个人的发言点和角色，避免重复和遗漏；二是尊重和支持队友，即使不同意某个观点，也要礼貌地表达，并在队友发言时给予肯定和支持，增强团队的凝聚力。

保持风度：一是保持专业和礼貌，即使在激烈的辩论中也不要使用攻击性言辞；二是即使在压力下也要保持冷静和专注，不要让情绪影响你的表现；三是善于通过肢体语言和语气展现你的自信和积极性；四是在辩论结束后，虚心接受面试官和队友的反馈。

反思总结：反思自己在辩论中的表现，总结经验教训，为未来的面试作准备。

（三）管理游戏类群体面试

在这类管理游戏中，小组成员各分配一定的任务，必须合作才能较好地完成整体任务。有时面试官会引入一些竞争因素，如两三个小组同时进行销售和市场占领，通过应试者在完成任务过程中所表现出来的行为来测评其素质。

管理游戏的优点是它能够突破实际工作情景中时间与空间的限制，模拟的内容真实感强，富有竞争性，具有趣味性。作为求职者，在做管理游戏时，既不要太紧张，也不要太随意，而应冷静思考，沉着应对，全身心投入，恰到好处地展示自己的多方面才能。其他注意事项与无领导小组讨论类似。

以下是一些常见的管理游戏形式。

传球游戏：在一个圈内，大家通过传递一个球来进行交流。设定规则，例如在传球前必须看着对方的眼睛，或者在接球后说一个与职位相关的专业词汇。这个游戏有助于考查求职者的倾听和反应能力。

体育比赛：简单的体育比赛，如接力跑、拔河等，可以考查求职者的团队合作和竞争意识。

建筑竞赛：团队成员需要在限定时间内使用积木或其他材料建造一个建筑结构。这个游戏可以考查求职者的团队合作和创造力。

盲人方阵：团队成员被蒙上眼睛，只能听从一个未蒙眼的指挥者的指导来形成一个正方形。这个游戏可以考查求职者的沟通表达和听从指令的能力。

拼图游戏：团队分工合作完成一个大型拼图，可以考查求职者团队合作和解决问题的能力。

角色扮演：每个人随机选择或被分配一个角色，并在团队中扮演该角色，以解决一个团队面临的挑战或任务，可以考查求职者的适应能力和问题解决能力。

共同绘画：团队共同完成一幅画，可以考查求职者的合作意愿和创意灵感。

三、补充说明

面试不是考试，比的不是谁最好，而是谁更合适。

一般来说，给面试官留下良好印象的求职者具有以下特点：

· 能力与岗位匹配度高；
· 自我认知清晰；
· 准备充分；
· 认真踏实；
· 有独特价值。

面试容易失败的求职者往往具有以下特点：

· 期望与能力不匹配；
· 对职位基本不了解；
· 经历空白，缺乏思考；
· 过于自信或自卑；
· 过于紧张；
· 过于做作。

图4-8   获得录用

但即使你准备很认真，也选择了自己喜欢且适合的岗位，面试时的自我感觉良好，你还是有可能被拒绝，甚至多次被拒绝。这个时候，不要气馁，不要妄自菲薄，不要自暴自弃。要知道，面试的过程也是一个学习的过程，是认识自己、锻炼自己的机会，每一次面试失败，你都想想自己收获了什么，哪里还可以提高、改进，然后整理行装再出发，相信幸福迟早会敲门（图4-8）。

素养训练

模拟面试

假设你现在即将毕业，正准备找工作。请寻找3个自己心仪的目标岗位，并认真阅读招聘公告，在充分了解用人单位需求的基础上，展开模拟面试。

　　面试准备：以本章列举的五大类问题为参考，用本章介绍的方法，结合目标公司的实际情况，提出10个面试官也许会问到的问题，然后针对每一个问题，列出作答提纲并细化答案。

　　模拟练习：找一个安静的房间，请朋友或家人担任面试官，开展模拟面试并提供反馈。为了达到好的训练效果，模拟面试官可以首先就你做了充分准备的问题进行发问，再根据岗位特点提出其他问题。

　　观看录像：录下模拟面试全过程，之后认真观看并分析，和亲人、朋友一起探讨，找出需要改进的地方。

参加面试

　　选择你心仪的岗位，投递简历并开启真正的面试之旅，在实战磨砺中提升面试能力，收获理想的Offer吧！

【延伸阅读】

1. 《招聘面试：用提问得到真相》，陈硕，中华工商联合出版社，2021年
2. 《面试沟通巧技能》，刘平青等，电子工业出版社，2018年

第五章

团队合作

我们知道个人是微弱的，但是我们也知道整体就是力量。

——[德]卡尔·马克思

二人同心，其利断金。

——《易经》

职业故事

《西游记》中师徒四人的合作

在《西游记》这部古代中国文学经典著作中，师徒四人的合作是其中一个重要主题。这四位角色，分别是孙悟空、猪八戒、沙僧和唐僧，他们之间的合作不仅是成功完成取经之路的关键，也是对友情、团队合作和互助精神的强烈宣示。

师徒四人之间的合作体现在多个方面。首先，他们之间有坚定的信任。孙悟空对师父唐僧的信任可以说是无条件的，他时刻保护着唐僧，并以自己的身份和力量保证其安全。猪八戒、沙僧也同样对唐僧有着深深的信任，并在关键时刻勇敢地站出来保护唐僧。这种相互信任和保护是他们团队合作的基石。

其次，师徒四人展现了无私的奉献精神。无论是在与妖魔鬼怪的战斗中，还是在充满困难艰险的路程中，孙悟空、猪八戒、沙僧都从不计较个人得失，毫无保留地为了师父唐僧和取经大业奉献自己的力量。他们相互扶持，彼此付出，共同前行。在这个过程中，师徒四人建立了深厚的情感纽带，这种奉献精神是他们合作的重要体现。

再次，师徒四人之间存在着相互协作和优势互补的关系。孙悟空拥有超凡的力量和神奇的本领，猪八戒具备憨厚和乐观的性格，沙僧以沉稳和坚韧著称，而唐僧则以智慧和善良为特点。这四个角色的不同特点和能力相互补充，形成了高效的工作团队。他们在面对各种危险和难题时，能够充分发挥各自的优势，形成合力，成功解决问题。这种相互协作和优势互补是他们合作的关键。

最后，师徒四人还展现了相互理解和宽容的品质。在旅途中，他们经历了各种艰难和考验，但从未因为个人利益和争斗而分离。他们理解并包容彼此的不足和过失，并且知道通过合作才能弥补个人的不足。这种相互理解和宽容让他们能够坦诚相待，共同成长，最终达成了取经的目标。

总结起来，师徒四人在《西游记》中展现了合作的精神。他们之间的坚定信任、无私奉献、相互协作和优势互补、相互理解和宽容，共同构成了他们紧密团结的友情和强大的战斗力。这种合作不仅是他们成功完成取经之路的关键，也向读者传递了友情、团队合作和互助精神的强烈信息。师徒四人的合作，不仅在古代文学作品中有着重要意义，也对我们现实生活中的团队合作和互助关系有着积极的启示作用。

第一节　团队合作的内涵

一、团队的概念及构成要素

（一）团队概念的提出

"团队"这个概念，最早可追溯至20世纪60年代，由IBM最先提出，其大意是为完成某项工作任务或计划而临时成立的一种小型化的工作组织；而管理学家斯蒂芬·P.罗宾斯完善了"团队"的定义：团队由两个或两个以上的个体组成，这些个体之间存在相互作用和相互依赖，并通过遵循一定的规则进行协作，以实现特定的目标。他还提出了组成团队的5个重要构成要素，简称5P，即目标（Purpose）、人（People）、定位（Place）、权限（Power）、计划（Plan）。团队与团体（Group）在多个方面存在区别：目标上，团队专注于整体绩效，而团体注重信息共享；责任上，团队强调个人与集体共同承担，而团体则以个人为主；技能上，团队成员的技能是互为补充的，而团体的技能分布较为随机；效果上，团队通常带来积极影响，而团体可能表现中性甚至负面。团队合作指的是团队成员为实现共同目标而展现出的自愿协作与协调努力的精神。

（二）形成团队的要素

1.团队需要明确的共同目标

目标是团队存在的核心价值，它为团队成员指明方向。如果缺乏明确目标，团队将失去意义和行动的方向。在自然界中，有一种以三叶草为食的昆虫，通常成群结队寻找食物。它们排列成一列，前面的昆虫引领后续队伍，类似火车车厢。管理学家曾进行实验，将这些昆虫连接成一个圆圈，并在圈内放置三叶草。尽管食物近在咫尺，这些昆虫最终因迷失方向而精疲力竭，无法觅食。这一实验揭示了目标缺失的后果：没有目标，团队成员会迷茫无措，最终导致失败。团队的目标必须与组织目标一致。大目标需要细化为可执行的小目标，并分解到每位成员身上，以便全体协力完成。此外，目标应有效传播，可将其张贴在团队成员的办公区域或会议室中，激励所有人共同努力。团队内的成员还需要在心理上建立联系，形成相互影响的关系，而不仅仅是偶然汇聚的群体。

2. 成员之间彼此合作

人是团队的核心力量，团队的协作依赖于成员间的行为和心理互动。团队成员通过直接接触和相互影响，逐渐形成默契并彼此关心，无论何时需要支持，都能彼此帮助、密切配合，完成各项任务。有效的团队合作建立在分工明确的基础上，成员间相互依赖、支持和关心，形成深层次的心理联结，从而高效地达成团队目标。

3. 成员具有团队意识和归属感

团队成员需要对团队有情感上的认同，意识到"我们是一个整体"，每个人都发自内心地感受到团队的陪伴是一种乐趣。这种归属感让成员在心理上放松，并在团队中感到愉快和满足。正是这种团队意识和归属感赋予了团队深远的意义，使成员更愿意投入工作、追求共同目标。

4. 成员具有责任心

真正的团队，成员必须在实现共同目标的过程中共同分担责任。每位成员都需要勇于承担职责，主动作为。如果缺乏责任心，共同目标的实现将遥不可及。在团队中，成员需要转变观念，要从"领导让我负责"到"我们自己负责"。这种"我们自己负责"的态度，既体现了团队对成员的信任，也体现了成员对团队的承诺。当成员为了一个共同目标凝聚在一起时，对团队的责任也随之而来。这种责任心是团队成功的重要基石。

二、团队的意义与作用

随着知识经济时代的到来，知识和技术不断创新，竞争日益激烈，社会需求也日益多样化，工作和学习的环境变得更加复杂。许多情况下，单靠个人能力已经难以应对错综复杂的问题并采取有效行动。因此，人们需要组成团队，通过成员之间的相互依赖、关联和合作，共同应对复杂问题，并进行必要的行动协调，提升团队的应变能力和持续创新能力，依靠团队合作的力量实现更大的成就。

（一）团队对组织的益处

首先，团队能够提升组织的运行效率。通过优化工作流程、改进程序和方法，团队成员可以更高效地完成任务。

其次，团队有助于增强组织的民主氛围，促进员工参与决策过程，使决策更加科学和准确。通过集体讨论和合作，团队能够整合不同的意见和观点，从而做出更符合实际需要的决策。

此外，团队成员之间技能互补，往往能够有效应对各类挑战，解决问题时具有更强的综合能力。

最后，在快速变化的环境中，团队比传统的组织结构更加灵活，能够迅速适应外部变化，提升组织的反应速度和应变能力，确保组织在激烈的市场竞争中占据优势。

（二）团队对个体的影响

1.安全的需要

团队能够提供情感上的支持，减轻个体的孤立感，使成员感到更有力量和自信，增强对外界压力的抵抗力。团队成员在集体决策中容易产生从众行为，这种行为虽然有时是无意识的，但也能在一定程度上增加个体的安全感，提升自信心，尤其在无法确定自己的判断是否正确时，依赖集体意见会带来心理上的安慰。

2.目标实现的需要

个人难以独立完成的目标，往往可以通过团队的力量得以实现。团队中的压力也可能对个体产生影响，当个体的观点与团队成员不一致时，团队会施加一定的压力，使个体感受到压力或不适。不过，这种压力有时能够帮助团队成员朝着共同目标前进，保持团队的一致性。当然，过度的压力也可能对士气产生负面影响。

3.归属的需要

团队有助于满足个体的社交和归属需求。团队成员在一起工作时，互相之间的竞争和支持会激发更高的工作动机。团队内的成员通常会更努力地工作，因为他们不想落后于他人。此外，在团队成员的监督和支持下，个体更可能保持较高的工作效率。团队的协作精神通常能够提升整体绩效，增加个人成就感。

三、团队的类型

团队有许多类型，每种类型的团队都有其特征和要求。斯蒂芬·P.罗宾斯根据团队的存在目的和自主权的大小，将团队划分为三种类型：问题解决型团队、自我管理型团队和多功能型团队。

（一）问题解决型团队

问题解决型团队的成员主要围绕如何改进工作程序、提高生产效率、改善工作环境等方面交换看法，并提出相关建议。这类团队的主要责任是通过调查研究、集思广益，理清组织中的问题与机会，拟定策略并执行。在20世纪80年代，质量圈就是最常见的一种问题解决型团队。质量圈由职责范围部分重叠的员工及主管人员组成，人数一般为8到10人。成员定期聚会，讨论工作中遇到的质量问题，调查问题原因，提出解决方案，并采取行动。随着学习型组织的兴起，基于问题情境的学习型团队逐渐得到推广，强调探究能力和创新精神，以小组讨论为主要形式，专注于培养成员的团队合作和解决问题的能力。

（二）自我管理型团队

自我管理型团队是高度独立自主的团队，不仅讨论问题如何解决，还自行执行解决方案，并对工作结果承担全部责任。该团队成员的责任范围通常包括：设定工作目标、分配任务、控制工作节奏、安排休息时间、进行在职训练等。成员充分发挥民主精神，采取共同决策的方式解决问题。最为彻底的自我管理型团队甚至可以自主挑选团队成员，并进行互评绩效和考核。

（三）多功能型团队

多功能型团队由来自同一等级、不同工作领域的员工组成。团队的主要目的是促进组织内，甚至不同组织之间的员工信息交换，激发创新思维，解决复杂问题，协调完成项目。例如，20世纪60年代，IBM公司为了开发360系统，组织了一个多功能任务攻坚队，队员来自不同部门。这个团队是一个典型的临时性多功能团队。由于团队成员具有不同的知识背景和观点，而且所面临的任务复杂多样，这样的团队往往需要一定时间来建立有效的合作机制。

四、向自然界学习团队合作

自然界是一个充满神奇的地方。在漫长的进化过程中，自然界中的生物发展出了各种维持其种群生存的法则和方法。以前，人类认为自己是万物之灵，可以征服自然，然而，无数的事实告诉我们，人类需要与自然界和谐共处，同时还需要向自然界学习，即道法自然。

（一）向狼群学习团队合作

狼群是团队合作的典范，它们在大自然中展现了高度的协作精神，适应了艰难的环境和复杂的生存挑战。大雪过后，草原上白茫茫一片，很多动物都进入了冬眠，但狼群必须通过合作去寻找食物。在这种情况下，寻找食物变得异常困难，有时奔波数天仍然一无所获。为了确保能生存下去，狼群在出行时会采取单列行进的策略，这样能有效节省体力。跑在最前面的狼负责在厚厚的雪地上踩出第一行脚印，使得后面的狼可以节省更多的体力，减少不必要的消耗。通过这种方式，狼群确保了在艰苦的环境中进行最小化的体力消耗，收获最大化的效率。这一策略显示出它们团队成员间的相互依赖，团队的协作是生存的关键。

在捕猎时，狼群也展现了出色的团队合作。捕猎过程中，狼群有明确的分工和严格的战术和纪律，根据每只狼的能力和特点分配任务。通常，跑得快的狼负责围追或堵截猎物，强壮的狼负责猎杀体型较大的猎物，而较弱小的狼则去追捕较弱的猎物。任务分配有序且合理，每只狼都在自己擅长的领域发挥作用。通过这种合作，狼群能够有效提高捕猎成功率，确保每一个成员都有参与且贡献力量，最终集体完成目标。

狼群的行为教会我们，在团队合作中，每个成员都应该根据自身特点来承担不同的角色与责任，而不是单纯依赖个体的力量。通过合理的分工、充分的协作和相互依赖，团队才能最大化发挥集体的力量，达到共同的目标。

狼群的团队合作不仅限于群体内部，它们甚至能与其他动物合作，展现出跨物种的协作精神。一个经典的例子是狼群与乌鸦的合作。乌鸦拥有高空视野，能够迅速发现受伤或死亡的猎物。当乌鸦发现猎物时，它们会将这一信息传递给狼群，并引导狼群到达猎物的位置。一旦狼群捕获猎物后，它们会用尖锐的爪子撕开猎物的躯体，而乌鸦则参与分食。双方通过这种合作，最大化了食物的获取，也确保了它们在自然界中能够更好地适应生存环境。这种跨物种的合作不仅增强了生存能力，也展现了自然界中相互依赖、共生的智慧。

羚羊是草原上跑得最快的动物之一，奔跑速度可达每小时70～100公里，而狼群的奔跑速度约为每小时60公里，但羚羊常常成为狼群的猎物。除了羚羊的个体相对较弱外，更为重要的原因在于它们缺乏团队精神。遇到敌人袭击时，羚羊往往选择分散逃跑。正是因为这种缺乏协作的行为，使得羚羊很难逃脱狼群的围追堵截。而狼群有着精妙的团队配合：一只狼负责牵制猎物，另一只狼则进行围堵。无论羚羊如何迅速奔跑，都难以逃脱狼群的追捕（图5-1）。

图5-1　狼群的团队合作

（二）向大雁学习团队合作

每到秋季，大雁便开始南飞，展现出团队合作的力量（图5-2）。它们的迁徙之旅是一个充满默契协作的过程。大雁群体有明确的目标——迁徙到温暖的南方。为了实现这个目标，它们形成了自然的分工。飞行中，领头雁带领队伍，负责把控方向和节奏。其他大雁则根据自己的体力和责任，协作前行。尽管分工明确，但每只大雁都能感知到其他成员的需求，紧密合作，共同度过迁徙的漫长旅程。

在飞行时，大雁通常采取"一"字形或"人"字形的队形，这不仅能帮助它们提高飞行速度和效率，也让整个队伍更加团结。它们通过相互的振翅和鸣叫，激励彼此，保

图 5-2　大雁的团队合作

持动力。如果有大雁受伤或生病，其他大雁会自发地留下来照顾它，直到它恢复或死亡，这种行为体现了团队成员之间的互助精神。团队的力量，不仅仅来自于每个成员的努力，更在于成员间的团结与协作。

（三）向蚂蚁学习团队合作

单个蚂蚁虽然是弱小的，但是只要蚂蚁们联合起来，就是非常厉害的团队。通过分工合作，蚂蚁们能够有条不紊地完成任务。尽管每只蚂蚁只能搬运一小部分糖果，但通过集体努力，糖果最终被成功搬运到了蚁巢（图5-3）。蚂蚁们似乎理解边际效益的概念。虽然每只蚂蚁的个体贡献有限，但通过合作和劳动分工，它们实现了集体效益的最大化。这个小故事告诉我们，边际效益和劳动分工在经济学中起着重要的作用，通过合理分工和协作，我们可以实现更高效的生产和更大的收益。

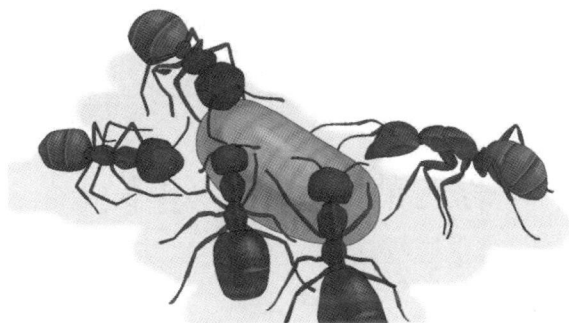

图 5-3　蚂蚁的团队合作

我们再来看看蚂蚁团队在面临生死考验时紧密合作的场景。在南美洲的草原上，一场突如其来的大火让蚂蚁们面临生死考验。尽管火势汹汹，但蚂蚁们没有慌乱，而是迅速聚拢，紧紧抱成一团，像滚雪球一样快速滚动，最终成功摆脱了困境。尽管有些蚂蚁在过程中牺牲，但大部分蚂蚁通过合作得以幸存。这种紧密合作的精神，使蚂蚁能够应对极端的自然灾害，无论是火灾还是洪水。当洪水来袭时，蚂蚁们同样采取团结一致的策略，迅速抱成团，随水漂流。尽管有些蚂蚁会被波浪冲走，但只要蚁球能够上岸，或碰到漂浮物，蚂蚁们就能重获生机。

素养训练

训练一：4人一组，一人负责说，一人负责看并比画，一人负责听，一人负责翻越障碍物体。

训练二：建塔游戏

1.目标：激发团队成员在执行任务时的创新思维，并确保每个成员都能在各自的角色中发挥作用，积极贡献自己的力量。

2.形式：全体学员，5人一个小组为最佳。

3.时间：30分钟。

4.教具：每组配备30根吸管、1卷胶带、1把剪刀和1个订书机。

5.过程：

（1）给每个小组分发材料，要求在25分钟内用这些材料建造一座至少50cm高、外形美观、结构合理且有创意的塔。

（2）完成后，每个小组展示自己的塔，并进行评比。获胜小组将获得小礼品。

6.讨论：

（1）小组工作中，是否每个人都参与其中？当某些人参与较少时，你有什么感受？

（2）你们的塔的创意是如何产生的？

（3）你对小组合作的看法是什么？

7.变化：

（1）可通过不同任务来考察团队的协作能力，例如：将建塔改为建造房屋等。

（2）难度变化：减少资源，缩短时间，增加难度。

第二节　团队建设

职业素养

一、团队组建与发展

（一）团队组建的原则

1.团队规模适中

团队的规模应适当，规模过大会降低管理效率。较小的团队更易形成凝聚力、相互依赖感以及忠诚度，这些都是高效团队的基础。因此，理想的团队规模应控制在12人以内。

2. 提升成员技能

高效团队需要具备以下三种技能的成员。

（1）具有专业技术能力的成员；

（2）能够解决问题、做出决策，并有效提出解决方案的成员；

（3）善于倾听、反馈，擅长解决冲突和处理人际关系的成员。例如，猪八戒在团队中负责协调唐僧与孙悟空的关系，沙悟净负责运输工作，这就体现了一个高效团队的分工合作。

3. 角色与技能匹配

在分配团队成员的角色时，应根据实际需求与成员的技能进行匹配，确保每个成员都能在团队中发挥最大作用。

4. 树立共同目标

团队建设过程中，各个方面要平衡发展，确保团队整体力量最大化，并集中精力实现共同目标。

5. 明确领导与组织结构

团队应确立成员认同的工作方式，确保在达成目标的过程中团队内部统一行动。领导与组织结构的清晰是解决问题和做出决策的关键。

6. 建立绩效评估与激励机制

管理者应通过群体评估、利润分享、小组激励等方式，增强团队的进取心和动力。

7. 建立信任关系

管理者与团队领导之间要建立信任关系，并在核心成员培养过程中逐步塑造其权威性，因为核心成员的培养直接影响团队的长期发展。

（二）团队组建的步骤

1. 确立明确的目标

团队应该有清晰的目标，这个目标是团队存在的理由。目标应该非常具体，不但要规定出具体的任务，也需要规定出完成任务的具体时间，要遵循目标制定的"SMART"原则（具体见本书第八章第一节第二部分）。在确定目标时，需先对团队成员进行全面了解；随后，对收集到的信息进行深入分析与评估；然后，与团队成员讨论并确定目标；最后，尽可能地对团队目标进行阶段性的分解，树立里程碑，使团队每前进一步都能给组织和成员带来惊喜，增强团队成员的成就感，从而有助于完成团队目标。

2. 确定合理的数量

团队成员人数应适度，过多会影响效率。以项目或阶段性任务为基础组建团队是最有效的方式，通常建议团队人数控制在12人以内。

3. 选取合适的成员，分配成员角色

一个团队应强调成员之间的紧密合作。与传统组织相比，它不仅注重信息共享，还强调经验互补，甚至在性格和行为方式上也要相辅相成。

4. 明确责任，订立规则

与传统的组织不同，团队的责任不仅强调个人责任，更强调集体责任，需明确团队对成员的责任以及成员对团队的责任。

5. 推选有能力的领导

选取最有能力的人担当管理者的角色。

管理者应组建自我管理的工作团队，确保团队对目标保持忠诚，同时对外部环境保持敏锐，善于协调外部关系。如果能够做到以上几点，每位管理者都能打造高效团队，从而高效达成企业目标。

（三）团队发展的五个阶段

每个团队都会经历团队发展的五个阶段：形成、震荡、规范、成熟、解散。

1. 形成

团队"形成"阶段始于成员们的首次碰面。在这次会面中，成员们相互结识，交流个人的背景、兴趣及经验，形成初步的印象。他们开始熟悉即将开展的工作内容，探讨项目目标，并思考各自在项目中的定位。此时，他们尚未投身到正式的项目工作中，而是处于"相互了解"的阶段，探索合作之道。在团队发展的初期，团队领导对项目目标有清晰的认识并能为团队提供明确方向至关重要。领导需确保每位成员都参与到团队角色与责任的确定中，并协助团队建立合作机制（团队规范）。团队在此阶段尤为依赖领导的指引。

2. 震荡

当团队成员开始并肩协作之时，便步入了"震荡"这一阶段，这是团队发展中不可避免的一环。在这个阶段，团队成员为了争取地位、为了让自己的意见得到采纳而互相竞争。在团队领导的指引下，团队成员在经历这一阶段时会掌握协同解决问题的技巧，既保持个性又能融入集体。对团队成员而言，这是一个充满挑战的阶段。因此，团队领导需在此阶段熟练地引领团队前行，促进成员间的倾听与协作。

3. 规范

当团队进入"规范"阶段时，就开始作为整体更高效地工作。他们不再专注于个人目标，而是专注于建立一种合作的方式（过程和程序）。他们尊重彼此的意见，意识到了差异的重要性。作为团队工作变成一件很自然的事。在这一阶段，团队就协同工作方式、信息共享机制、矛盾解决策略及工作所需的工具和流程等方面达成了共识。成员们开始相互信赖，不仅乐于助人，也勇于求助，共同为实现统一目标而努力，而非彼此竞争。随着合作的深化，团队在项目上取得了显著进展。此时，团队领导可能较少参与决策和解决问题，因为成员们已更加默契，能主动担当更多责任。团队整体方向明确，能够集体应对问题和冲突。然而，遇到僵局时，团队领导仍需介入，发挥推动作用。领导需确保团队保持合作，并逐步承担起教练的角色，引导成员成长。

4. 成熟

在"成熟"阶段，团队运作已达到高水平，其核心在于全体成员共同努力以达成目标。成员间已建立深厚的信任和依赖。并非所有团队都能达到这一阶段，有些团队在第三阶段便停滞不前。高度成熟的团队能在无外部监督的情况下良好运作，成员相互依存，积极高效地完成工作任务。他们能迅速且有效地做出决策并解决问题。当意见不合时，团队成员能在不影响项目进度的情况下，化解分歧并达成共识。面对工作流程的调整，团队能自主协商并达成一致，无须领导介入。在此阶段，团队领导可能无须参与决策、解决问题或日常团队活动。团队成员作为一个高效的整体运作，不再像之前的阶段那样需要领导的直接监管。团队领导继续关注团队的发展，与成员共同庆祝目标的实现，并持续培养团队精神。当需要组织高层决策时，团队领导扮演着桥梁的角色。尽管团队已达到这一阶段，但仍存在退回其他阶段的可能性。例如，若成员开始独立行动，可能会使团队倒退至"震荡"阶段，或是当新成员加入时，团队会退回到"形成"阶段。当重大变更造成工作停顿时，团队可能会退回早期阶段，直到他们能设法处理这个变更。

5. 解散

在"解散"阶段，项目即将画上句号，团队成员也将各奔东西。这一阶段更侧重于团队成员的福祉，而非如其他四个阶段般关注团队成长。团队领导应确保团队成员有机会欢庆项目的成功，并抽时间回顾、总结经验，为未来铺路；或在项目不成功的情况下，评估原因并总结教训。这也让团队成员在奔赴下一个目标时有机会相互道别和祝福。任何能达到"成熟"阶段的团队，因为已经成为一个密切合作的集体，其成员都可能在今后也保持联络。成员分离，并各自迈向下一个项目时也难免伤感。

作为团队成员，我们如何才能成功走过团队发展的各个阶段呢？需要从以下几个方面努力。

（1）团队成员对各阶段有着清晰的认识，并携手应对可能阻碍成功的各种挑战。

（2）培养并维持共同愿景和对目标的认同感。

（3）寻找创新的工作方法。

（4）将遇到的问题进行公开探讨，并就解决方案达成共识，随后继续前行。

（5）团队中每个成员都要明确和分享自己的专长和技能。

（6）无论是在顺境还是逆境之中，都应当对团队成员保持信任并相互尊重。

（7）具备灵活性、舒适度、公正性、愉悦的氛围和开放性，并且沟通充分。

二、团队的角色

（一）贝尔宾团队角色理论

剑桥产业培训研究部前任主管梅雷迪思·贝尔宾博士及其团队，在澳大利亚与英国历经多年的研究与实践后，提出了备受瞩目的贝尔宾团队角色理论。该理论指出，一个结构合理的团队应由八种（后修订为九种）角色构成。其核心思想是，高效的团队工作需要成员间的默契配合。每个成员都应明确其他人在团队中的角色定位，懂得如何相互取长补短，共同发挥各自的优势。成功的团队协作能够提升生产效率，振奋团队士气，并激发创新思维。通过发挥个人的行为优势来构建一个和谐的团队，可以显著提升团队及个人的绩效。虽然不存在完美的个体，但可以通过团队协作打造出完美的团队。

梅雷迪思·贝尔宾博士将团队角色定义为：个体在群体内的行为、贡献以及人际互动的倾向性。这九种团队角色如图5-4所示。

1. 智多星PL（Plant）

图5-4 团队的角色

智多星以其卓越的创造力，在团队中扮演着创新者与发明者的关键角色。他们致力于为团队的发展和完善贡献新颖的策略与思路。这类成员往往倾向于保持一定的独立性，依靠自己的想象力和独特视角来完成任务，追求与众不同。他们对于外界的反馈，无论是批评还是赞扬，都会表现出强烈的反应，并可能采取保守态度。智多星的想法往往非常前卫，有时可能忽视了实际执行的可行性。他们独立自主、才智出众、充满原创力，但在与性格或思维方式差异较大的人交流时，可能会面临一定的挑战。

2. 外交家 RI（Resource Investigator）

外交家是充满活力、行动力强且外向的人，他们擅长与公司内外的各类人士建立联系。作为天生的谈判高手，他们擅长发掘新机遇并拓展人际关系。尽管外交家在原创思维方面可能不占优势，但在倾听和拓展他人想法方面却效率极高。正如其名，他们擅长发现并利用可用的资源。由于性格开朗外向，外交家在任何地方都能受到人们的热烈欢迎。他们随和，充满好奇心，乐于探索新事物中的潜在机会。然而，若缺乏他人的持续鼓舞，他们的热情可能会迅速减退。

3. 审议员 ME（Monitor Evaluator）

审议员是态度严谨、谨慎且理智的个体，他们天生对过度的热情保持一定的距离。这类人倾向于深思熟虑，决策过程相对较慢。他们通常具备出色的批判性思维能力，善于在周全考虑后做出明智的抉择。审议员所做出的决定，往往因为深思熟虑而相对准确。

4. 协调者 CO（Co-ordinator）

协调者的显著特点是他们能够集合团队的力量，共同朝着既定的目标努力。他们成熟稳重、值得信赖且充满自信。在人际交往中，协调者能迅速识别团队成员的优势，并善于利用这些优势来实现团队目标。尽管协调者未必是团队中最聪明的个体，但他们具备卓越的洞察力，并能赢得团队成员的广泛尊重。

5. 鞭策者 SH（Shaper）

鞭策者是充满活力、精力充沛且追求成就的人。他们通常极具进取心，性格外向，并拥有强大的内在驱动力。鞭策者勇于向他人发起挑战，并高度重视最终的成功与否。他们擅长领导并激励团队成员采取行动，面对困难时，他们会积极寻找解决方案。鞭策者顽强自信，面对失败和挫折时，往往会有强烈的情绪反应。然而，他们在人际交往方面可能不够敏感，好辩论，有时可能缺乏对人际关系的细腻理解。这些特质使得鞭策者在团队中扮演着最具竞争性的角色。

6. 凝聚者 TW（Teamworker）

凝聚者是团队中提供坚实支持的成员。他们性格温和，擅长人际交往，对他人充满关怀。凝聚者具备很强的适应性，能够轻松应对不同的环境和人群。他们观察力敏锐，善于与人交流，作为优秀的倾听者，在团队中深受欢迎。凝聚者在工作中表现出高度的敏感性，但在面临危机时，可能会显得犹豫不决。

7. 执行者 IMP（Implementer）

执行者是典型的实用主义者，他们展现出强烈的自我控制力和纪律性。这类人倾向于努力工作，并以系统化的方式解决问题。一般来说，执行者会将个人利益和团队利益紧密结合，表现出高度的忠诚，较少关注个人需求。然而，有时他们可能会因为过于循规蹈矩而缺乏主动性，显得稍微刻板。

8.完成者CF（Completer Finisher）

完成者是毅力坚韧且注重细节的人，他们通常不会着手去做自认为无法完成的任务。这类人由内在的焦虑驱动，尽管外表可能显得从容不迫。大多数完成者性格内向，不太依赖外部的激励或推动。他们对待工作态度严谨，无法容忍随意敷衍的态度。完成者更倾向于亲自完成任务，而不是委派给他人。

9.专业师SP（Specialist）

专业师是极度专注的个体，他们为自己的专业技能和知识深感自豪。这类人群的核心关注点在于维持并提升自己的专业水平，以及不断深入探究所在领域的知识。然而，由于他们将绝大部分注意力倾注于自己的专业领域，往往对其他领域了解甚少。因此，专业师最终会成为在特定领域内具有高度贡献的专家。但不可否认的是，能够全身心投入并具备成为一流专家才能的人毕竟是少数。

（二）如何认知自己在团队中的角色

个人的能力若有所欠缺，可通过锻炼和培养来提升；经验不足则可通过积累和学习来弥补。但倘若对自我认知不足，便可能导致做出错误的选择和判断，进而难以真正融入团队并发挥自我价值。在团队中，至关重要的是对自己有清晰的认识，明确自己在团队中的角色，这样才能为团队做出应有的贡献，并取得相应的成就。若无法认清自己的角色，就很难在团队中找到合适的位置。因此，只有清晰认识自己，找准定位，在开展工作前明确自己的职责范围，才能更好地实现团队的总体目标。

1.了解团队的任务和目标

要认清自己在团队中的位置和角色，就需要了解团队的任务和目标。如果团队的目标是提高销售业绩，销售人员的角色就非常重要。如果团队的目标是开发一款新产品，那么开发人员的角色和作用更为突出。

2.认清自己在团队中扮演的角色，摆正位置

人们各具特色，性格与专长各异。有人热情奔放，有人则内向腼腆；有人天生对数字敏感，有人记忆力超群；有人热衷于拆装工作和探索，有人则沉醉于语言文字的韵味中。世间之人皆独一无二，拥有独特的性格特征、人格魅力和兴趣专长。这些特质，有的源自天生，有的则在成长中逐渐显现，有的是我们自信满满的强项，有的则是无意间展现、为他人所发掘的新技能。

清晰地认识自我，明确自己的能力与专长所在，能让我们在团队中更充分地发挥优势，为人生事业的成功创造更多机遇。身处团队之中，我们需要明确自己的角色和定位，摆正自己的位置，这样才能在日常工作中既确保任务圆满完成，又不至于越俎代庖。

我们应当客观审视自身的优缺点，主动发现团队中其他成员的闪光点，并虚心向他们学习，以便在团队合作中逐渐削弱乃至消除自身的负面因素。这样做不仅有助于自我提升，还能增进团队成员间的默契，进而增强团队执行力。团队强调的是协同合作，而

非单一的命令与指示，因此团队的工作氛围至关重要，它直接关系到团队的工作效率。若我们能积极发掘其他成员的优点，便能更加顺畅地与团队协同工作，个人工作效率的提升，也将带动整个团队工作效率的提高。

3. 明确自己在团队中所承担的责任，有效沟通和协作

除了了解团队任务、目标以及自己的强项和优势之外，有效的沟通和协作也十分重要。在团队中，每个人都有自己的位置和角色，但是不能单打独斗，必须要通过沟通和协作来实现共同的目标。我们可能会遇到难题或者出现矛盾，这时候就需要通过沟通和协作来解决问题，让团队能够更好地前进。

在岗期间，每一分钟都应尽职尽责。每个成员都不可安于现状，而应时刻警惕，面对安逸要思考潜在危机，面对困境则要寻求变革。这意味着我们需要不断更新观念与知识，持续学习，拓宽知识领域，优化知识结构，提升政策理论水平、解决问题能力、调查研究能力及综合协调的能力，以更好地为团队和岗位服务。

作为团队的一员，必须坚决执行上级指示，服从团队整体利益，勇于担当，忠于职守，力求将分内之事做到极致，不拖累团队，不制造麻烦，为团队贡献力量。新一代优秀员工需具备大局观，不局限于个人利益或局部利益，而是将个人追求融入团队总体目标，从自觉遵守规则到主动培养协作意识，最终实现团队整体效益的最大化。

4. 充分发挥自己在团队中的作用，尽职尽责

团队领导者需扮演好领头羊的角色，引领团队发挥最大的效能。正如俗语所说，"强将手下无弱兵"，优秀的领导者能激发团队的潜能，使之由弱变强。团队领导不同于普通员工，应立志将团队培育成勇猛的"老虎"，使之充满活力、不断进步。领导者需清晰地认识到自身在团队中的引领作用，以身作则，树立榜样。

作为团队中的普通一员，岗位虽然平凡，但责任重大。每个岗位都扮演着独特且不可或缺的角色。只有当团队成员都各司其职、紧密合作时，整个团队才有可能成为最终的佼佼者。

常言道："人各有能，因艺授任。"若团队里全是将军，谁来冲锋陷阵？反之，若全是士兵，又由谁来运筹帷幄？故而，明确角色定位至关重要。我们需要清楚"我是谁"，在团队中扮演何种角色，以及我的职责所在，并思考如何才能尽职尽责、行事高效。只有了解自己在团队中的角色和任务，才能够更好地发挥自己的作用，并通过沟通和协作来实现团队的目标，同时学会反思和总结，不断提高自己的能力和水平。

三、团队精神

（一）团队精神的内涵

团队精神是指团队成员为了共同的整体利益和目标，展现出的一种协同合作的大局

观念。它体现在成员对团队目标的认同以及强烈的归属感上，促使团队成员之间紧密合作，形成一个不可分割的整体意识。

团队精神是高效团队的核心。唯有具备团队精神，团队才能充分展现其力量，让效率达到最佳。

团队精神并不是虚无缥缈的东西，它主要体现在以下几个方面。

1. 协作精神

团队成员倾向于积极建立和谐关系并相互协作，这种心理状态促使他们在工作中相互依靠、彼此支持、紧密配合。这种状态下，成员间形成了相互尊重与信赖的牢固协作关系。

2. 全局观念

团队成员对团队持有高度忠诚的态度，拥有强烈的归属感，绝不容忍任何损害团队利益的行为。他们具备团队荣誉感，能够将个人利益与团队的整体利益紧密相连。

3. 责任意识

团队成员具备为团队发展尽职尽责的意识，他们忠诚于团队的目标与利益，会严格遵守团队的规章制度，并竭尽全力完成任务。

4. 互助精神

团队成员乐于将信息与资源共享给团队中的其他成员。为了实现团队的整体目标与利益，他们互相帮助、互相交流，团队内部不存在隔阂。

5. 进取精神

团队成员为了实现团队的整体利益而积极进取，在推动团队发展、制定团队战略和实现团队价值的过程中，他们齐心协力，为一个共同的目标不懈奋斗。

团队精神并非要求成员牺牲个性，而是鼓励他们在实现共同目标的过程中，展现个性、发挥特长，并与他人协同合作。明确的协作意愿和协作方式能够激发团队成员的内在驱动力，使他们更加积极地投入团队工作中。

作为组织文化的重要组成部分，团队精神需要良好的管理和合适的组织形态来支撑。通过将每个成员安排在合适的岗位上，可以充分发挥集体的潜能。然而，如果团队缺乏正确的文化导向、良好的从业心态和奉献精神，那么团队精神就难以形成。因此，在培养团队精神的过程中，我们需要注重团队文化的塑造和团队成员心态的调整。

【故事】

有一天，一个装扮得像魔术师的人走进了村庄。他向遇到的妇人说："我有一颗神奇的汤石，只要把它放进烧开的水里，就能立刻煮出美味的汤。我现在就来煮给大家尝尝。"于是，有人找来了大锅，有人提来了水，还架上了炉子和木柴，在广场上开始煮汤。这个陌生人小心翼翼地把汤石放进了滚烫的锅里，尝了一口后，兴奋地说："这汤真是太美味了，如果再加点洋葱就更好了。"话音刚落，就有人跑回家拿来了洋葱。陌生人又尝了一口，赞叹道："真是太棒了，要是再加些肉片就更香了。"接着，又一个妇人迅速回家端来了一盘肉。"再加点蔬菜就完美了。"陌生人继续建议。在他的指挥下，大家纷纷拿来了盐、酱油和其他调料。当大家围坐在一起，一人一碗品尝时，都惊叹这是他们喝过的最美味的汤。其实，那颗汤石只是陌生人在路边随便捡到的一颗石头。只要大家齐心协力，就能煮出如此美味的汤。当你为团队贡献自己的力量时，就能感受到众志成城的力量，就像每个人心中都有一块汤石一样。

（二）团队精神的重要性

团队精神是团队中不可缺少的因素。首先，团队合作需要共同的奋斗目标。方向一致，目标明确，团队所有人才能齐心协力，众志成城，更快速、高效地实现最终目标。其次，团队合作需要资源共享、能力互补。最后，团队合作需要给予成员合理的激励。对团队成员的激励不仅要注意方式，更要注意奖惩范围，要将个体激励与团队激励相结合，既充分发挥团队成员的个体能动性，又照顾到集体的利益，使个体利益与团队利益相统一。这样才能在团队内部形成良性的竞争，真正发挥团队的潜能。

团队精神具有非常积极的作用。

1. 团结凝聚

它通过培养群体意识，借助员工在长期实践中逐渐形成的习惯、信仰、动机和兴趣等文化心理，来实现思想的沟通。这种沟通能够引导人们产生共同的使命感、归属感和认同感，进而形成一种强大的凝聚力。

2. 目标导向

它能够将团队成员紧密团结在一起，使他们齐心协力，朝着共同的方向努力。在这个过程中，团队的整体目标会被自然地分解为各个小目标，并落实到每个成员的身上，成为他们个人努力的方向。

3. 协调控制

团队成员与群体的行为需要协调一致。团队精神所产生的协调力，源自团队内部形成的观念力量与氛围，这种力量与氛围能够影响、约束、规范并协调个体的行为，确保不与团队的整体利益产生冲突。

4. 促进激励

它依赖于员工的自我驱动，旨在追求卓越，引导个体主动向团队中的佼佼者看齐。这种激励需获得团队及其成员的认可，并通过成员间的良性竞争来实现。团队精神促使成员间相互关怀、协助，自觉维护团队的集体荣誉，并规范自己的行为。

团队精神能让每个团队成员具有高涨的士气，激发成员工作的主动性，能让团队成员自愿地将自己的聪明才智贡献给团队，同时也使自己得到更全面的发展。

团队精神能进一步消除内耗，第一时间界定责任，找到解决问题的责任人，增强团队的工作效率和凝聚力。

（三）影响团队精神的因素

1. 挥洒个性

团队精神的基础在于尊重每个成员的个性。团队的成功依赖于每个成员的共同努力和贡献，因此要求每个成员都能充分发挥自己的能力和特长。为了培养团队效率和形成团队精神，必须尊重个人的兴趣和成就。这意味着要为不同的岗位选拔合适的人才，提供不同的待遇、培训和认可机会，让每个人都能展现自己的专长并不断进步。

2. 协同合作

协同合作构成了团队精神的核心要义。社会学实验揭示，当两人以团队形式合作、实现优势互补时，其工作成效远超两人各自为战时的成效总和。团队精神所强调的，不仅是简单的合作与齐心协力，更在于充分利用团队的优势，强化工作中的沟通，借助成员间个性和能力的差异，发挥积极的协同效应。

英国的一位科学家曾进行过一项实验：他将一盘点燃的蚊香放入蚁巢。起初，巢中的蚂蚁惊恐不已，大约20秒后，许多蚂蚁勇敢地迎难而上，纷纷冲向火源并喷射蚁酸。然而，单只蚂蚁所能喷射的蚁酸量有限，因此一些"勇士"不幸牺牲于火海之中。但它们前仆后继，不足一分钟便成功扑灭了火焰。随后，存活的蚂蚁迅速将"战友"的尸体移送至附近的"墓地"，并覆盖上一层薄土以示安葬。一个月后，这位科学家再次将一支点燃的蜡烛置于原先的蚁巢中进行观察。尽管此次"火灾"规模更大，但蚂蚁们已积累了经验，调兵遣将迅速且协同作战有条不紊。不到一分钟，烛火便被扑灭，且无一只蚂蚁遇难。科学家认为，蚂蚁创造了灭火的奇迹。它们在面临灭顶之灾时所展现出的非凡勇气与协作精神，尤其令人动容。

3. 奉献精神

这是团队精神的一种体现方式。达成团队目标的过程往往充满挑战，团队成员需怀揣高度的责任心，满怀激情与活力，与同事们并肩作战，勇于开拓创新。因此，团队成员需在自己的职责范围内全力以赴，为了团队整体的和谐，主动承担辅助角色，并甘愿为了团队的整体利益而舍弃个人利益。

（四）团队精神的培养方法

团队精神是团队文化中不可或缺的一环。它要求团队内的分工科学合理，将每位成员安置在最适合的岗位上，以充分发挥其才能。同时，借助完善的制度和配套措施，促使所有成员凝聚成一个有机整体，共同为实现团队目标而努力。要培养团队精神，我们可以从以下几个关键方面着手进行。

1. 明确提出团队目标

目标是汇聚团队成员力量、激励他们团结奋斗的动力源泉，也是评估他们表现的重要标准。我们应当设定符合实际的目标，以此凝聚人心、增进团结，并激发每个人的积极性。

2. 健全团队的管理制度

管理工作能够促使团队成员的行为变得制度化、规范化。一个出色的团队应当具备健全的制度规范。倘若缺乏有效的制度，那么团队就很难建立起严明的纪律和过硬的作风。

3. 创造良好的沟通环境

高效的沟通能够迅速消除领导与成员之间、各个部门之间以及成员彼此间的分歧与矛盾。所以，建立起一个良好的沟通环境至关重要，这样能够增强团队的凝聚力，并大幅度降低"内耗"。

4. 尊重个体的独特优势

尊重个体是调动人们积极性的关键前提。当团队中的每个人都能感受到被尊重时，整个团队就会洋溢着温馨的氛围。真诚地关心成员的工作与生活，将极大地激发他们为共同事业奉献的决心。

5. 引导成员参与管理

每位团队成员都怀有参与管理的愿望和需求。正确引导和鼓励这种积极性，能促使团队成员主动为团队的发展献计献策，贡献自己的力量与智慧。

6. 增强成员的全局观念

团结能够凝聚出强大的战斗力。团队成员应当将个人和部门的追求融入团队的总体目标之中，不计较个人利益和局部利益，这样才能实现团队的最佳整体效益。

四、团队的冲突处理

有人的地方就会有冲突，而团队是由两个或者两个以上，相互作用、相互协作的成员组成，因此，团队内部的冲突难以避免，一旦发生冲突，如何妥善处理并化解冲突是每位团队领导者都必须具备的核心能力。为了更好地化解团队冲突，我们有必要了解团队的类型、冲突的种类，并掌握相应的解决方法。

（一）团队冲突的种类

对冲突的分类有很多种方法，常用的有两种：第一种是按冲突产生的原因分为工作冲突和人际关系冲突；另一种是按冲突和团队目标的关系，分为建设性冲突和破坏性冲突。

1. 工作冲突和人际关系冲突

依据冲突的起因，我们可以将其划分为工作冲突与人际关系冲突，这两种冲突在特定情境下可能会相互转化。工作冲突主要聚焦于如何更好地完成工作，它本身并非负面的，反而是积极且正常的现象；然而，若因工作冲突导致双方情绪激动、面红耳赤，就可能损害到人际关系，此时工作冲突便转化为人际关系冲突，进而产生一些消极影响。

2. 建设性冲突和破坏性冲突

根据冲突对团队目标的影响，我们可以将其划分为建设性冲突和破坏性冲突。

建设性冲突，亦称功能性冲突，是指那些支持团队目标并促进团队绩效提升的冲突。它具备以下特征：能够激发团队成员的潜能与才华，推动创新与变革；使团队成员有机会学习如何有效应对和规避冲突，并在这一过程中揭示组织存在的问题。对建设性冲突进行合理管理，将促进团队的整合与团结一致。

相反，破坏性冲突，也称为失能性冲突，是指那些阻碍团队绩效的冲突。其特点包括：在团队内部制造对立情绪，导致信息传递失真，歪曲事实真相；对团队成员的身心健康造成伤害；消耗组织的时间与资源；可能使个人和团队在情绪与经济上付出沉重代价。

（二）对待团队冲突的观点

如何解决冲突，首先取决于我们对待冲突的认识和态度，一般对于冲突的看法主要有三种。

1. 传统的观点

冲突常被视作不良现象和消极因素，它可能意味着团队内部功能出现了某种程度的紊乱。这种紊乱可能源于沟通的不畅或诚信的缺失。这种将冲突视为负面并主张避免的观点，在二十世纪三四十年代颇为普遍。

2. 人际关系的观点

对于所有的组织和团队而言，冲突是与生俱来的，无法避免，甚至有时还会对团队工作有益。人际关系的观点产生于二十世纪七八十年代。

3. 相互作用的观点

相互作用的观点鼓励适度冲突，认为过于安逸的组织或团队容易对变革产生冷漠、迟钝的感觉，而维持适度的冲突，有利于团队保持一种旺盛的生命力，培养反思意识，不断创新以提高团队能力。这是近期对冲突的最新观点。

这三种不同的观点，没有办法断言哪种更好。冲突的好坏取决于它是建设性的，还是破坏性的。

（三）托马斯·基尔曼冲突模型

过去几十年，托马斯·基尔曼冲突模型已经成为世界领先的冲突解决方案的评估和选择方法。图5-5展示了托马斯·基尔曼冲突模型，其中，"坚持或不坚持"映射对自己的关心程度，指是否坚持己见、不肯放弃；"合作或不合作"映射对他人的关心程度，指对冲突的另一方是否能够采取宽容、合作的态度。

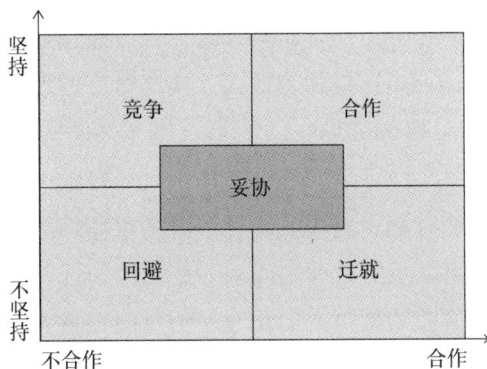

图5-5　托马斯·基尔曼冲突模型

按照冲突双方合作性和坚持性的不同，可以形成五种解决冲突的策略。

1. 竞争

竞争策略又称强迫策略，指的是牺牲团队一部分人的利益，换取自己或是团队整体的利益，是一种对抗的、坚持的、挑衅的、为了取胜不惜任何代价的做法。

当快速决策非常重要的时候，必须采取竞争策略。例如工厂发生了危险化工原料泄漏事件，这时可能会有几种不同的处理意见，作为团队领导除了要权衡各种方法的可行性、经济性，还必须要快速反应。这时，为了尽快开展行动，就有必要采取竞争的策略。

执行重要的但不被部分人理解和支持的行动计划，如缩减预算、执行纪律、裁减人员等，对于整个集体或企业的发展是有利的，但可能会有部分人的利益将在这个过程中受到损害，从而引发抵触和冲突。在这种情形下，这些措施难以取得全体成员的理解和认可，因此，常常需要采取竞争策略，即"力排众议"。

另外一种采取竞争策略的情况是出于政治因素的考虑。公司政治是一个不可能回避的话题。在一些特殊的情形下，例如在团队建设的初期，团队的领导需要树立威信；领导履新之时，往往要借助一些事情或是措施来树立权威；或是在一些特殊的阶段，需要借力打击竞争对手等。在这类情形下采用竞争策略，则可以建立起雷厉风行、敢做敢当的形象，但也可能会留下刚愎自用、脱离群众的负面评价。

使用竞争策略，可以快速形成决策，压制部分团队成员可能损害整体利益的行为，解决团队冲突，树立权威。但使用这种策略也有着明显的缺点，它并未触及冲突的根本原因，只能强迫对方服从，但无法令对方信服。也就是说所有事情都是强迫对方去做，不能用有效的理由来说服他。

2. 迁就

迁就是指在冲突中抚慰对方，愿意牺牲个人利益，尊重对方观点，从而维持相对友好的关系。在迁就的过程中，常常牺牲或放弃了个人的目标或利益。当需要维护团队内部和谐的关系，或者是为了团队的长远建设和发展时，应考虑采用迁就策略，如：当发觉自己的观点有错误的时候，应当及时放弃自己错误的观点；当员工犯错误时，只要不是原则性的严重错误，也不必穷追猛打，应当给员工改正错误的机会；当某件事情对于别人来说更具有重要性时，不妨选择迁就他人，换取对方的理解和支持。如果坚持竞争没有好的效果，或者可能会带来破坏性的结果、损坏共同的目标时，不妨采用迁就的策略。

在团队建设的一些特殊时期，当团队遇到严重困难和挑战的时候，和谐的氛围可能比成果更重要，此时需要团队成员彼此之间多一些宽容和迁就。

采用迁就的策略，自然会受到对方的欢迎，但有时在重要问题上迁就别人，可能鼓励一些不合规的观点，并在未来引发冲突。

3. 回避

回避是指冲突一方意识到冲突的存在，但选择忽视和放弃，不采取任何措施，一躲了之。当冲突事件无足轻重，或是问题无法解决的时候，选择回避，让更合适的人出面解决，可能更有效。

当坚持解决分歧，可能会破坏关系，导致问题往更严重的方向发展的时候，采取回避的方法，只是避免事态发展得更坏，仅维持了暂时的平衡与和谐，问题并没有得到解决。

4. 合作

合作是指主动跟对方商讨问题的解决方法，尽可能地使双方的利益和诉求都得到满足，而不需要任何人做出迁就的解决方式。合作策略认为双方都不可能也不应该放弃自己的需求，通过相互支持和高度尊重来达成共识，因而得到许多人的欢迎。合作策略适宜的情形有：当双方的需求都很重要，而且难以折中，需要一致的解决方案的时候；当涉及多方利益，需要进行平衡的时候；当满足对方利益可能争取到自己或团队整体的更大利益的时候。

虽然"双赢"是目前非常流行的解决冲突的方法，受到大家的普遍欢迎，但也有不可避免的缺点。合作通常需要漫长的谈判和协商过程，耗时很长。有时在解决思想冲突时，合作策略也不一定合适。解决思想冲突多半是一方说服另一方，用竞争的方式其实更适合一些。

5.妥协

妥协是指冲突双方都愿意放弃部分观点和利益，并且共同分享冲突解决后带来的收益或成果的解决方式。采用妥协方式的原因在于完美的解决方案常常不可实现，坚持己见不如退而求其次，其目的在于得到一个快速的、双方都可以接受的方案。妥协的方式没有明显的输家和赢家，旨在达到双方最基本的目标。通常当目标的重要性处于中等程度，或属于非原则性问题的时候，可以采取妥协的方案；当面临时间压力或问题非常棘手、复杂，没有更多的时间实施合作策略的时候，也可以采取妥协的方法。

妥协虽然不是最好的解决方法，但可以在双方利益、时间、成本、关系等各个方面取得较好的平衡，因此也是化解团队冲突的常用手法。

在选择合适方法化解团队冲突时，除了根据上述团队和冲突的类型，选择合适的策略之外，还需要遵循如下一些基本原则。

（1）意识到破坏性冲突的代价以及建设性冲突的优点，尽量保持开放及公正的心态共同管理冲突。

（2）给予对方必要的尊重，在没有确切证据时，不要对对方抱有成见。

（3）展现自己的诚意，并客观地面对自己的负面情绪。

（4）在可能的前提下，优先采取双赢的解决方案。

最后需要说明的是，化解团队冲突的办法，有一个隐含的假设，即以实现团队目标为前提，而不以解决冲突根源为最终目的，因此，化解团队冲突的措施，往往具有临时性，很多时候是"治标不治本"的行为。作为团队领导，如果同时也是企业的高级经理人，在解决团队冲突之后，还应当检视冲突背后可能揭示的团队深层次的管理问题，并采用系统的解决办法，才能清除隐患，促进团队健康发展。

素养训练

无敌风火轮

无敌风火轮可以增进团队成员之间的相互信任和理解，使他们意识到密切合作、克服困难等团队精神的重要性。

（一）活动过程

1.把学员分成若干小组，每个小组准备废旧报纸若干、剪刀和胶水。

2.用报纸围成一个可以行进的履带式的环（风火轮）。

3.各小组统一在风火轮内站好，身体的任何部分不得直接接触地面，由培训师统一发布口令出发。行进过程中若风火轮断裂，必须在原地修复。

4.各队从同一起跑线出发，最快到达终点的队伍获胜。

（二）问题与讨论

1.小组整体表现如何？原因何在？这样的活动方式对于各个小组来说有什么好处？

2.你认为团队合作中需要注意哪些事项？团队合作精神的核心是什么？

（三）总结

1.团队之中应该有明确的角色分工，所有人努力向前，还需要有人进行统一指挥，确保步调一致。

2.一个团队只有积极向上、互利合作，才能形成独特的团队精神，做出骄人的成绩。

第三节　团队合作能力的培养

※ 职业素养

一、团队目标的制定

（一）团队目标的一致性

团队目标是整个团队向前发展的动力，也是团队持续存在的基础。它为团队成员指明了未来共同努力的方向，是团队及其成员所有行为的出发点与归宿。

1.团队目标与个人目标

每一个团队都有其存在的意义，即这个团队的基础目标。例如一个研发团队的目标就是产品研发。团队目标应该与个人目标相结合，并引导个人目标的设定。

【故事】

一条猎狗将兔子赶出了窝，一直追赶它，追了很久仍没有抓到。一个牧羊人看到此种情景，停下来讥笑猎狗说："你们两个之间，小的反而跑得快很多。"猎狗回答说："你不知道我们两个的跑是完全不同的！我仅仅为了一顿饭而跑，而它却为了性命在跑呀。"

兔子与猎狗做了一样的事情，都拼命地跑步，然而，它们的目标是不同的。目标不同，导致它们的动力不一样，结果也会不一样。

2. 团队目标的作用

·明确团队方向。团队目标为团队所有成员指出方向，没有团队目标，团队成员会无所适从。

·提高团队绩效。明确的团队目标使团队成员的工作更有针对性、执行力更强、效率更高。

·实现团队发展。团队的发展依赖于团队目标的实现，只有不断达成目标，团队才能不断发展壮大。

（二）制定团队目标的原则及步骤

制定一个好的目标不是一件容易的事情。首先，团队管理者不能把自己的个人目标当成是团队目标，因为它有可能不被团队成员认可或是与团队成员的目标相矛盾。其次，团队目标不能总是变来变去，否则会失去其导向性作用。最后，目标要明确，并且要时刻关注目标的结果。SMART 原则在制定目标时能够发挥关键性的作用。

除此之外，想要让所有团队成员认可团队目标，并为目标的实现尽可能地付出努力，就要求每一个团队成员对团队的目标有深刻的理解。

1. 咨询

与团队成员进行交流和咨询，可提升成员们的参与感，使他们意识到能为团队目标做出什么贡献以及能从团队中获得什么。

2. 评估

对成员提出的各种观点进行思索和评估，不要急于做出决策，以避免仓促决定带来的不利影响。

3. 讨论

和成员一起讨论目标，以充分听取成员的观点和意见并获得他们对目标的承诺。团队领导应当运用合适的方法，如头脑风暴，确保所有成员都表达出自己的观点，求同存异，辨识出其中的合理性建议，最终达成团队目标共识，实现双赢。

4. 确定

通过对团队摸底和讨论，修改并确定团队目标表述的内容以明确团队的目标责任感。虽然让全体成员一致同意目标表述的内容有一定的难度，但应求同存异，形成一个大多数成员认可、接受的目标，这样才能获得成员对团队目标的真实承诺。

5. 分解

目标确定后，可对它进行阶段性分解，树立一些阶段性里程碑，使团队每前进一步都能给组织以及成员带来惊喜和成就感，为一步一步完成整体性团队目标奠定信心基础。

二、团队信任意识的建立

(一) 什么是信任

信任是指对个人或组织的诚信、优点、能力和可靠性等持有信赖的意愿。信任具有三个主要特征：

- 会增加信任者的风险。
- 被信任者的行为不受信任者的控制。
- 若某一方违约，可能会获得短期利益。

(二) 团队发展与信任

新的团队组建时，信任是团队首先需要解决的重要问题。只有建立团队成员彼此之间基本的信任，团队才能顺利开始工作。当团队遇到困难时，团队成员彼此的信任将有助于团队齐心协力，共同渡过难关；当团队解散时，成员之间的信任（或缺乏信任）将会继续延续，对未来的工作继续产生影响。

一支团队的发展宛如一棵大树的成长过程，需要经历一系列阶段。在不同的阶段，最显著的变化就是团队信任状态。团队发展不同阶段中团队信任状态的变化如下。

形成阶段：彼此彬彬有礼，缺乏信任；

波动阶段：彼此相互考验，信任加强；

规范阶段：彼此尊重，团队信任形成；

成熟阶段：彼此信任，齐心协力，众志成城。

(三) 团队信任的重要性

信任对于一个团队来说，具有化腐朽为神奇的力量，它能够使团队凝聚出高于个人力量的团队智慧，造就不可思议的团队表现和团队绩效。团队信任是一个优秀团队成功的基石。

建立信任可以：

- 构建成员之间互相包容、互相帮助的人际氛围。
- 形成团队精神以及积极热情的工作情绪。
- 提高团队成员的工作满意度。
- 使每个人都感受到自己对他人的价值和他人对自己的意义。
- 提高成员对团队的忠诚度及工作效率。
- 使团队成员之间更愿意进行合作，主动给予更多的支持，减少领导者协调的工作量。
- 提高信息共享的效率。

· 有效地提高合作水平及团队和谐程度。

· 促进团队绩效的提高和团队的成功。

【故事】

吐谷浑是我国古代西北的一个少数民族部落，是鲜卑族的一支，曾建立吐谷浑国。吐谷浑国王阿豺有二十个儿子。他在患病临近死亡时对他的儿子们说："你们各拿一支箭给我，我要用。"然后吩咐弟弟慕利延说："你拿出一支箭并折断它。"慕利延照做并折断了拿出的那支箭。阿豺又吩咐说："你拿二十支箭，再折断它们。"这回慕利延却不能折断拿出的箭。阿豺对他的儿子们说："你们知道了吗？一支箭十分容易折断，很多的箭在一起，则很难折断，所以说，只要你们齐心协力，相互信任，国家就可以稳固了。"

（四）团队信任不够的原因

在团队中，团队成员之间的信任关系会因对方的专业能力、敬业程度、对事情的理念等因素而受到影响。此外，个人的人格、人际关系、彼此互动的程度等因素也会影响事情的成果，从而带来不确定性与风险性。团队成员之间的信任程度越高，则不确定性与风险性越小；信任程度越低，则不确定性与风险性越大。总的来说，团队信任缺乏的原因可以归结为以下几点。

· 团队领导对成员能力的怀疑。

· 团队成员对领导和团队缺乏忠诚度。

· 团队目标不明确，团队成员看不到团队的发展远景。

· 团队成员的发展路径不明朗，缺乏未来发展的方向。

· 团队成员对团队文化和精神缺乏认同。

· 团队成员追求短期利益，怀疑团队的发展潜力。

（五）培养团队信任的方法

任何能力和技巧都可以通过一些方式进行培养和提高，团队信任也不例外。如何快速地建立团队成员之间的信任，使大家密切联系在一起，创造一种相互支持的团队关系，从而达成团队的默契，提高团队的绩效，这是每一个管理者都关注的问题。培养团队信任，不仅要建立团队成员之间的信任，还要建立团队管理者与成员之间的信任，更重要的是建立团队成员对团队的信任。下面是培养团队信任的常用方法。

1. 共同利益

你应该明确，你的工作不仅是为自己取得利益，也是在为团队取得利益。每个团队成员的工作都是共同利益的一部分。

2. 言行支持

当你成为团队的一员时，要用言语和行动来支持团队。当团队或团队成员受到外来攻击时，你要维护他们的利益，这样有利于获得团队及团队成员的信任。

3. 开诚布公

开诚布公才能带来信心和信任，因此，团队成员应充分了解信息，解释决策的原因，对于问题则坦诚相告，并充分地展示相关信息。

4. 公平公正

在进行决策或采取行动之前，先想想团队成员会如何看待决策或行动的客观性与公平性。该奖励的就奖励，在进行绩效评估或奖励分配时，应该客观公平、不偏不倚。

5. 说出感觉

那些只是向员工传达冷冰冰的事实的团队领导，容易遭到员工的冷漠对待与疏远。说出你的感觉，别人会认为你真诚、有人情味，他们会借此了解你的为人，并更加尊敬你。

6. 价值信念

不信任往往来源于不知道自己面对的是什么。让团队成员了解团队的价值观和信念，了解团队目标，使他们的行动与团队目标一致，进而赢得信任。

7. 保守秘密

保守团队秘密是团队成员最基本的要求。保守团队成员的个人秘密，也是赢得他人信任的关键。如果团队或团队成员认为你会把秘密透露给他人，他们就不会信任你。

8. 表现才能

表现出你的技术和专业才能，不仅能引起别人的仰慕和尊敬，还能赢得他们对你的信任。还要特别注意培养和表现你的沟通、团队建设和其他人际交往技能。

❖ 素养训练

信任背摔

训练简介：每个队员都要笔直地从 1.6 米的平台上向后倒下，而其他队员则伸出双手保护他。

训练人数：12—16 人。

场地要求：高台最宜。

需要器材：束手绳。

游戏时间：30 分钟左右。

活动目标：培养团体间的高度信任；提高组员的人际沟通能力；引导组员换位思考，让他们认识到责任与信任是相互的。

【延伸阅读】

1.《团队合作教程（第 2 版）》，许湘岳、徐金寿，人民出版社，2015 年

2.《团队合作》，詹秀娟，中国轻工业出版社，2019 年

第六章

时间管理

劝君莫惜金缕衣，劝君惜取少年时。

——唐·无名氏

少壮不努力，老大徒伤悲。

——汉·汉乐府

职业故事

鲁迅是一个珍惜时间、充分利用时间的人。他十二岁在绍兴城读私塾的时候，父亲身患重病，两个弟弟年纪还小，鲁迅扮演了"长兄如父"的角色，不仅经常跑药店、上当铺，还帮助母亲做家务。为了不影响自己的学业，他必须充分利用点滴时间。

鲁迅说过："时间，就像海绵里的水，只要你挤，总是有的。"鲁迅十分喜欢读书和写作，还对民间艺术、绘画、传说非常感兴趣。正因为他广泛涉猎，对感兴趣的东西积极学习和钻研，所以时间对他来说非常重要。鲁迅一生多病，工作条件和生活环境都不太好，但他每天都坚持工作到深夜。

在鲁迅的眼中，时间像生命一样宝贵。他曾说："美国人说，时间就是金钱，但我想，时间就是生命，倘若无端地空耗别人的时间，其实是无异于谋财害命的。"因此鲁迅痛恨那些成天"东家跑跑，西家坐坐，说长道短"的人，在他忙于工作的时候，如果有人来找他聊天或闲扯，即使是很要好的朋友，他也会毫不客气地对人家说：唉，你又来了，就没有别的事好做吗？

鲁迅生活的年代和他所遭遇的家庭变故，迫使他把每一分钟都用在了重要的事情上。如今，我们生活在和平年代，生活与工作的压力比鲁迅先生小多了，但我们常常不知道该如何安排时间去完成自己该干的重要事情。

第一节 时间总量统计

职业素养

人生最宝贵的资源就是时间，做任何事情，都需要花费时间，而且时间一去不复返，属于不可再生资源。因此，管理时间的能力高低，会直接影响你事业的成败和生活的质量。

一、什么是时间

在物理学中，时间被定义为物质运动和变化的持续性和顺序性，是物质存在和运动的持续性和顺序性的表现。在哲学中，时间被视为一个更抽象的概念，是事情的因果关系的表现，是人们用以描述物质运动过程或事件发生过程的一个参数。确定时间，是靠不受外界影响的物质周期变化的规律。在日常生活中，时间是我们用来安排事件、计划未来和回顾过去的工具，它影响着我们的行为和决策，是我们生活中不可或缺的一部分。时间具有以下特质。

（一）公平性

在时间上，大家都是平等的，每个人的一天都是24小时，不会多一分或少一秒。时间不受制于任何人，也不同情和讨好任何人，不管对谁，它都按照自身的逻辑流逝，没有人能实现"永生"。每个人都可以充分利用时间去实现自己的梦想，在自己有限的生命中按照自己的意愿使用时间。

（二）珍贵性

现代时间管理的先驱里恩·阿尔贝蒂曾总结："知道怎样不浪费时间的人能做任何事情，知道如何利用时间的人将会是他想要一切东西的主人。"时间常被比作金钱，有一个形象的比喻是：昨天是过期的支票，明天是期票，今天是钞票，用吧！在我国的古诗词和谚语中，也有无数感叹时间易逝，劝诫世人珍惜时间和青春年华的词句，如"少壮不努力，老大徒伤悲""一寸光阴一寸金，寸金难买寸光阴""君不见高堂明镜悲白发，朝如青丝暮成雪""花有重开日，人无再少年""莫等闲，白了少年头，空悲切""一年之计在于春，一日之计在于晨"。以上莫不说明时间的珍贵性，它不可重来，每个人的生命也总会有一个尽头。

（三）效用性

经济学中，效用是指消费者在一定时间内消费某种商品或劳务一定数量后获得的满足程度。那么时间的效用可以被理解为人们在单位时间内创造的价值，这种价值可以用不同的尺度来衡量。对医生来说，可以用治愈率和治愈数量来衡量；对于年幼孩子来说，可以用语言技能和运动技能的掌握来衡量；对于运动员来说，可以用训练的效果和新纪录来衡量。

时间被使用的方式有三种：生产、休闲、浪费。

生产，指的是用于产生当下或者将来的生产力的活动，例如思考、学习、记忆、计划、工作等。休闲指的是用于一些娱乐活动，例如聊天、打游戏、看短视频等。还有一种是浪费，就是既不能归类为休闲放松，又不能产生生产力、创造价值的活动，例如无谓的等待、无聊的旅途、做不需要做的事。

如果原来需要一天完成的学习或者工作，通过提升时间管理能力只需要半天就能完成，那你就可以节省半天用于做其他事情。

时间管理能力可以让你的单位时间产生更多生产力。例如，专职于写作的自由职业者，原来一天只能写1篇稿子，获得300元稿酬；提升时间管理能力后，一天能写6篇同等质量的稿子，获得1800元稿酬。这样，即使有2—3天要安排家庭事务或者参加一些娱乐活动不能写作，每周也能获得比以前更高的收入。时间管理将使你有更多自由时间，得到更多的回报，体验更加丰富的生活。

大学生正值一生中精力最充沛的阶段，时间尤为珍贵，在大学几年后，他们将走出校园，走向职场。大学生在大学期间应该充分利用时间自我成长，增强将来的社会适应能力和职场竞争力。只有不断提升时间管理能力，管理好时间，大家才能拥有越来越美好的人生。

二、什么是时间管理能力

时间管理是指能够合理安排和规划时间，以实现个人和组织目标并提高工作效率的能力。时间管理的关键就是对个人（或组织）和事件的控制，即合理组织和安排每一件事情，其核心是要分清事情的轻重缓急，排列出优先顺序。时间管理能力体现在很多方面，如订立目标、妥善计划、分配时间、处理细节、权衡轻重、权力下放、自我约束、持之以恒，从而事半功倍地达成个人重要的目标。很多成功人士，他们成功的一个关键点或者说共同点，就是时间管理能力强。因为他们知道时间是有限的，所以要把握好每一分钟，要么去创造价值，要么去享受生活，让每一分钟都过得有意义。

由此可见，时间管理能力是一种综合性的能力，要提高时间管理能力，需要掌握一定的技巧和方法，如时间矩阵、番茄工作法等，同时需要培养自我约束力和决策力，增强自我认知和目标导向。

学习时间管理，要学会高效率地安排学习、工作和生活，改正不良的学习和工作习惯，提高自律能力，增强行动力。

三、时间总量统计

想要管理时间，我们先要看看自己把一天中的时间都花到哪里去了，道理很简单，就像我们要开始存钱，首先要搞清楚我们的钱花到哪里去了，有多少钱可以存一样。

（一）时间都去哪里了

小A是一位大一学生，第一学期期末考试成绩不理想，他向一位他敬佩的老师求助。老师让他记录下自己平常的一天是怎么度过的，并再三叮嘱记录要真实。表6-1是他在非周末的某一天记录的生活作息情况。

表6-1　小A某天的生活作息情况

序号	时间起止	时长（分钟）	事件
1	6：30—6：50	20	闹钟响两次后起床，刷牙洗脸
2	6：50—7：00	10	穿好衣服，整理书包
3	7：00—7：30	30	走到食堂，吃早餐，走去教室
4	7：30—8：00	30	完成昨晚的作业
5	8：00—11：50	230	上了四节课（中间按学校作息表休息了50分钟）
6	11：50—12：37	47	去食堂吃午饭
7	12：37—12：41	4	走回宿舍
8	12：41—13：20	39	看了一会手机短视频
9	13：20—15：30	130	睡午觉
10	15：30—15：55	25	起床，洗脸，走路去教室
11	15：55—17：30	95	上了两节课（中间按学校作息表休息了5分钟）
12	17：30—18：30	60	走去食堂，和好朋友一起吃火锅
13	18：30—20：45	135	老乡来串门，闲聊，嗑瓜子
14	20：45—21：43	58	学习，做作业
15	21：43—22：55	72	玩了一会游戏
16	22：55—23：30	35	洗漱，收拾下桌面，准备睡觉
17	23：30—		睡觉

小A拿着这张时间统计表去见老师，老师和他一起做了时间总量分析。

他这一天清醒的时间是从6：30到23：30，扣除130分钟午睡时间，清醒的总时间为14小时50分钟。用于学习的总时间是358分钟，约为6小时；用于娱乐的总时间为246分钟，约为4小时；用于生活琐事的总时间为231分钟，约为4小时。此外，还有55分钟用于课间休息。

看到这些统计数据，小A惭愧地低下了头，明白自己在时间管理上出了问题（图6-1）。一是用于学习的时间只有6小时，太少了；二是娱乐时间和生活琐事时间一共有8个小时，太多了。

老师还指出，如果要统计时间，最好给自己规定一个时间颗粒度。时间颗粒度就是一个人安排时间的最小单位，一般来说是20分钟、10分钟或者5分钟，最小不小于5分钟，也就是一个事件的时长最小以5分钟为单位。表6-1中序号6、7、8、14、15所列事项的时长就不符合时间颗粒度为5分钟的统计办法。

图6-1 时间的流逝

（二）时间管理问题分析

老师和小A长谈了一次，就这张表格中的时间管理情况，追问了比较多的细节，指出了小A的时间管理误区。

1. 主动学习时间少

小A这天用于学习的时间约为6小时，其中被动学习时间5小时，主动学习时间约为1小时。作为以学习为主业的大学生，用于学习的时间太少，尤其是主动学习时间太少了。

和中学生相比，大学生应该有比较强的自律意识，能够主动开展学习。不管课程表上安排的学习时间是多少，小A都不应该仅仅满足于完成作业，而应该开展拓展学习。

2. 大学生活没有规划，无明确目标

小A既没有近期目标，也没有远期目标。对于每一天该怎样度过，除了上课和完成作业外，没有想法。没有目标就没有规划，就不能按照既定的方向去努力达到自己想要的结果，所以浪费了时间，就像水中的浮萍，东飘西荡，每天的生活无所事事，碌碌无为，无异于浪费了生命。长期持续这种状况，就会让人更没有动力和成就感，看不到成功的希望。

3. 缺乏优先顺序，抓不住重点

小A从17：30到20：45，吃火锅花了1小时，和老乡闲聊、嗑瓜子花掉2个多小时，之后才安排了58分钟的学习时间，这里体现出了"主次不分"的时间管理问题。大学生应该把学习放在第一位，而不是把生活和娱乐放在第一位，就像职场人士应该优先安排工作事务而不是生活事务一样。

4. 无法拒绝别人

老乡来串门闲聊，眼看着占用时间越来越多，小A却无法拒绝，任由对方耗费了

135分钟。在时间管理上被别人拖着走，非常被动，有这样缺点的同学不在少数。无法对夺走自己时间的人和事说不的原因：一是不善于利用时间；二是太看重这一段关系，觉得没陪对方做一些事情就会失去这段关系；三是不会使用拒绝的语句。

为了避免这种情况，除了加强心理建设，不害怕失去不重要的关系外，也要学会拒绝的话术。以下话术可以用起来："你来看我，我真高兴，可是我一周后有一个很重要的考试，这些日子都在做准备，没法跟你聊太久呢，我考试完了，就去你宿舍找你玩。""今天我7点就要去教室自习，周末我的时间多一些，我周末陪你看电影怎么样？""我今天的作业还没做，我心里焦虑，我做完了作业再去找你聊一会。""今天不陪你了，我改天请你喝奶茶。"只要是真诚的、合情合理的理由，相信老乡和朋友都能理解，更不会跟你当场翻脸，导致你失去这段关系。

5. 做事拖拉

小A每天起不来床，需要闹钟响多次后才能慢悠悠起来，起床时间长达20分钟，午餐时间花了47分钟，晚餐在食堂吃小火锅也花了1小时。问他原因，他说总觉得时间还比较早，不会迟到，于是中午和晚上吃饭时看手机、和同学闲聊，不知不觉就花了比较长的时间，这是做事拖拉的典型表现。拖延把时间白白浪费掉了，导致时间就像风一样无法捕捉，难以挽回。一个拖拖拉拉的人既难以取得令人瞩目的事业成绩，也难以拥有充实、美好的生活。

6. 缺乏条理，整天找东西

在老师的追问下，小A承认自己的床铺和书桌比较乱，每次都需要较长时间才能找到想要的东西，有时甚至找不到。老师很严肃地告知小A，物品摆放混乱，不仅是因为缺乏整理意识，更反映出做事缺乏条理。这种习惯不仅会让人因为找不到东西而耽误事情，甚至会因为安排不好时间，失去重要的机会。听到这里，小A直挠头。

7. 懒惰

小A的生活和娱乐时间长达8小时，实质上是懒惰的表现。他用130分钟时间睡午觉，学习仅限于上课和完成作业，做作业前闲聊，完成作业后马上玩游戏，花很多时间吃喝，没有开展主动的、深入的学习，归根结底，就是不够勤奋，缺乏自律。

（三）找出更多的时间

小A听了老师的一番话后，痛定思痛，决心要珍惜时间，高效利用时间。老师指出，他可以用以下方法（图6-2）挤出时间管理中的"水分"，让以后的每一天都有充足的可用时间，并向他推荐了一些时间管理书籍，让他进行系统学习。

1. 向闲暇要时间

只要稍微留心下，就能发现，生活里我们有大把的闲暇时间可以利用，例如上课前，下课后，睡觉前，吃饭后，等电梯时，哪怕只是两分钟的闲暇时间，也可以穿插做一些事情。小A在网上找到了一个"两分钟法则"的行动清单，并打印出来贴在书桌上。什么叫作"两分钟法则"呢？就是如果一件事情两分钟内能解决，无论是何种事情，马上着手解决掉，如果不能，再进行分类处理。小A打算今后遇到"两分钟内可以完成的工作"，要么立马去做，要么放在其余的闲暇时间内完成，我们来看看这个清单的内容（表6-2）。

图6-2 找出更多的时间

表6-2 "两分钟法则"行动清单

*把今日事务列成小清单	*记5个单词
*打一个电话	*叠被子
*记录在一天中突然出现的想法	*做一个瑜伽动作
*回复微信消息	*餐后洗碗
*打印、复印材料	*喝水
*整理一下桌面	*浇花
*算清今天的生活账目	*到楼下取快递
*回复电子邮件	*在手机上订一张火车票
*立刻把衣服扔进洗衣机洗	*扔掉闲置两年的一样东西
*扔垃圾	*整理下书包
*刷牙	*删掉50张不需要的手机相片
*洗脸	*把今天的文档上传到云盘
*阅读一篇文章	……

小A在后续的学习和生活中，把这份"两分钟法则"的行动清单不断延长，找出了

许多只需要两分钟左右就能完成的事情，大大提高了效率，完成了很多堆积许久的任务。由于发现很多事情只需要两分钟就能完成，小 A 几乎不再害怕开始任何一项任务。几周后，室友纷纷评价小 A "好像行动力变强了耶""哇，动作这么快"。

2. 向聚焦要时间

通过阅读时间管理书籍并结合每天的实践，小 A 不断改进自己的时间管理方式。某天，他阅读到一篇关于"寻找人生目标"的小文章。

如何找到自己真正想做的事？——寻找人生目标

（1）先在你忙碌的生活中找出一个小时的完全空闲的时间。关掉手机，关掉电脑，关上房门，保证这一个小时没有任何打扰。这一个小时只属于你和你要找到人生理想这件事。你要记住，这可能是你人生最重要的一个小时。你的生命可能在这一个小时后变得不同。如果一个小时的时间货币只能用来换一样东西，那么找到你的人生目标绝对是最值得的。

（2）准备几张大的白纸和一支笔。

（3）在第一张白纸最上方的中央，写下一句话："你这辈子活着是为了什么？"

（4）接下来你要做的，就是回答这个问题。把你的脑中闪过的第一个想法马上写在第一行。任何想法都可以，而且可以只是几个字。比如说："赚很多钱。"

（5）不断地重复第（4）步，直到你哭出来为止。是的，就是这么简单。尽管这个方法看上去很傻，但是它很有效。如果你想要找到人生目标，你就必须先剔除脑中所有"伪装的答案"。你通常需要 15—20 分钟的时间去剔除那些覆盖在表面的、受到外界观念和主流思维影响而得出的答案。所有的这些伪装的答案都来自你的大脑、你的思维和你的回忆，但真正的答案出现时，你会感觉到它来自你的内心最深处。

在依照文章指示写出自己的人生目标后，小 A 陷入了深深的沉思中。他再次回想起自己记录的作息表，发现自己在那天晚上，既想要和老乡聊天，又想要学习，还想要打游戏，想要干的事情太多了。他悟了，重要的不是把每一件想干的事情都分秒必争地、精确地安排到每天的日程表中，而是把与人生目标直接挂钩的——最想要做、最需要做的事情安排好，再考虑次等重要的事情和社交娱乐等。要把晚上这样的自主学习的黄金时间段主要聚焦于学习。对，聚焦，聚焦！大到确立人生目标，小到某一天的时间安排，都需要删除一些不必要的目标，要聚焦到人生目标上来。否则什么都想做，什么也做不好。在当下的人生阶段，好好学习就是重要的人生目标。

排除干扰能够帮助实现更好的聚焦。例如：卸载手机上的娱乐 APP 和社交 APP，工作或学习时，将手机放在伸直手臂也够不到的、比较远的地方，排除电子干扰；选择去安静的自习室或者图书馆自习，不在宿舍或者有人上课的教室自习，排除场地干扰和噪音干扰；对于自己找上门来的突然的邀约说"不"，如礼貌拒绝突然来串门的老乡、婉拒晚上六点打电话约你吃晚饭的同学，排除人的干扰；不要心血来潮地参与眼前看到的某项活动，排除事务的干扰等。

有了聚焦意识，在随后的日程表中，小A发现每天的时间总量好像变多了。小A还悄悄地给自己许下承诺，如果能提前完成任务，就奖励自己娱乐一下。例如，原计划19：00—21：00做作业，如果提前15分钟完成了，这多出来的15分钟就奖励自己打一把游戏。不过，一定要在保质保量完成任务的情况下进行奖励。有了这样"悄悄奖励"的措施，小A又无形中提高了效率。

3. 向效率要时间

同样一件事情，如果别人做完需要两个小时，而你只需要一个半小时，甚至是一个小时，这样你就在这件事情上节省了半小时或者一小时，看起来就像你当天的时间总量比别人多出半小时或者一小时。因此，小A千方百计地提高自己单位时间内的时间使用效率，他发现以下方法对提高效率特别管用。

清单法：把要做的事情都以条目的形式列成一个清单，可以列每年工作清单、每个季度工作清单、每个月工作清单和每日工作清单，最常用的是每日工作清单。

所谓每日工作清单，就是用一张纸记录你每天的工作事项，这张纸可以是你觉得合适的任意大小或材质的纸。在前一天晚上或者当天早上把一天要做的事情全部列出来，形成一个清单。这个清单包括当天生活、工作和学习中所有需要花费时间的事务。把它们写下来，然后按照清单去一一完成，最好是做完一件事情就做一个标记，表示已经完成，通常是打一个钩。当天没有完成的工作可以顺延至第二天或者下一个你认为适合完成的时间段。但不要每天都有长得干不完的清单，这样每天的任务清单都会比前一天有所加长，久而久之会让人有挫败感。如今，在书店里或者线上商店里可以买到各种各样的写清单的纸，如果想要增加工作和生活的趣味，可以买一些自己喜欢的使用。

要注意的是清单不是计划，不要出现太细化的方法步骤。因为细节可能会随着事物的改变而改变，所以只需要将几个关键步骤列出来，写上要做的事情即可。清单越简单越好，切忌冗长。冗长的清单往往意味着高估了自己拥有的时间总量或者高估了自己的能力。清单要根据工作的实际情况不断进行优化和改进，特别是时间跨度比较大的清单。没有什么事情是能够一劳永逸的，必须要保持清单的及时更新，才能真正实现高效工作。

为什么要写清单？写清单的意义不仅仅是明确你接下来的工作，还会让你做事井井有条，避免混乱。按照清单上的事务逐一完成，不仅能提高办事效率，还会让你有一个明确的主观意识和聚焦意识，不会跑偏。清单可以让复杂的事情简单化，极大地减少思考的时间，把更多的精力放到更重要的事情上。写清单的时间是思考时间，执行清单的时间是行动时间。把思考和行动分开就能提高效率。一边思考一边行动会造成在行动过程中停下来思考的现象，从而使任务完成得拖沓。

提前写下清单，特别是每周清单和每月清单，能提醒人们提前安排工作。特别需要注意的是预约别人的时间。在当代社会，大量的工作需要团队协作完成，由于每个人每天的时间安排并不相同，因此，需要协商的部分一定要预约才能较好地完成。无论是线上还是线下，一定要提前留出足够的时间去预约，否则就会影响自己和大家的效率，出现临时"打乱仗"的现象。

番茄钟法：准备一个计时器，手机上的计时器或者实体计时器都行。选择一个看起来不会在短短几分钟内就能完成的任务，将计时器的时间设定为25分钟。这25分钟内保持精神高度专注在该任务上，中途不做任何与该任务无关的事，例如看微信、接电话、查看邮箱等。直到计时器时钟响起，短暂休息5分钟，这5分钟可以用于回电话、看微信等与外界"交互"的事情。然后再开始下一个25分钟计时。每4个25分钟时段后可休息15—30分钟。由于第一个被这样使用的计时器是番茄的样式，故名"番茄钟法"。番茄钟法不仅可以极大地提高工作效率，还可以提高人的专注能力，从而提高各方面的成就感。

番茄钟法是在时间管理方面更加微观、更便于精细实践操作的一种方法。执行番茄钟法时要注意：一个番茄时间（25分钟）不可分割，不存在半个或一个半番茄时间；在一个番茄时间内如果做了与任务无关的事情，则该番茄时间作废；必须有一份适合自己的作息时间表，永远不要在非工作时间内使用"番茄钟法"（例如：用2个番茄时间游泳、用1个番茄时间看短视频等）；不要拿自己的番茄数据与他人的番茄数据比较；番茄的数量并不能决定任务最终的成败。

在某个番茄钟的过程中，如果突然想起要做什么事情，非得马上做不可的话，停止这个番茄钟并宣告它作废（哪怕还剩5分钟就结束了），去完成这件事情，之后再重新开始同一个番茄钟；如果不是必须马上去做的话，用一张纸将这件事记下来（例如叫"计划外事件"），然后接着完成这个番茄钟。

番茄钟法非常简单，但是优点多多，包括但不限于：能马上开始行动，用看得见的分钟数聚焦行动，减轻时间焦虑；最大限度集中注意力，减少中断；巩固达成目标的决心；完善预估流程，确保工作质量和效率；改进工作、学习流程；强化决断力，快刀斩乱麻。

4.向精力要时间

进入夏天后，天气炎热，小A吃不下饭，也没睡好，连续一段日子都萎靡不振，写在日程表上的任务大多不能按时完成，最近一场考试的成绩很不理想。他意识到，如果没有管理好自己的精力，是无法谈时间管理的，精力充沛是时间管理的基础条件，也是高效执行的前提。

在时间管理中，精力区别于往常所指的体力，是指做事的能力。我们常常在时间的管理上下功夫，但是时间管理的底层逻辑是管理精力。因为同样的任务，不同的人完成的时间不一样，管理好精力才能有高效的表现，全情投入才能确保最优的表现。全情投入是什么样的精神状态呢？它要求体能、情感、思维和意志四种精力源都处于正向且良好的状态。在这个无数商家都在拼命用尽一切方式夺取我们注意力的移动互联网时代，我们更需要留心去保护我们原本就有限的时间和精力。我们要学会把生活看成是一段段的短跑，在各个时段中全情投入，尽全力去跑，跑完后彻底放松，恢复精力，然后在下一次短跑中全情投入、竭尽全力。

在体能上，我们可以通过进食、睡眠、锻炼和呼吸几个方面来改善和提升。吃含糖量低的食物，科学合理搭配各种营养要素，多喝水，通过适当的锻炼来提升自己的心肺水平，每天睡7~8小时，积极学习冥想，这些都有利于改善体能。

在情感上要调动积极的情绪，疏导和管控负面的情绪。很简单的道理，如果一个人处于沮丧和悲伤这样的负面情绪中，一定会影响他在当下的时间管理成果。学会保持平和的心态，避免情感和情绪像过山车一样剧烈起伏，学会合理地管理自己的各种情感，例如多与他人沟通、多与家人相处、定期与朋友或同学聚会，这些方式都可以起到很好的效果。

在思维上采用现实而乐观的方式。现实且乐观的人能够看清事物真相，并朝着目标积极努力。他们在追求目标的过程中有充分的思想准备，并且有积极的自我暗示。我们常说的身心健康，这个"心"就是指我们的思维方式——现实而乐观。

意志取决于一个人的价值取向和人生目标，拥有明确人生目标的人往往有着强大的意志力，并且朝着这个目标每天积累，不断前进，不会因为受到挫折或者失败就放弃。意志力甚至可以弥补严重不足的体力和精力。所以强大的意志力取决于你有多相信你能够达成你的目标，在此处的"意志"我们也可以理解为"毅力"。

❧ 素养训练

每个大学生都会经历从初入学的兴奋，到新鲜感褪去，进入一段漫长的迷茫时期。这个时期正好是对大学生活进行规划的最佳时期——制定自己的梦想清单！如果大学是一个可以买到梦想的超市，如表6-3所示，我们每个人拥有16656个梦想币，你将会在梦想超市选购哪些物品呢？

2024年9月1日入学——2028年6月20日毕业

共计：1388天　每天除掉吃饭睡觉的时间大概剩余12小时

大学时间共计：$1388 \times 12 = 16656$ 小时（包含假期）

表6-3　大学梦想超市商品列表

梦想商品	年数	每年周数	每周天数	每天小时数	梦想币值
学位证	4	40	5	9	7200
考研	1	30	7	12	2520
保研	3	40	7	3	2520
出国	3	40	7	2	1680
令人羡慕的工作	3	40	7	3	2520
一般的工作	3	40	7	1.5	1260
勉强度日的工作	3	40	7	1	840
游戏大神	4	40	7	4	4480
游戏娱乐	4	40	7	2	2240
经营友情	4	40	7	1	1120
经营爱情	4	40	7	2	2240
练就强健的体魄	4	40	7	1	1120
将一项兴趣变成特长	4	40	7	1	1120
博览群书	4	40	7	2	2240
练就好口才	4	40	7	1	1120
组织协调能力	4	40	7	2	2240
时间管理能力	4	40	7	1	1120
情绪管理能力	4	40	7	1	1120
有效沟通能力	4	40	7	1	1120

讨论：

1. 你选购的排在前5位的商品是什么？和你的好朋友讨论下你为什么这样选。

2. 如果梦想币少了1388，我们必须削减1388小时的商品，你会削减什么呢？

购买梦想时我们都是大方的，但是在削减梦想时真的很舍不得。削减梦想相当于从总数上削减自己的时间，由于数额大，理性上我们都舍不得削减，但在日常的每一天，我们却往往又会毫不心疼地浪费一些时间。化整为零后从"舍不得"变得"毫不心疼"了。所以我们要在日常的每一天紧紧抓住时间，不虚度光阴，才能保住自己所选购的梦想。树立目标，加上珍惜时间，我们才能让梦想变成现实。

第二节　时间管理方法和工具

◇◇◇◇ 职业素养

在时间管理领域中，前人早就发现了一些既定的规律，并总结出经过检验后实用性很强的方法和工具。时间对我们如此重要，让我们把工具用起来，学习更好地利用和管理时间。

一、四象限法则

在前文提到的"清单法"中，每天写清单有助于防止遗忘。但是在当今追求高效率的社会，仅写下和不遗忘任务还不够，还需要对每项任务进行优先排序。在排序上，四象限法是一个很有用的工具，能够帮你清晰明了地对事务进行优先排序，并区分任务的重要性。

美国科学家柯维博士提出了四象限法则，将工作表按照"紧急性"和"重要性"两个维度进行划分，分为"重要且紧急""重要但不紧急""紧急但不重要""既不紧急也不重要"四个象限。执行者可以据此对待办事项进行分类，进而形成时间管理优先矩阵，如图6-3所示。

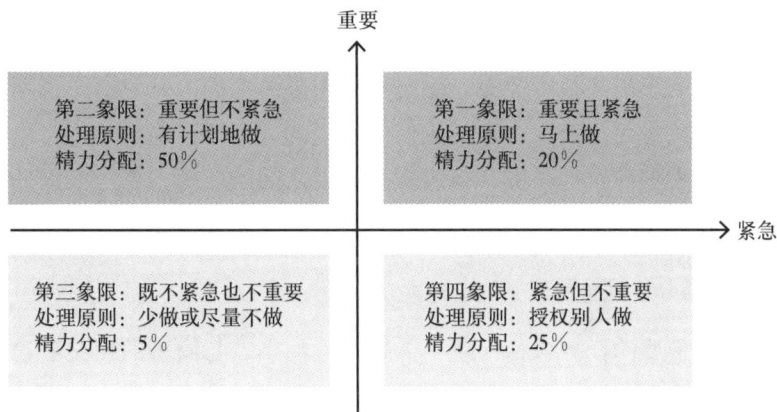

	重要	
第二象限：重要但不紧急 处理原则：有计划地做 精力分配：50%		第一象限：重要且紧急 处理原则：马上做 精力分配：20%
		紧急
第三象限：既不紧急也不重要 处理原则：少做或尽量不做 精力分配：5%		第四象限：紧急但不重要 处理原则：授权别人做 精力分配：25%

图6-3　时间管理优先矩阵

在时间管理优先矩阵里有两个重要的维度：重要性和紧急性。重要性是就人而言的，同样一件事，可以被一个人判断为重要的事件，而被另一个人判断为不重要的事件。例如，参加学科内非常有影响力的竞赛，可能对于想要保研的学生来说就是重要的事，因为这是一个加分的条件，而对于其他学生来说重要性就低一些。

（一）第一象限：重要且紧急

第一象限是重要且紧急的任务，包括火烧眉毛的事件、快要到最后期限的任务、对工作或生活产生重大影响的事件或需要立即解决的问题。例如，住院开刀、电脑坏了需要马上修等，它们需要"马上做"。紧急的任务往往具有高度可见性，处理它们十分考验一个人的经验和判断力。如果不马上处理，就会使压力无限增大，或者造成危机，例如在写字楼工作的白领，都离不开电脑，电脑坏了要立马修理，否则就会延误工作，影响和别人一起协作的工作，甚至引发事故。

在第一象限的事务上需要分配的精力比例约为20%，第一象限的任务越少越好。如果一个人整天都在处理"重要且紧急"的任务，那就相当于整天在"救火"，就会感到压力巨大，喘不过气来。此时，他需要思考，为什么自己面临的任务都这么重要且紧急呢？是哪里出了问题导致自己需要整天"救火"？

（二）第二象限：重要但不紧急

第二象限是指重要但不紧急的任务，包括建立关系、个人发展、长期规划、寻找新机会等。这些任务需要"计划做"，与生活品质密切相关。第二象限的任务有助于完成长期的任务，与战略和使命相关，要求更多的计划。第二象限的任务不会给我们带来即时的催促，但我们必须主动去做，因为完成任务能培养远见、加强自控力。

在第二象限投入的精力约占50%为佳。如果不重视第二象限，越来越多的事情会落到第一象限，出现整天"救火"的现象，例如年轻时不重视自我成长和发展，一二十年后会陷入"中年危机"。一个人整天"救火"，要么说明该人不善于计划，没有未雨绸缪的意识，工作能力有待提高；要么是系统设计不周、团队管理不佳，使自身直面"善后、处理事故"等一系列事情，需要改进系统设计和流程。反之，多投入一些时间和精力在第二象限，有利于提高执行能力，缩小第一象限的范围。做好事先规划，准备预防措施，很多紧急事件将无从产生，这正是俗语所说的"磨刀不误砍柴工"。从长期来看，对第二象限的重视程度和执行强度，将决定人和人之间的差距，更是区别低效管理者和高效管理者的重要标志。

（三）第三象限：既不紧急也不重要

既不紧急也不重要的任务包括一些个人感兴趣的事、与同事的社交活动等。这些任务最好是"减少做"或"不做"。把这些工作放到最后，在你没有其他重要的工作时，再完成这些任务，分配在第三象限上的精力最好不超过5%。碌碌无为的人、自律较差的人会在此象限上花费较多时间，例如看短视频、在办公室聊八卦、浏览无关网页等，这就是俗称的"摸鱼"。

（四）第四象限：紧急但不重要

第四象限是指紧急但不重要的任务，包括招待不期而来的客人、处理一些电话或电子邮件、参加某些会议和处理其他人关心的任务等，它们需要"选择做"。由于这些任务比较紧急，你需要处理它们，关键是不要占据太多注意力和时间。

这些任务可能让人产生处理"第一象限"任务时的紧迫感。区分第一象限和第四象限事件的标准是对你而言重要不重要，对你个人重要，就是"第一象限"任务，对你个人而言并不重要，就是"第四象限"任务。第四象限任务可能是对他人重要的，处理好第四象限的任务，有时是在满足别人的期望。所以应尽快把它们处理完，然后继续其他工作，把主要精力放在对你而言重要的事情上来，或者授权、指派给他人做，例如，让自己的秘书接听并不重要的电话，让自己的下属完成表格的初稿等，在第四象限上投入的精力不超过25％为佳。

当你面对多种不同工作任务时，如果不知道该先处理哪件，使用四象限法将帮助你确定每一项任务的紧急性与重要性，以便给各项任务排序，更好地分配时间、精力和其他资源。在处理这四类事件时，首先集中精力处理好第一象限事件（重要且紧急），然后处理第二象限事件（重要但不紧急）。对于第二象限事件，可以制定详细的解决方案，将其分配到月、季度、年，从而有计划、分步骤地执行。每天利用空余时间进行第四象限事件（紧急但不重要），而对于第三象限事件（既不紧急又不重要）则应最后考虑，最好是不做。

一定要注意在四个象限任务上的精力分配。有些人缺乏远见、大局观和危机感，或者纯粹是偷懒，不愿意进行深度思考，把大部分的时间用在第一象限事件上，对第二象限事件置之不理，于是第二象限事件随着时间的推移落到第一象限，往复循环，让人疲于应付，屡遭挫败。而另外有些人会偏重于第四象限任务，过于考虑他人的想法，做什么事情都是听命于他人，最终自己发展不佳，其结果极有可能是被用人单位淘汰，甚至被社会淘汰。一个优秀的职场人士应该重点关注第二象限事件，未雨绸缪，提前应对潜在危机，或者识别出新的发展机会，提前准备。毕竟，机会总是青睐于有准备的人。

二、要事第一法则

上文谈到按照重要性和紧急程度可以把任务分为四个象限，那么我们怎么判断某件事情对我们是重要还是不重要呢？这要从帕累托定律说起。

（一）帕累托定律

要事第一法则起源于帕累托定律。

意大利的经济学家维尔弗雷多·帕累托（Vilfredo Pareto）于1906年提出了著名的关于意大利社会财富分配的研究结论：20％的人口掌握了80％的社会财富。这个结论对大多数国家的社会财富分配情况都成立。因此该法则又被称为80/20法则，俗称"二八法则"，也叫帕累托定律。

后来人们发现很多事物都存在类似的80/20规律。一般情形下，大部分的产出或报酬是由少数的原因、投入和努力产生的。原因与结果、投入与产出、努力与报酬之间的关系往往是不平衡的。

在日常生活中，这些例子不胜枚举：

80％的生产来自20％的生产线；

80％的销售额来自20％的客户；

80％的病假条来自20％的员工；

20％的业务员创造了80％的销售额；

20％的人口消耗掉80％的医疗资源；

20％的人际关系带来了80％的个人幸福；

……

在时间管理中，也存在帕累托定律。工作中80％的成效来自20％的任务，而20％的成效则来源于80％的任务。可以看出，前者具有"事半功倍"的杠杆效应。

将这个法则引入到时间管理领域后，人们得到这样的启示：执行工作任务时，应该将时间花在有杠杆效应的部分，聚焦于少数的重要问题上，因为这样可以用少数时间获取80％的成效。要避免将时间花在没有杠杆效应的、琐碎的多数问题上，因为即使花了大部分时间，你也只能取得20％的成效；我们在完成每天的任务的时候，不是看完成了多少事情，而是看完成了多少件对你来说重要的事情。要事第一，是时间管理的精髓所在。

"要事第一"的一项延伸是拥有杠杆思维，通过一倍的努力收获十倍以上的回报，其核心就是借力，多做自带杠杆的事，能够扩大影响，获得高回报和高收益。例如发布视频、发表演讲，扩大影响力；进入某个圈子，结识对你有影响的人。此外，与其一个人花很长一段时间钻研一项技能，不如找到一位会这项技能的高手，向他学习并得到他的指导。

（二）如何做到"要事第一"

在时间管理中贯彻"要事第一"原则，要注意三点：优先做、集中做、经常做。

要事，要优先做。面对不重要的急事和不紧急的要事，后者优先。原因很简单：既然前者不重要，做不做影响都不大。还有一个原因是，不紧急的要事往往容易被忽略，所以要先做。本章第一节里提到的"向聚焦要时间"，其实是对"要事第一"中"优先做"的一种诠释。

要事，要集中做，留出整块的时间来做。只有整块的时间才能让人专注并进行深度思考。当一个人正处于高效率的状态时，一时的分神，就会让效率大幅下降，需要通过一段时间的重复努力，效率才能重新回到最高点。总是这样被干扰导致分神，效率就会变得像锯齿一样，忽高忽低，很难保持稳定。这种现象被称为"锯齿效应"。因此，预留出整块的时间，排除一切有可能的干扰因素，提高专注力，是尽快进入高效率状态的关键，也是避免"锯齿效应"的前提条件。

要事，要经常做，坚持做，定时做。职场上不少成功人士都推崇长期在某个固定时间做某项重要的事情。如，早晨6点起床后固定做健身这件事，晚上睡觉前固定做一会儿冥想。这样可以使一天的生活有规律，给人以秩序感、节奏感和稳定感，有利于培养自律，提高效率。定时做的另一好处是，到那个时间就知道应该做什么，必须做什么，这样可以避免拖延到"下一个有空的时间去做"，或缝缝补补地胡乱挪移时间段。如此养成习惯，持之以恒，成功便会水到渠成。

三、吃青蛙法

"吃青蛙理论"来自马克·吐温的一句名言："如果你每天早上醒来做的一件事情是吃掉一只活的青蛙，那么你就会欣喜地发现，在这一天接下来的时间里，再没有比这更糟糕的事情了。"

"青蛙"就意味着你最艰巨、最重要的任务。在起床后优先做最艰巨、最重要的任务，就是时间管理上的"吃青蛙法"。这种方法是对"要事第一"的具象化。"三只青蛙"就是经过思考和筛选后确定的三件最重要的事情。

（一）明确你的"三只青蛙"

问自己一个问题："今年我最重要的事是什么？"把它写下来，然后再找出一个，也把它写下来，最后再写一个，这就是你的"三只青蛙"。

挑出本年度的"三只青蛙"，接着明确每个季度的"三只青蛙"，然后是每月的"三只青蛙"、每周的"三只青蛙"和每天的"三只青蛙"。从"要事第一法则"的角度来看，这些"青蛙"都属于有"杠杆效应"的事件。

这些"青蛙"是一些非常重要，需要你持续保持专注度才能完成的大事。把你的注意力集中到它们身上之后，再运用时间管理的帕累托定律"80%的成效源自20%的任务"去完成它们。

（二）先吃掉"最大最丑"的那只

"最大最丑"指的是你挑出的"三只青蛙"中最重要、最困难的那个目标。换句话说，将对你以后的生活或工作产生最重要影响的事情，就是你"最大最丑"的青蛙，你应当最优先处理这件事情。

此处蕴含的信息是：每天至少投入20%的可用时间，从事最重要的、有杠杆效应的工作。按照四象限法，它们皆是第二象限"重要但不紧急"的活动。

（三）每天保护自己的"青蛙时间"

明确自己的"三只青蛙"后，就要运用"要事第一法则"中的实际操作办法：优先做，集中做，经常做。

如何确保你每天有足够的时间专注于那些"最大最丑的青蛙"？答案非常简单，但不容易做到。它意味着，你需要在可利用的时间周围划出保护圈，不惜一切代价守住这个保护圈，以有效利用时间。简单地说，"保护你的时间"意味着你必须对一些浪费时间的活动说"不"，例如各种打扰，不必要的电话、会议、电子邮件等。在日历上划出"青蛙时间"，赋予它"神圣不可侵犯"的地位，这样你就可以保障专注于优先事项的时间。关掉手机，忽略电子邮件，关上门，"向聚焦要时间"，在允许的时间内"吃掉尽可能多的青蛙"。

如果有人想打断你，只需向他们解释，这是你的"青蛙时间"，你晚些时候会与他们联系。随着时间的推移，人们就会开始尊重你集中精力的方式，他们肯定也会注意到你的努力卓有成效。

（四）找到最关键的限制因素

想一想，实实在在地回答自己，为什么至今没有实现目标，阻碍和瓶颈究竟在哪里？用笔写下来，然后集中精力消除阻碍和瓶颈。想想你为什么觉得它们是丑陋的青蛙？在纸上写下你的恐惧和顾虑，然后一条条列出可能的解决办法，硬着头皮，迎难而上！你终究是要"吃掉"它的，现在就开始"吃"吧。当你有了一定要进行下去的勇气，你可能会发现，你以为需要很长时间的任务其实根本不需要那么长时间，你以为很困难的事情并没有想象中那么困难。

（五）吃青蛙法可以运用到生活的各个方面

在你生活的每个领域中，比如健康、家庭、个人理财、人际关系、成长与发展、休闲娱乐等，确认意义重大的"三只青蛙"。如果你遵守以上4个步骤，把20％的时间投资在这些重要事项上，坚持一整年，你就可以获得超出自己想象的成果。

四、黄金时间法

什么是"黄金时间"？就是你一天中状态最好、效率最高的时候。

从大脑科学的角度来讲，人在起床后的两三个小时内，环境最安静、头脑最清醒、精力最充沛、思维最活跃、心情最愉悦，也较少有人来打扰，在这一时段工作一小时相当于在其他时段工作两至三个小时。一天之计在于晨，早晨大脑处于非常有条理的状态，适合做需要注意力高度集中的工作。这也是"吃青蛙法"提倡早晨起床后吃掉"青蛙"的原因。

黄金时间法认为，应该利用一天中效率最高的时段去完成一天中最重要的工作，以达到事半功倍的效果。经过一上午的专注工作，身体和大脑难免会出现不同程度的疲惫感，再做"专注性工作"就会产生本能的厌倦。这时候就让自己做一些"非专注性工作"，例如查看邮件、回复信息、同步工作进度、整理文件和数据等。

当然，黄金时间段也因人而异，有部分人觉得早上没办法专注，到了下午才有精力做这些需要专注的事，因此，需要根据自己特定的"黄金时间"做出调整。对于学习者来说，有以下适合学习的黄金时间段。

早晨起床后3小时：如5~8点，大脑经过休息，处于清醒状态，此时，无论认字还是记忆，印象都会很清晰。这个时候学习一些难记忆但必须记忆的知识较为合适，如英语单词、数学公式、语文词句等。

8点至10点：此时人的精力充沛，大脑容易兴奋，思考能力状态最佳，是攻克难题的大好时机，应充分利用。8点也是很多考试开考的时间点。

18点至20点：这也是用脑的好时机，不少人利用这段时间来复习，加深印象，归纳整理，同时也是整理笔记的黄金时机。

入睡前一小时：利用这段时间来加深印象，特别对一些难以记忆的东西加以复习，则不容易忘记。

黄金时间法不仅适用于学习，也适用于工作。可以将黄金时间法扩展到每周或每月的计划中，用于处理一周或一个月中最重要的事务。

出于健康的考虑，一个人的黄金时间段最好不要安排在零点后，这样做不可持续。如果你频繁出现凌晨最清醒的情况，不应该在此时间段安排学习或者做重要的事情，而是应该去看医生。

素养训练

想想今年、本季度、本月和本周的"三只青蛙"是什么，记得把"最大最丑"的青蛙写在第一个。

今年的"三只青蛙"：

1. _____

2. _____

3. _____

本季度的"三只青蛙"：

1. _____

2. _____

3. _____

本月的"三只青蛙"：

1._____

2._____

3._____

本周的"三只青蛙"：

1._____

2._____

3._____

明确你的青蛙后，利用四象限法则，在下图的象限空白处安排今天或者明天的事务：

结合内部因素和外部因素，写下你的黄金时间段，和好朋友讨论下，看看彼此的黄金时间段有什么不同。

你的黄金时间段是：_____

你想利用这段时间做什么：_____

第三节　时间管理实操

❖ 职业素养

时间管理能力具有很强的实践性，知晓时间管理方法之后，要做到知行合一，利用线下和线上的时间管理工具，妥善安排每日任务，经常反思改进，才能在时间管理能力上不断精进，让你的学习和生活越来越好。

一、GTD 时间管理系统

GTD，是一种综合时间管理系统，全称 Getting Things Done，翻译成中文就是"把事情做完"。GTD的核心理念是：通过记录的方式把头脑中的各种事情移出来，然后整理、计划和执行。通过这样的方式，头脑可以不用塞满各种需要完成的事情，你才能够全身心专注当下，全情投入，做好眼前的工作，提高效率。

当你总是有些事放在心上、没能解决的时候，你要么就是会不时地想起它、没法全情投入眼前的工作，要么就是会忘记去做。而GTD通过将这些事从大脑中移出并记录下来，进行分类，确定后续处理方法，将所有等待解决的事都纳入一个我们可以把控的管理体系中，做到既不遗漏，又能互不干扰、有条不紊地推进。

GTD的核心步骤包括五步：收集、整理、计划、执行、回顾（图6-4）。

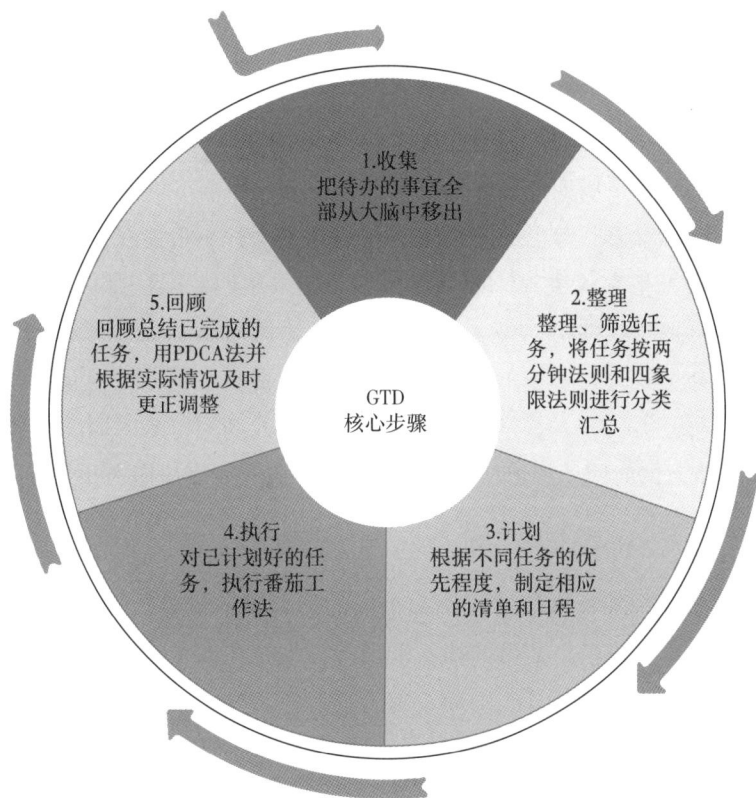

图6-4　GTD核心步骤

（一）收集——收集记录

将你能够想到的所有想要做但还没做的事情（GTD中称为"stuff"）统统罗列出来，放入"收件箱"中，这个收件箱既可以是有形的，如实物文件夹或者收纳框；也可以是电子的，如电子文件或者手机记录。收集的关键在于解放你的大脑，记录下所有的想法和念头。

GTD认为人生最大的不安的来源不是事情太多，而是有很多事情你想去做却没有做，这些事情塞满你的大脑，让你分心，无法聚焦当下。从理性上来说，我们应该全身心投入当下的事情，一件件完成；但是从心理上来说，绝大部分人做不到全身心投入当下，无法完全杜绝来自其他任务的"心理骚扰"。GTD就是要确保你所有该做的事情都做到。我们要做的，就是逐一清点大脑里的这些"骚扰"，将所有未尽事宜通通收集在大脑之外的处理系统中，如收纳框、纸质笔记本、电子文件等。做好第一步的"收集"，才能心无挂碍，全情投入当下的工作，提高效率。

平时，应将信息、任务和灵感在忘记之前用工具记录下来。使用的工具要尽可能地方便易用，很多时间管理专业人士推荐使用纸质笔记本，因为它可触摸可看见，不容易消失，能满足随时随地收集的需求。推荐大家使用活页笔记本，可以随时增减页数，随时收集记录，后续处理完毕的记录也可以丢弃或者另寻他处存档。

（二）整理——处理分类

勤劳地、频繁地进行处理，清空有形或者无形的"收件箱"，才能避免信息的堆积和拥塞。处理信息时可采用四象限法则和两分钟法则。

两分钟法则在本章第一节已经介绍过，就是如果一件事情能在两分钟内解决，且不能再进行分类，马上把它解决掉。如果能分类，则采用四象限法则。注意，在"整理"这个步骤，一定要把"收件箱"清空，把事务全部进行分类，一个不留。

每个人处理分类的时间安排不一样，有人在每天傍晚进行分类，有人在每天早晨即将开始一天工作时分类，有人每三天分类一次，还有人利用空余时间随时分类。什么时候分类具体看每个人的时间使用习惯，建议不超过三天，否则，事务很快会堆积如山。

（三）计划——计划安排

把分类后的事务全部写进清单，例如个人的长期愿望清单，组织的长期项目清单，他人委托的工作清单，自己需要做的执行清单等。把这些清单全部排进日程表，除了既有的日程安排外，可以设定每日、每周、每月、每年需要完成的重大事件，把它们排进日程表。

每天要做的事件可采用"三只青蛙法"，前一天晚上睡觉前设定第二天最重要的三件事，起床后就可以着手处理这三件事了。"三只青蛙法"也可以用于每周、每月、每年的计划安排。

互联网时代有非常多免费的时间管理软件和手机APP可供使用，许多品牌的手机自带日程表，日程表中的事务可以设定为定时提醒模式。这些电子工具大家可以放心大胆地试用，在实际使用中筛选出自己喜爱的软件，并固定下来。固定下来的好处是可以存档，方便回顾和改进，甚至可以在你的个人软件之间开展协作。

"计划"这个步骤的成果是形成清单和日程表。除了个人的短期清单和每天的"三只青蛙"可以使用电子方式外，任何长期清单、日程表等均采用纸质形式比较好。组织的清单还经常体现为"会议纪要"，它有时能起到工作留痕、界定工作责任的作用。

（四）执行——坚决执行

执行就是指坚决做好、做完你在第三步"计划"中写下的日程。执行是"Getting Things Done"最关键的一步，也是成功与否的关键，制定了计划就一定要做到，这能提高自我成就感，强化自己的执行力。执行时你应当一次只执行一件事，就像使用番茄钟法那样，既不要一次做多件事情，也不要轻易中断你的工作。组织和团队任务的执行则需要管理层行使分工授权、监督、催促和检查落实等权力。

在此步骤中，可以将最重要的事件（即"青蛙"事件）放在你的黄金时间段去做，具体做的时候采用番茄工作法。番茄工作法不仅可以极大地提高工作效率，还会大幅提升自我成就感。此外，市面上有专门的番茄工作法APP可供下载，方便你在实际操作中更好地应用这一方法。

（五）回顾——回顾检查

最好每天下班时用1—2分钟回顾当天的工作，每周五下午对一周的工作进行回顾，在月末时抽出更多时间进行月度回顾。采用PDCA循环法（图6-5）对长期目标、中期目标和短期目标进行回顾，同时对工作和其他事情进行梳理，看看哪里做得不好，需要改进，重新做出调整计划。这样能使计划更有效地进行，更加合乎工作程序的逻辑。

在实际操作中，GTD解决了最关键的两个问题。

解放大脑：把所有要做的事情分门别类，存放在一个逻辑性强而又可靠的系统中去，而不是放在大脑里。我们的大脑每天耗费太多时间提醒我们该做又没做的事情。大脑最重要的功能是思考，而不是记忆，GTD让大脑从这些没必要的烦琐中解放出来，让大脑成为"处理器"，而不是"存储器"。

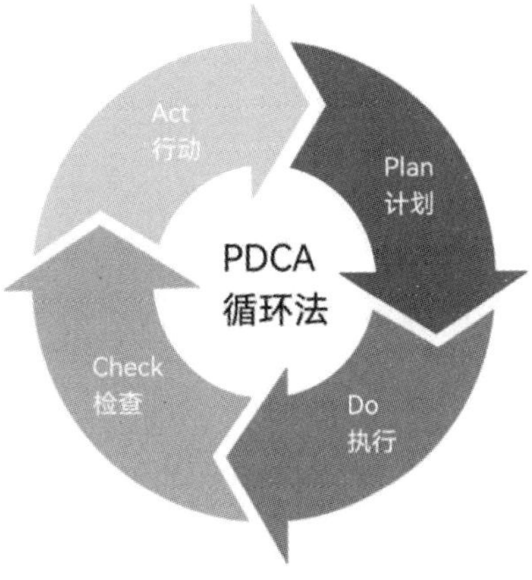

把任务和项目具体化成行动：不管是什么任务项目，我们在"处理"和"计划"阶段都把

图6-5　PDCA循环法

它具体化，分解到每天的日程表中，然后踏踏实实去执行。这样一来，在一段时间内做且仅需要做一件事情，这种模式契合我们的大脑工作原理，它被称为"单核处理器"。这时，精力高度专注，工作效率非常高，事情一件件处理完成，给人带来难以言说的成就感。

GTD不仅是一个时间管理工具，更是一个生活、工作管理的综合系统。通过反复执行GTD的五个步骤，我们逐渐成为习惯良好的、高效率的人，时间管理能力越来越强，想要做的事情逐渐达成，"积跬步而至千里"，人生就会越来越如意。

二、战胜拖延

其实我们每个人的内心深处都很清楚该去干什么，但有时候就是做不到，只想躺平，什么也不想干，或者用其他非常轻松的活动替代手头的任务。例如该写论文时，你却约了朋友一起出去玩；该去和领导汇报一项重要工作，你却开始整理抽屉……以上种种都是拖延或者逃避。

该如何战胜拖延或者克服逃避心理呢？答案是用"此活"替代"彼活"，即用"做此任务中比较轻松的事项"替代"我想休息/我想出去玩/我想整理抽屉"。有一种"奶酪工作法"就是用这种替代法战胜拖延的。

不管你有没有吃过奶酪，你都知道奶酪的样子，它浑身上下布满了孔。时间管理中的"奶酪工作法"，指的是在一个大的目标任务当中，充分利用碎片化的时间做事，而不是被动等待整块的时间段出现，先从这个大目标中的一个既轻松又费时短的小任务开始。这个大的目标，就像一整块的奶酪，而碎片时间，就像奶酪上疏松的孔洞（图6-6），"奶酪工作法"因此得名。这个方法对启动一项大任务或者启动之后使之保持连续性都有非常大的好处。

"今天我成功地打了一个洞"

图6-6　奶酪工作法

（一）奶酪工作法的两种工作思路

举一个例子，你需要完成一个工作汇报PPT，大概需要占用120分钟的时间。因为你工作比较忙碌，没有120分钟的整块时间，你已经拖延了5天，迟迟没有开始这项任务。这个时候还有10分钟就到了吃饭的时间。你觉得这10分钟是无论如何都完成不了这份PPT的，因此你就干脆什么都没有做而是等待开饭，在无意识的情况下你浪费了这10分钟的时间。奶酪工作法能够很好地帮助我们解决这个问题，通常有两种解决思路。

思路 A：继续执行该项任务，能做多少就做多少。

这种做法需要我们有一定的毅力，振作精神解决这个问题。为了更好地利用这 10 分钟的时间，我们可以把这个任务分解为以下四个步骤：

（1）搜集汇报工作 PPT 所需的图片和附件（15 分钟）

（2）构思汇报 PPT 框架，确定一级和二级标题（20 分钟）

（3）图文排版，插入少量动画等（80 分钟）

（4）整体浏览，最后检查，发出邮件（5 分钟）

一个让人有点不敢开始的 120 分钟的任务，一旦将任务进行了拆解，思路就打开了。从心理学的角度来讲，人们往往因为预估时间不够用，不愿意去采取行动，因为人们觉得，这个事反正做不完，从而思想变得消极。但是一旦这件事分解为你能力范围之内的小目标，并有一个明确的时间节点去完成每个小目标，你的效率就会大大提升，也极少浪费碎片时间。在思路 A 中，可以利用这 10 分钟搜集和整理制作 PPT 所需的图片和附件。

思路 B：执行适合零散时间完成的其他任务。

回到刚才的例子。如果说这 10 分钟的时间你不想再继续之前的工作，你可以去找到一个 10 分钟可以完成的其他任务，以确保这 10 分钟能够得到最优化的利用。例如整理电子邮箱、简单整理一下办公桌或者反思上午的工作进度。

碎片化时间的一个难点是我们很难专注去做一件事。这个时候，我们可以用之前讲过的番茄钟时间管理法，让自己进入专注处理一件事的状态。只是这里的番茄钟时间没有必要设计为 25 分钟，根据碎片时间的长短进行相应的调整即可。

"奶酪工作法"的意义在于帮助你勇于开始一项大任务，办法是先从一个小的任务开始。如果想要培养在睡前看书的习惯，"每天睡前看书 15 页"可能让人感觉比较困难，不如从"翻开书看 1 分钟"这样的小任务开始，给自己一个积极的心理暗示。完不成大任务，那就先"打个孔"吧！

（二）破解拖延的底层心理

从心理学角度来说，每次只处理一小部分任务，比直接面对整个大任务容易得多。而且，每完成一个部分，你就会更愿意进行下一个部分，从而不知不觉地完成整件事情。我们永远都有想要结束一件事情的愿望，"有始有终"是人类的固定心理机制。而且，你要完成的任务越困难、越艰巨，完成之后你就会越有成就感。正是这种快乐和满足感，能够促使你形成正向循环，不断地完成新的任务，并且从中获得极大的成就感和愉悦感。

很多人拖延的主要原因是面对的任务重大且艰巨，它就像一个巨大的怪兽，让我们心生畏惧，不敢前进。而"奶酪工作法"，让人从完成一个容易的小任务开始，例如睡前阅读。很多时候，你不但完成了"翻开书看1分钟"这样的小任务，你还会看更多页。由于目标很小，容易完成，超额完成还会给人带来成就感。可见，人是多么需要成就感的动物！完成小任务→收获成就感→正向反馈→获得勇气继续进行下一个小任务……如此循环，直至完成整个大任务，这种由易到难、分阶段获得成就感、自我正向激励的办法，有利于克服畏难心理，是治疗拖延症的良方。

（三）拆解是一件技术活

"奶酪工作法"也叫"香肠工作法"，如果你想吃香肠，一般会把它切成一片一片，每次只吃一片，最终吃完一整根。

这种方法应用到工作中时，就需要把我们的任务进行分解。无论一个任务有多大、多艰巨、多困难，它都可以被分解成很多个小部分。拆解任务是一件需要经验和智慧的事情，它需要拆解者对自己和任务都有相当的了解，还要了解团队里的其他人，把任务合理地分配到每个人，预估每个小任务的难易程度、需要的时间、前后衔接和多人合作等。我们在时间管理上的恐惧往往来源于两点：不知道某任务需要花费的时间总数和不知道从哪一步开始。而拆解任务完美地解决了这两点。一旦你学会了拆解任务，你将在时间管理上变得游刃有余。

拆解是一件技术活，它需要反复练习，当你在拆解任务时感到困难，你可以主动求助有更充足经验、更多智慧或者更高层级、更多资源的人，这也是成长的一部分。

❖ 素养训练

想想你最近需要完成但迟迟没有去做的重大任务，运用"奶酪工作法"，从一项5分钟的简单小任务开始，你认为可以从哪几个地方开始"打一个孔"？

1. _____

2. _____

3. _____

使用纸质笔记本记录，坚持一周，完成"收集""整理""计划""执行""回顾"五个步骤，写下你的心得和需要改进的部分。

心得：_____

_____

改进：_____

_____

【延伸阅读】

1.《吃掉那只青蛙》，[美]博恩·崔西，机械工业出版社，2017年

2.《精力管理》，[美]吉姆·洛尔，[美]托尼·施瓦茨，中国青年出版社，2015年

3.《清单革命》，[美]阿图·葛文德，浙江教育出版社，2022年

4.《断舍离》，[日]山下英子，湖南文艺出版社，2019年

5.《谁的大学不迷茫》，尹李雯，孙朔，李想，江苏文艺出版社，2013年

6.《超级时间整理术：最适合中国人的时间整理术》，张雁飞，中国画报出版社，2013年

7.《语文三年级读写双优训练》，刘悦，北京教育出版社，2016年

8.《职业素养入门与提升》，庄明科，谢伟，北京理工大学出版社，2009年

9.《读书是门大学问》，钟健能，西安交通大学出版社，2018年

第七章

情绪与压力管理

长风破浪会有时，直挂云帆济沧海。

——唐·李白《行路难·其一》

天将降大任于是人也，必先苦其心志，劳其筋骨，饿其体肤，空乏其身，行拂乱其所为。

——先秦·孟子《孟子·告子下》

职
业
故
事

小A是一名"双一流"高校的理科研三学生。面对"金九银十"期间火热进行的校园招聘，由于毕业去向的选择、时间精力的分配、未来的不确定性等因素，她产生了焦虑的情绪，不知该如何排解。

小A同学自述：我非常想继续攻读博士学位，自我深造，因为就业市场上，博士在待遇、平台等方面都比硕士好很多。如果攻读博士学位的话，无论是国内还是国外，都需要发表高水平的文章。按照我目前的情况，需要静下心来用1—2年时间才有可能发表高水平的文章，然后才能申请上一个好的大学。直接申请国内的博士倒是也可以，但是我只想去某学校读博，然而我又缺少联络的途径。申请去国外攻读博士学位的材料我还没有准备，如果真的申请，我可能在毕业之后要用一年时间撰写文章。但是我又不想耽误一年。我们专业的硕士毕业后找工作的话工资也还可以，所以我也想先找一个工作，边工作边考虑继续申请攻读博士学位的问题。但是我的时间有限，最近正是招聘季，我也投了一些简历，发现还是要花很多时间去准备的，准备了这些就感觉撰写高水平文章的时间被压缩了。所以我最近一直感觉很烦、很焦虑，不知道怎么办。

苦恼的小A通过学校某平台看到了生涯咨询的消息，来到咨询现场与咨询师进行了一对一沟通。在咨询过程中，小A进一步梳理了自己当前的困境，并在老师的帮助下，明确了自己下一步的行动方向，如学会管理自己的情绪等。有了方向的小A看到学校举办的情绪管理主题的讲座时，毫不犹豫地选择了前往。

讲座上，老师深入浅出地分析了大学生常见的情绪问题，并给出了一些实用的建议。"没有被表达的情绪永远都不会消失，它们只是被活埋了，有朝一日会以更丑恶的方式爆发出来。""情绪是转变或者推动你人生的工具。"老师的话仿佛一剂良药，直击小A的内心。她开始明白，情绪无法被根除，也不能一味地压抑，情绪更需要的是被察觉和管理。之后，小A学会了深呼吸、冥想和写日记等，这些方法帮助她逐步摆脱了情绪的困扰。同时，小A也更加积极地与朋友沟通，分享自己的感受。渐渐地，小A发现自己变得更加从容和自信，虽然面临的问题不是短期能得到解决的，但是情绪问题却得到了有效的缓解。

现实之中，如小A一样，因为生理、心理、社会等各类原因产生情绪、压力问题的同学很多。《2022年中国国民心理健康报告》显示，超过五分之一的大学生感到抑郁，接近一半的大学生处在焦虑之中。正确看待以及科学管理情绪和压力成了大学生必备的职业素养之一。

第一节　情绪与压力

一、情绪是什么

（一）情绪的定义

1. 不同时代情绪的定义演变

情绪的研究可以追溯到古代哲学思想。古希腊哲学家亚里士多德在伦理学和修辞学的著作中提及情绪对于人类行为和判断的影响："任何人都会生气，这没什么难的，但要能适时适所，以适当的方式对适当的对象恰如其分地生气，可就难上加难了。"

早期的哲学思考为情绪的心理学定义埋下了种子，而随着心理学学科的发展，情绪的定义也在不断演变。精神分析学派创始人弗洛伊德从潜意识的角度出发，认为情绪是被压抑的本能冲动的外在表现，强调了情绪的深层心理根源。行为主义者华生强调情绪是一种对外界刺激的反应模式，通过观察和实验来研究情绪，为情绪的定义拓展了行为维度。认知心理学家认为情绪是个体对外部事件进行认知评价后的反应，如拉扎勒斯（Richard Lazarus）的"情绪认知-评价理论"，对情绪的定义更加注重个体的主观认知和评价。

2. 当代心理学上情绪的定义

情绪的研究发展至今，以心理学为主的同时融合了各学派的观点，形成了较为全面的定义。如彭聃龄主编的《普通心理学》指出，情绪是对一系列主观认知经验的通称，是多种感觉、思想和行为综合产生的心理和生理状态。

（二）情绪的表现

1. 情绪的产生机制

根据情绪的定义可以看出，情绪是一个复杂的过程，由特定的刺激（客观事物）引发，以个体的需要作为中介，当外界的刺激与个体的内在需要产生关联时，情绪被激发，伴随一系列生理反应，如心跳加速、血压升高、呼吸急促等，进一步增强情绪的体验和表达。因此，情绪包括三个层面：在认知层面上的主观体验、在生理层面上的生理唤醒、在表达层面上的外部行为。

以人类遭遇恐龙攻击为例。当恐龙来袭，人类过往的认知会判断这是一个危险信号，将威胁到人的生命安全。当人对于生存以及安全的需要和恐龙来袭的刺激联系在一起时，人的恐惧情绪将被激发，伴随的是心跳加速、大汗淋漓等一系列生理反应，接着会做出快速逃生的行为，如图7-1所示。

攻击性恐龙　➡　恐惧　➡　心跳加速　逃跑动作

啊!!!

刺激情景　　　　主观情绪　　　　反应及行为

图7-1　人类遭遇恐龙攻击后的情绪反应

2.情绪的深度理解

（1）同样的外部刺激作用在不同人身上，可能引起同样的反应，也可能引起不同的反应。同样面对夕阳，唐代诗人李商隐感叹"夕阳无限好，只是近黄昏"，老一辈革命家叶剑英则认为"老夫喜作黄昏颂，满目青山夕照明"。面对恐龙攻击，多数人会产生恐惧的反应。

（2）情绪与需要和动机密切相关，刺激以需要为中介而引起情绪。正如古语有言，人生四大喜莫过于"久旱逢甘雨、他乡遇故知、洞房花烛夜、金榜题名时"。然而对于《红楼梦》中的主角贾宝玉而言，"洞房花烛夜、金榜题名时"却并不能让他感受到喜悦。究其原因，则是人的需要和动机不同、认知事物的角度不同，进而产生了积极情绪或者消极情绪。

（3）情绪是一种身心一体的反应，往往伴随着生理的变化。测谎仪当前被广泛应用于刑事侦查与司法、安全与情报、商业与职场、日常生活娱乐等不同领域。其原理正是基于人的情绪发生变化时会引起生理变化。当人说谎时，会产生紧张、恐惧、焦虑等情绪，这些情绪会导致人体的生理反应发生变化，如呼吸急促、心跳加快等。

（4）情绪的外在表现形式多种多样，其中最为直接和明显的就是表情。人们通过面部的肌肉运动来展现不同的情绪状态，如快乐时的微笑、愤怒时的皱眉等（图7-2）。这些表情不仅能够帮助我们直观地理解他人的情绪状态，还能在一定程度上促进人与人之间的交流和沟通。

图7-2　不同情绪的面部表情示意图

（三）情绪的种类

1.情绪的常见分类

已有研究主要从情绪的极性、持续时间、复杂性、是否有意识等角度将情绪进行分类。

（1）按情绪的极性分类：情绪可以分为积极情绪和消极情绪。积极情绪是指能给人带来愉悦体验、对心理和生理健康有促进作用的情绪。积极情绪包括快乐、喜悦、满足、自豪、希望等，有助于人们建立良好的人际关系，提高工作效率和创造力。消极情绪是指能给人带来不愉悦的体验、对心理和生理健康有负面影响的情绪，包括愤怒、悲伤、恐惧、焦虑、厌恶等。

（2）按情绪的持续时间分类：情绪可以分为短暂情绪和持久情绪。短暂情绪持续时间较短，通常是由突发的外部事件引起的瞬间反应，当引发短暂情绪的事件结束后，情绪也会很快消失。持久情绪持续时间较长，可能是由长期的压力源、重大的生活事件或者个人的性格特点等因素导致的。如悲观的人可能长期处于一种略带消极的情绪状态中。

（3）按情绪的复杂性分类：情绪可以分为基本情绪和复合情绪。基本情绪主要包括快乐、愤怒、悲伤、恐惧、惊讶、厌恶等，是人类和动物共有的情绪反应，在进化过程中具有重要的生存意义，它们具有相对固定的生理反应模式和面部表情，并且在不同文化中有较高的一致性。复合情绪是由两种或多种基本情绪组合而成的情绪，它们的产生往往涉及更复杂的认知过程和社会情境。如焦虑是担忧和恐惧的组合；嫉妒包含了愤怒、悲伤和羡慕；羞耻则是由尴尬、自责和对自我形象的担忧等情绪混合而成。复合情绪比基本情绪更加复杂多样，反映了个体在特定情境下的综合心理感受。

（4）按情绪是否有意识分类：情绪可以分为有意识情绪和无意识情绪。有意识情绪是个体能够清楚感知到的情绪，通常伴随着明确的主观体验和认知评价。无意识情绪是指个体没有明确意识到自己正在经历的情绪，可能通过一些间接的方式表现出来，如身体语言、生理反应或者潜意识行为。

除以上分类外，从情绪进化的角度来看，还有原始情绪。原始情绪是人类进化过程中最早出现的情绪反应，是为了适应生存环境而产生的本能情绪反应，其重点在于保障个体的生存和繁衍，其外在表现形式可能更加本能和直接，主要是为了快速地传递信息或者启动行动，如上文中人类遭遇恐龙攻击所产生的恐惧情绪。

2. 普拉切克情绪轮

为解释人类情绪的关系，美国心理学家罗伯特·普拉切克（Robert Plutchik）提出了一个理论模型——普拉切克情绪轮。该理论的主要观点如下。

（1）基本情绪：普拉切克认为存在八种基本情绪，分别是喜悦、信任、恐惧、惊讶、悲伤、期待、愤怒和厌恶。这些基本情绪是人类情绪的核心元素，其他复杂的情绪都可以由这些基本情绪组合或衍生而来。

（2）情绪的对立关系：基本情绪存在两两对立的关系。

喜悦——悲伤

信任——厌恶

恐惧——愤怒

惊讶——期待

（3）情绪的组合：基本情绪之间可以相互组合，形成更复杂的情绪状态。

（4）情绪轮的呈现形式：情绪轮通常以圆形呈现。这些情绪在中心处最强烈，随着向外扩散，越靠近外围，情绪就越微弱。如图7-3所示，基本情绪以不同的强度来表达，并且可以彼此混合以形成不同的情绪。

除解释人类情绪关系外，情绪轮也被用于解释心理防御机制，普拉切克提出八种防御机制（压抑、否认、投射、反向形成、转移、退行、升华、合理化）与八种基本情绪相对应。

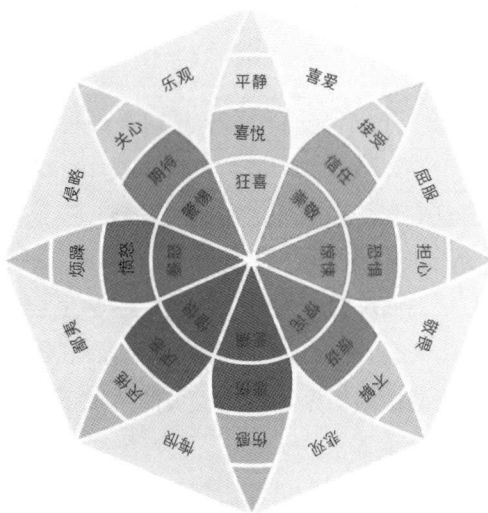

图7-3　普拉切克情绪轮

二、压力是什么

（一）压力的定义

不同学科对于压力的定义有所差异。在心理学领域，较为通用的压力定义是：压力是由心理压力源和心理压力反应共同构成的一种认知和行为体验。压力源是指引起压力的原因，包括外部的生活事件以及内部的心理状态。当个体认为这些刺激或情境对自己构成威胁时，便会产生压力反应，如图7-4所示。

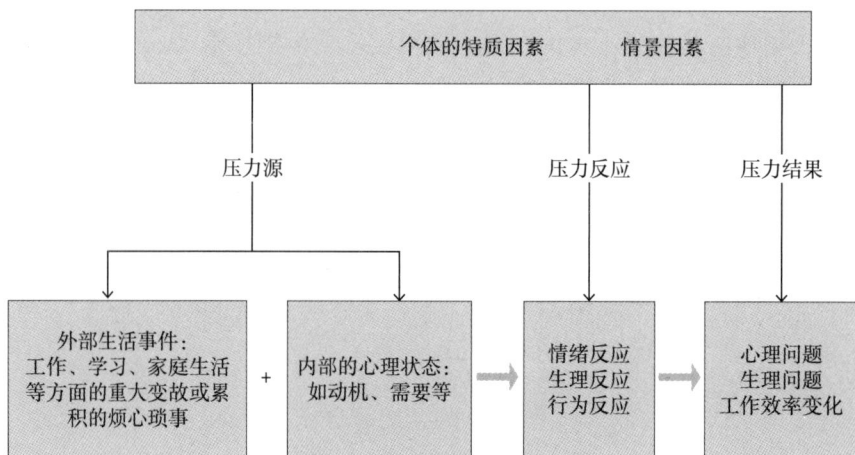

图7-4　人体压力反应机制

（二）压力的表现

现实中，每个人都会经历某种程度的压力。完全没有压力或者压力不足会导致没有动力，适度的压力会让工作效率提高，而过度的压力则会导致一系列生理、心理、行为问题（图7-5）。

1. 生理方面

压力会导致心跳加快、血压升高、呼吸急促、消化不良、胃痛、胃溃疡、免疫系统功能削弱、肌肉紧张等生理反应。如：长期处于工作高压下的人，可能会经常感觉心慌、心悸；面临紧张的考试时，许多学生会不自觉地加快呼吸节奏；经历重大压力事件后，一些人会食欲不振或者暴饮暴食；长期压力大的人群更容易患上感冒、流感等常见疾病；长期伏案工作且压力较大的情况下，人很容易出现肩颈酸痛的情况。

2. 心理表现

压力可能引发焦虑、抑郁、亢奋、愤怒等多种情绪变化。如：等待重要考试成绩公布时，很多人会感到焦虑，不停地猜测自己的成绩；交通堵塞时，本身压力较大的人更容易产生愤怒情绪。压力还会对认知功能产生影响，导致注意力难以集中、记忆力下降、影响决策能力等。例如，演讲时如压力过大可能会在台上思绪混乱、无法集中精力阐述自己的观点；在压力情境下，人们可能会做出仓促、不理智的决策。

3. 行为表现

压力可能会改变睡眠习惯、饮食习惯等。例如，在压力情况下，有的人会失眠，有的人会过度睡眠，还有人会通过吸烟、饮酒等方式来缓解压力带来的不适感（图7-5）。压力还可能导致社交退缩行为、攻击行为等。例如，在压力情况下，有人会减少参加社交活动的频率，避免与他人接触；也有人在与人交往的过程中，因为一些小摩擦就产生剧烈冲突。

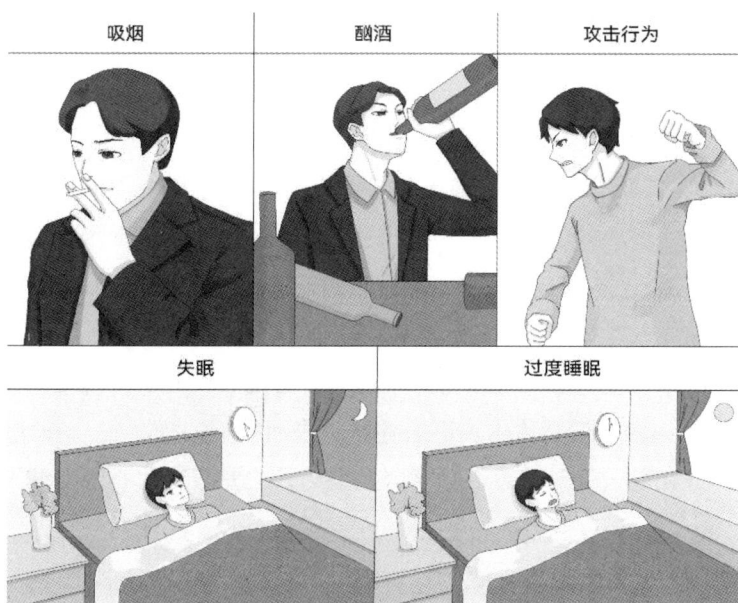

图7-5 压力过大的行为表现示例

综上所述，深入认识压力，我们需要从多方面着手。一方面我们需要看到，没有压力就没有动力，生活中不能没有压力，压力是人类的自然反应，它促使我们应对生活中的挑战和威胁，激发我们对生活的期待；另一方面，我们需要警惕过度压力导致的不良反应，快速觉察我们正处于压力状态下，从而能做出适当的调整。

（三）压力的种类

已有研究主要从持续时间、压力来源、压力性质、压力表现形式、结果严重程度等方面对压力进行分类。

1. 按压力持续时间分类

压力可以分为急性压力和慢性压力。急性压力是一种短期的、突然出现的压力，通常是由突发的、一次性的事件引起的，如遭遇车祸、参加一场重要的考试或者进行一次紧急的演讲。急性压力会引起身体和心理的强烈反应，但在事件结束后，压力反应一般会很快消退。慢性压力是长期的、持续的压力，可能源于不良的生活环境（如贫困、长期噪音干扰）、工作压力（如高强度工作、长期加班）或者复杂的人际关系（如家庭矛盾、职场霸凌）。慢性压力会对身体和心理造成更为严重的损害，因为身体长期处于应激状态，会导致免疫系统功能下降、心血管疾病风险增加，以及引发焦虑症、抑郁症等精神问题。

2. 按压力来源分类

压力可以分为内部压力和外部压力。内部压力由个体内部因素引起，如自我要求过高、完美主义、情绪问题、焦虑、动机冲突、遭受挫折以及由此产生的自我怀疑等。外部压力由外部因素造成，如工作压力、人际关系问题、环境压力、生活中的重大变故和日常累积的烦心琐事等。

3. 按压力性质分类

压力可以分为正性压力和负性压力。正性压力也称为积极压力或良性压力，如工作中的挑战、学习新技能、参加竞赛等。负性压力又称消极压力或不良压力，如工作负担过重、人际关系冲突、经济困境、疾病等带来的压力。

4. 按压力表现形式分类

压力可以分为生理压力和心理压力。生理压力由疾病、疲劳、饥饿、口渴、睡眠不足等生理因素引起，会导致身体出现不适症状，进而影响心理状态。心理压力由焦虑、抑郁、恐惧、自我怀疑、认知困惑等心理因素引起，主要表现为心理上的不适和情绪的波动。

5. 按结果严重程度分类

压力可以分为轻度压力、中度压力、重度压力和破坏性压力。轻度压力一般无须特别关注和调控。中度压力介于轻度和重度之间，对人的动力推动作用最大，可能让人产生焦虑等情绪，但在可自行调节范围内。重度压力的压力源强度大，会给人造成严重的心理冲突，导致的焦虑和抑郁持续的时间比较长，程度比较严重，在短时间内这种状态很难缓解，甚至可能使大多数人产生逆反心理，放弃努力，导致心理问题长期得不到解决。破坏性压力也称极端压力，通常由战争、大地震、空难，以及被攻击、绑架、强暴等重大危机事件引发，其后果可能会导致灾难症候群、创伤后应激障碍（PTSD）等，不仅影响身体健康，还会引发个体在心理、社会、行为等各个方面的变化，从而导致身心障碍甚至身心疾病。如，经历过地震灾难的幸存者，可能在之后的很长时间内，一听到类似的声音或者看到类似的场景，就会回忆起地震时的恐怖经历，出现惊恐发作、情绪失控等情况。

三、当代大学生的情绪与压力

（一）当代大学生的情绪特征

大学阶段，学生的人生发展任务逐渐转向"完成学业的同时适应职业"。学生通常会面临对身份认同的探索、理想与现实的差距、从学生到准社会人的过渡、人际关系的拓展和深化、学习与就业等各类情况。随着大学生生理、心理的进一步成熟，其情绪特点呈现出情绪体验丰富、情绪波动明显、情绪状态复杂、冲动性、阶段性、个体差异性等特征。

1. 情绪体验丰富

一方面，多元化的大学校园生活、相对独立的生活空间给了大学生更多场景的情绪体验。另一方面，随着身体机能和生理结构的发育成熟，大学生对于情绪的感知更为敏感，能够体验到各类复杂的情绪。

2. 情绪波动明显

主要体现在情绪的快速转换以及情绪的两极化方面。情绪的快速转换在大学生日常生活中很常见，尤其是在面对考试周、重要比赛等压力较大的情境时，可能会在短时间内经历多种情绪。两极化也是大学生情绪特征的一大表现，面对成功或喜欢的事物时，可能会表现出极度的喜悦和热情，面对挫折或不喜欢的事物时，可能会陷入极度的悲伤或愤怒之中。

3. 情绪状态复杂

主要体现在多种情绪同时出现、情绪的掩饰与矛盾两个方面。一方面，多种情绪同时出现的现象很常见。例如，毕业季时，大学生既会因为即将离开熟悉的校园和朋友而感到悲伤，又会对未来的新生活充满期待和紧张。另一方面，大学生有时候会掩饰自己的真实情绪。例如，在面对一些自己不喜欢但又不得不参加的活动时，他们可能表面上会表现出配合的态度，但内心却充满了抵触和无奈。此外，大学生内心的情绪本身也存在复杂性，例如，复杂的人际关系有时会让大学生对一个人既爱又恨，时爱时恨。

4. 情绪具有冲动性

主要体现在不计后果的冒失行为、激烈表达、不理性消费行为、不理智决策、情绪强度难以控制等方面。例如，因一时对某个专业不感兴趣，便冲动地想要转专业，而没有充分考虑转专业后可能面临的各种问题和挑战；因考试取得了好成绩而兴奋不已，就立刻去购买一些昂贵但并非必需的物品。

5. 情绪具有阶段性

如图7-6所示，入学适应阶段，大学生通常会兴奋与迷茫并存，情绪很容易产生较大波动，例如，顺利通过社团面试，可能欣喜若狂，一旦失败，则可能陷入深度自我怀疑。而经过一段时间适应，大学生情绪进入到稳定发展阶段，相对平稳、积极。这个阶段，人际关系对情绪的影响较为明显。例如，良好的宿舍关系、同学关系和师生关系会让大学生心情愉悦，而人际关系的矛盾则会引发焦虑、烦躁等情绪。进入毕业准备阶段，大学生的情绪变得更为复杂，焦虑与期待并存。这个阶段，大学生对毕业和就业信息都会很敏感，也会更加在意身边人的评价和态度。

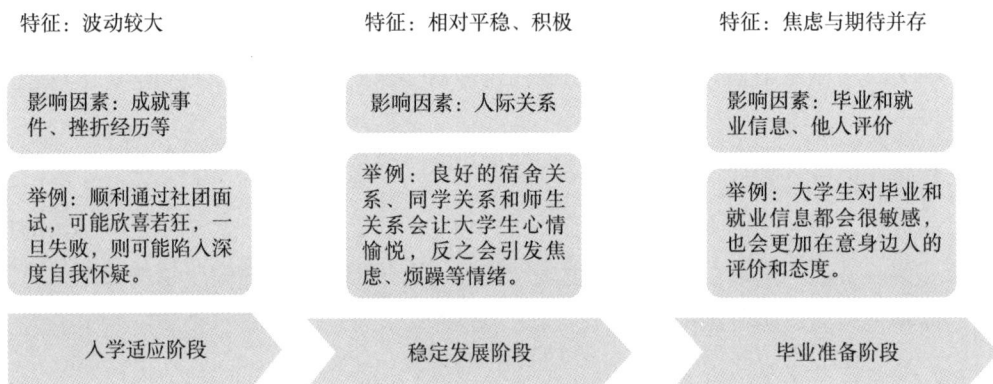

特征：波动较大	特征：相对平稳、积极	特征：焦虑与期待并存
影响因素：成就事件、挫折经历等	影响因素：人际关系	影响因素：毕业和就业信息、他人评价
举例：顺利通过社团面试，可能欣喜若狂，一旦失败，则可能陷入深度自我怀疑。	举例：良好的宿舍关系、同学关系和师生关系会让大学生心情愉悦，反之会引发焦虑、烦躁等情绪。	举例：大学生对毕业和就业信息都会很敏感，也会更加在意身边人的评价和态度。
入学适应阶段	稳定发展阶段	毕业准备阶段

图7-6　大学生的情绪阶段性特征

6.情绪具有个体差异性

由于个体的认知、行为反应模式等方面的差异，同样的事件作用在不同个体上，其反应结果往往不同。如部分大学生情绪反应强烈，部分大学生情绪反应较为温和；有些大学生的情绪体验以积极情绪为主，而有些则容易被消极情绪所笼罩；部分大学生的情绪调节能力较强，能够很好地控制自己的情绪，另外一些则很难控制自己的情绪；有些大学生的情绪很容易受到社交因素的影响，另一些则主要受学业和个人成就的影响。

（二）当代大学生的压力现状

大学生的压力来源多种多样，这里重点分析最为直接和显著的三种压力，包括学业压力、就业压力、人际关系压力。

1.学业压力

学业压力无疑是当代大学生面临的最直接和显著的压力之一。相关调查显示，超过80％的受访大学生表示感受到来自学业的压力，其中近一半的学生认为这种压力"非常大"或"比较大"。这种压力不仅来自繁重的课业负担，还包括考试压力、竞争压力等。特别是对于一些热门专业或名校的学生来说，他们不仅要应对日常的学习任务，还要为各类竞赛、科研、实习等活动投入大量精力，这无疑增加了他们的学业压力。此外，随着高校教育改革的深入，许多课程形式更加多样，要求更加严格，考试难度也相应增加，这使得大学生在学业上感受到的压力更加沉重。同时，由于就业市场的竞争日益激烈，许多大学生在求学期间就开始关注就业问题，这也使得他们的学业压力更加复杂和多元。

2.就业压力

就业压力是当代大学生面临的另一大压力。据教育部发布的数据，每年高校毕业生人数持续增长，而就业市场的岗位数量却增长缓慢，这使得大学生就业面临巨大压力。同时，许多用人单位在招聘时更加看重工作经验和实践能力，这让许多缺乏实践经验的大学生感到更加焦虑。此外，随着社会的迅猛发展，众多行业正经历着前所未有的变革与转型，这无疑给大学生的就业之路增添了无形的压力。他们不仅要面对就业方向的不确定性，还要在这种不确定性中不断探索和前行。为了适应市场需求，他们必须不断学习新知识、掌握新技能，不仅要关注行业的最新动态，还要不断提升自己的综合素质，确保自己能够在激烈的竞争中脱颖而出。这种持续的学习和适应过程给大学生们带来了巨大的压力。

3.人际关系压力

人际关系压力无疑是当代大学生必须直面的一大挑战。在步入新的学习环境和社会圈层时，他们需要迅速适应与来自多元背景的人群的交往与沟通。这一适应过程常常伴随着诸多压力与困境，如因语言、习惯不同而导致的沟通障碍，以及因文化差异而引发的误解和冲突。同时，在与同学、室友、老师等日常接触紧密的人际关系中，也难免会出现或大或小的摩擦和矛盾，这些问题无疑会给他们带来情绪上的波动和负面影响。

❀ 素养训练

训练一：美国耶鲁大学的萨洛维（P. Salovey）和新罕布什尔大学的梅耶（J. Mayer）最早提出了情绪智力（Emotional Intelligence）的概念，认为情绪智力又被称为情商（EQ），是指个体监控自己及他人的情绪和情感，并识别、利用这些信息来指导自己的思想和行为的能力。情绪智力包含情绪感知、情绪理解、情绪运用、情绪管理等维度。通常而言，情绪智力高的人能够更好地理解自己和他人的情绪，并且能有效地管理情绪，以建立良好的人际关系和实现个人发展。

你的情商如何呢？情绪智力是可以测量的，赶紧拿起笔来，选择一种量表测测你的情商吧！

1.梅耶-萨拉维茨-卡鲁索情绪智力测试（MSCEIT）：基于能力的情绪智力测量工具，重点关注个体识别、理解、运用和管理情绪的能力。该量表采用标准化评分，分数越高表示情绪智力越高。其常模是基于大量不同年龄段和群体的样本建立的，能够比较准确地反映个体在总体人群中的相对水平。

2.巴昂情绪智力量表（EQ-i）：综合性的情绪智力测量工具，涵盖了个人内部、人际、适应性、压力管理和总体情绪智力等多个维度。该量表采用自我报告式的评分方法，被测量者根据自己的实际情况在五点或七点量表上进行评分。经过统计分析，得出各个维度以及总体的情绪智力分数。

3.情绪智力量表（EIS）：简洁的自我报告式情绪智力测量工具，主要关注个体对自己情绪的理解和管理能力。量表包含情绪感知、情绪理解、情绪运用和情绪管理等4个维度，共计33个条目，每个条目采用Likert 5级计分法，从1分（完全不符合）、2分（比较不符合）、3分（不清楚）、4分（比较符合）到5分（完全符合）。总分越高，表明被测量者情绪智力越高。

训练二：当前你是否正面临压力的困扰？你的压力程度如何？拿起笔来，选择一种量表测测你的压力程度吧！

1.压力知觉量表（PSS）：该量表由美国学者Cohen等编制，2003年由杨廷忠等进行汉化。量表包含紧张感和失控感2个维度，共计14个条目，每个条目采用Likert 5级计分法，从0分（从不）、1分（很少）、2分（有时）、3分（经常）到4分（总是）。量表总分为0~56分，得分高低与个体感知到的压力水平成正比。该量表用于评估个体感知到的压力程度。

2.生活事件量表（LES）：用于衡量在特定时间段内（通常是过去12个月）个体经历的生活事件所带来的压力。多种生活事件（如结婚、离婚、亲人离世、失业、换工作等）被赋予不同的分值，反映其可能带来的压力强度。根据事件的性质和发生次数计算总分，分数越高，表明个体经历的压力性生活事件越多，压力越大。

3.大学生压力量表（SSCS）：由李虹、梅锦荣于2002年修订，主要用于测量大学生群体对压力源的反应。该量表共有30个项目，涵盖了个人烦扰、学习烦扰和消极生活事件三个分量表，具体包括渴望爱情却得不到、青春期成长、同学关系紧张、外形不佳、身体不好等多个方面的内容。每个项目采用4级计分，从0分（没有压力）、1分（轻度压力）、2分（较大压力）到3分（很大压力）。得分越高，表示体验到的压力越大，反之则表示压力越小。

第二节　情绪管理

❈ 职业素养

一、常见的情绪困扰与情绪方程

生活中的你是否正在面临情绪的困扰而无所适从？是否也急切地想知道如何管理情

绪？正如前文故事中的小A一样，现实中的我们经常会面临各类情绪困扰，最为常见的有焦虑、遗憾、失望、嫉妒、易怒、自卑、孤独、恐惧等。这些情绪为何会产生？又该如何去管理？本节将带领大家重点学习常见的情绪困扰，学习相关情绪管理理论以及方法。

（一）情绪方程理论

1.情绪方程的定义

情绪方程是一种将复杂的情绪用简洁的数学公式来表示的概念，它通过特定的变量和运算关系，帮助人们更好地理解和管理情绪。

2.情绪方程理论的发展

早在19世纪，情绪方程就被心理学家们提出。美国心理学家威廉·詹姆斯是早期最具代表性的心理学家之一，他提出了"自尊＝成功/虚荣"的公式。美国企业家奇普·康利进一步发展和推广了情绪方程理论，他在《如何控制自己的情绪：最有效的22个情绪管理定律》一书中提出了22个情绪方程，包括本节后续重点介绍的焦虑方程、遗憾方程等。此外，奥地利心理学家维克托·弗兰克尔虽未直接提出典型的情绪方程，但他的观点"绝望＝苦难－意义"对情绪方程理论有重要启发。

3.情绪方程的逻辑与应用

情绪方程是一种用来描述情绪如何产生和变化的模型，通常涉及四个要素。

（1）触发事件（Activating Event，A）：触发情绪反应的具体事件或情境。

（2）认知评估（Cognitive Appraisal，C）：个体对触发事件的解释、评价和信念。

（3）情绪反应（Emotional Response，E）：由认知评估引发的情绪体验。

（4）行为反应（Behavioral Response，B）：由情绪体验驱动的行为表现。

不同情绪的方程表述方法不同，常见的可以表示为：A ＋ C → E ＋ B

例如，如果一个人在工作中犯了一个错误（A），他可能会认为这是一个巨大的失败（C），这可能导致他感到焦虑和羞愧（E），并采取回避行为，如避免与同事交流或不再尝试新任务（B）。

（二）焦虑方程

1.焦虑方程的定义

焦虑＝不确定性×无力感

焦虑方程指出，焦虑情绪源于我们对于不能处理迎面而来的生活的畏惧，以及对未发生的事情的期望。

方程中的"不确定性"指"不知道的"，而"无力感"指"不能控制的"，用"×"而不是"＋"，是因为当两者同时存在时，你的焦虑会成倍放大。其中一项趋近于"0"

时，你反而不会焦虑。

奇普·康利在《如何控制自己的情绪：最有效的22个情绪管理定律》一书中提到，某件事十分确定而你无力改变，你也许会不自在，你可能会逆来顺受而不是"焦虑"；同样，如果不确定，但你本身充满力量，那你可能会将不确定性视为挑战而非威胁，产生掌控感和舒适感而非"焦虑"。

2.基于焦虑方程的情绪管理

当感受到焦虑时，可以尝试运用"平衡表"工具，将"你知道的"和"你能影响的"按照"平衡表"列举出来。

我知道什么	我不知道什么	我能影响什么	我不能控制什么

列出来后，人们常常会对实际上的确定性和影响力感到惊讶。这能缓解焦虑的情绪。

（三）遗憾方程

1.遗憾方程的定义

遗憾＝失望＋责任感

《如何控制自己的情绪：最有效的22个情绪管理定律》一书中，也对遗憾方程进行了具体描述，认为遗憾是责任感的放大，人们选择痛苦地沉溺于遗憾往往是因为习惯了自责。现实生活中，我们经常听到有遗憾的人这样表述："如果当初……"

遗憾可以分为两类：一类是可以预期的遗憾，一类是做出决定后的遗憾。前者会在人们做决定前影响做决定，后者则是在做决定后，面对结果产生的，后者更为常见。而后者又可以分为两类，一类是有些事做了但希望自己没有做，另一类是有些事没做但希望自己做了。

例如，A同学高考后基于专业和离家近的考虑，放弃了国内某顶尖高校，选择了某双一流高校的王牌专业，但入校后又后悔自己当初没有选择顶尖高校。B同学高考后进入了国内某顶尖高校的某专业，进校后发现专业不是自己想要的，开始遗憾当初没有选择其他高校的王牌专业。

2.基于遗憾方程的情绪管理

当遗憾影响自身生活时，不妨尝试运用遗憾方程减轻遗憾的情绪，我们总结为四步法。

（1）检视自身的责任感，看看自己是否过于自责。我们可以从分析事件应对过程、观察情绪反应及后续影响、参考他人反馈等不同角度去检视自身，从而更清晰地了解自己的责任感是否处于健康合理的状态，如表7-1所示。

表7-1　从不同角度检视自身责任感的观察内容要点

观察角度	观察内容
分析事件应对过程	回顾事件全貌： 回想近期遇到的2~3件不太顺利的事情； 仔细梳理事前准备、事中行动、事后结果全链条，客观分析自己实际承担的责任范围 明确责任界限： 确定在各类事情中，自己应当负责的部分到底是什么； 对比分析自己的担责情况，注意不能把本属于别人的责任揽到自己身上而过度自责
观察情绪反应及后续影响	情绪强度与持续时间： 当事情出问题后，关注自己产生自责情绪的强度大小与持续时间 正常的责任感：稍微有点懊恼，很快能调整心态去想解决办法； 过度自责：陷入深深的愧疚中，长时间无法释怀，甚至一想到这件事就情绪低落、寝食难安 对后续行动的影响： 当事情出问题之后，关注对类似事情的态度 正常的责任感：积极弥补过错，吸取经验教训，做出改变和提升； 过度自责：畏首畏尾，不敢再去尝试类似的事情，或者陷入自我怀疑的漩涡难以自拔，影响到正常的生活、工作和学习节奏
参考他人反馈	向身边人询问看法： 当感到自责的时候，与比较了解自己、客观公正的家人、朋友或者同事交流，跟他们讲讲自己在一些事情中的表现以及内心的自责感受。有时候当局者迷，旁人能更清楚地看到我们是否存在过度自责的情况 观察他人如何应对类似情况： 留意身边人在遇到类似不如意事件时的反应和态度，对比自己的情况。如果同样的事情，身边多数人都能平和地看待、积极去改进，而自己却总是陷入严重的自责中，那很可能说明自己有些过度自责了

（2）做决定时保持审慎，做与不做看事情对于你的意义。经过深思熟虑、权衡利弊、谨慎考量而做出的决定，能避免冲动决策带来的不良影响。而判断一件事做还是不做，依据其对于自己的意义来决定，可以提醒我们做决定时要从自身的实际情况和内心感受出发。

其中，如何培养审慎做决定的能力，我们可从做决定的时间线入手，如表7-2所示。

表7-2　审慎做决定的能力提升锻炼内容要点

时间线	锻炼的内容
做决定前	全面收集信息：通过全面调查尽可能收集该事项的各种信息； 核实信息的真实性：学会甄别和科学分析信息
做决定时	理性分析思考：列出利弊清单，考虑长期和短期影响，进行风险评估； 做好情绪管理：察觉情绪对于决策的影响，意识到自己的情绪状态会影响决策的客观性，学会在情绪激动时暂停决策过程，待情绪平复后再重新审视决策。避免过度受他人情绪影响，保持独立思考，不要仅仅因为别人的情绪或者压力而做出决定，听取他人意见时，更加关注他们的理由和证据，而非情绪

判断事情对于自身的意义，我们同样可以从不同角度考量，具体如表7-3所示。

表7-3　多角度判断事情意义的内容要点

考量角度	考量内容
价值观	明确核心价值观：价值观是判断事情对自己的意义的重要基石； 价值观匹配度分析：当考虑一件事情时，将它与自己的价值观进行匹配，与价值观匹配的事情通常具有很高的意义
目标关联度	梳理个人目标：明确自己的短期和长期目标； 目标推进程度衡量：评估事情对目标的推进作用。如果一件事情能够直接或间接地帮助你更接近目标，那它对你就有较大意义
情感反应	即时情绪感受：注意自己在面对事情时的情绪反应。当想到要做某件事时，如果你感到兴奋、期待或者内心充满热情，那通常意味着这件事对你有积极的意义； 情绪持续性观察：除了注意即时情绪，还要观察情绪的持续性。如果对一件事情的积极情绪能够持续很长时间，那这件事对你的意义可能就比较深远。相反，如果一想到某件事就感到厌烦或者焦虑，那可能它对你的意义不大，或者需要调整自己对它的看法
成本收益	收益评估：考虑事情能带来的各种收益； 成本考量：同时也要考虑成本，包括时间成本、精力成本、金钱成本等。如果成本过高，可能会降低事情的意义
个人成长	知识和技能提升：思考事情是否能帮助你学习新的知识和技能； 性格和心态塑造：思考事情是否可以锻炼你的性格和心态

（3）吃一堑，长一智。同样是半杯水，乐观主义者会想："哇，还有半杯水呢，这已经很不错啦。"悲观主义者则会想："唉，只剩下半杯水了，这很快就不够喝了。"现实主义者会想："杯子里有半杯水。"机会主义者则会想："这半杯水能不能成为我交换其他资源或者达成某个目标的工具呢？"推此及彼，同样的挫折坎坷，有时候换一个角度看问题，或许就是一种人生智慧。

（4）知足不辱，量力而为。从遗憾情绪方程可以看出，降低期望值可以有效减少失望的感觉，进而减少遗憾。春秋时期楚国令尹孙叔敖深知 "知足不辱" 的道理。据《吕氏春秋·孟冬纪·异宝》记载，孙叔敖在临死前，告诫他的儿子说："楚王多次想封给我土地，我都没有接受。我死后，楚王如果封给你土地，你一定不要接受肥沃富饶的土地。在楚越边界有个地方叫寝丘，那里土地贫瘠，而且地名很不吉利。楚人畏惧鬼，而越人迷信吉祥之事，能够长久占有的大概只有这块土地了。" 正是他对物质利益的知足心态，让他能够在复杂的政治环境中保持清醒的头脑，也使他的家族能够在一定程度上避免因贪婪而遭受屈辱。

二、理性情绪行为疗法与情绪管理

理性情绪行为疗法（Rational-Emotive Behavior Therapy，REBT）是一种认知行为疗法理论，被广泛应用于治疗各种情绪问题，帮助人们应对压力和改善人际关系。

（一）REBT 的理论起源

1. 理论背景

20世纪50年代，美国心理学家阿尔伯特·艾利斯受到哲学中理性主义思想的启发，认为人们的情绪和行为障碍是由人们对诱发事件的不合理信念（irrational beliefs）导致的，因此他试图整合认知和行为因素来解释和治疗心理问题。在临床实践中，艾利斯观察到，当人们面对相同的诱发事件时，会产生不同的情绪和行为反应，于是，他开始深入研究这些不同反应背后的认知因素，即人们的信念。

2. 理论创立

1955 年，阿尔伯特·艾利斯首次提出了理性治疗（Rational Therapy，RT）的概念，强调通过改变患者的不合理信念来改善情绪和行为。随着理论的不断发展，他在 1961 年将理性治疗更名为理性情绪疗法（Rational-Emotive Therapy，RET），并在 1993 年进一步发展为理性情绪行为疗法（REBT），更加注重认知、情绪和行为之间的相互作用。

3. 理论推广

随着REBT的逐步推广，心理学界对其广泛关注并深入研究，在此过程中，REBT融入了认知重构、识别自动思维等认知技术，情绪表达、情绪调节训练等情绪技术，暴露疗法、行为实验、放松训练等行为技术，理论不断被完善，影响力不断扩大。REBT发展至今，已是一个综合性的心理治疗理论，它不仅仅关注认知方面的改变，还涉及情绪和行为的调整。通过认知技术、情绪技术以及行为技术的综合运用，REBT帮助个体全面地管理情绪，改变不良的行为模式，提高心理健康水平。

（二）REBT的核心观点

1. 情绪ABC理论

REBT主要基于情绪ABC理论来解释人的情绪和行为产生的机制。

A（Activating event）：诱发事件，是引发情绪和行为后果的客观事件。

B（Beliefs）：个体对诱发事件的信念、看法和解释。不同的信念会导致截然不同的情绪和行为后果。

C（Consequence）：在特定信念的作用下，个体产生的情绪和行为后果。

REBT的核心观点是，个体的情绪问题和不良行为是由个体对诱发事件（A）的不合理信念（B）决定的，而并非由诱发事件（A）直接引起。如图7-7所示。

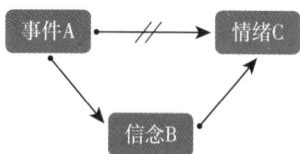

图7-7　REBT的核心观点示意图

2. 不合理信念

REBT认为情绪问题和行为异常主要是由于不合理信念导致的。

不合理信念通常具有以下特点。

（1）绝对化要求（Demandingness）：个体以自己的意愿为出发点，认为某一事物必定会发生或不会发生。这种绝对化的要求往往脱离实际，当事情不符合自己的期望时，就容易产生不良情绪。例如，有的学生认为，"每次考试都必须得第一名，否则就是个失败者。"这就是一个典型的绝对化要求。

（2）过分概括化（Overgeneralization）：以偏概全，从单一事件中做出过于广泛的推断，对自己或他人进行不合理的全面否定。例如，有的学生在一次考试中成绩不理想，就认为自己"根本不是学习的料"，甚至觉得自己在所有学科上都没有天赋，完全否定自己的学习能力。

（3）糟糕至极（Catastrophizing）：将小问题看得过于严重，认为灾难即将来临。例如，情侣之间发生一次激烈争吵后，就认为感情必将破裂，生活将变得支离破碎。

此外，以情绪作为判断事情正确与否的依据，认为外界事件是针对个人的或自己对事件负有全部责任，也是一些常见的不合理信念。

（三）基于REBT的情绪管理

基于REBT的情绪管理重点在于帮助个体识别不合理信念，然后通过与不合理信念进行辩论等方式来改变它们，从而建立合理的信念，达到改善情绪和行为的目的。如图7-8所示。

以高校中常见的感情问题为例。

小明同学向异性同学表白被拒绝了。这样一

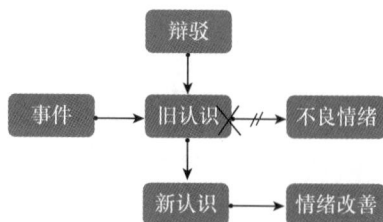

图7-8　基于REBT的情绪管理示意图

个确切的事件发生后，如果小明同学认为："我觉得在同学面前没有面子，他们一定会嘲笑我。"或是认为："我怎么那么没用？没有人会喜欢我。"那么小明很可能会产生忧郁、沮丧等情绪，如图7-9所示。

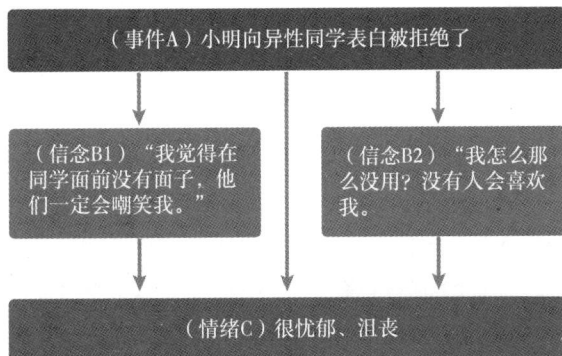

图7-9　小明表白被拒后的情绪示意图（不合理信念）

但如果小明学习过理性情绪行为疗法，意识到上述想法是一种绝对化要求和糟糕至极的不合理信念，就可以与这些不合理信念进行辩论，从而产生新的认识。例如，小明同学也许会认识到："谁能保证表白一定能被接受呢？同学们也不一定会嘲笑我，或许他们还会给我分享下他们的经验。"或认识到："虽然我不希望被拒绝，但是被拒绝也不一定代表我不好，不值得被喜欢。"如图7-10所示。这些新的想法都会让小明同学的忧郁和沮丧情绪好一点，不至于沉浸在消极情绪之中不能自拔。

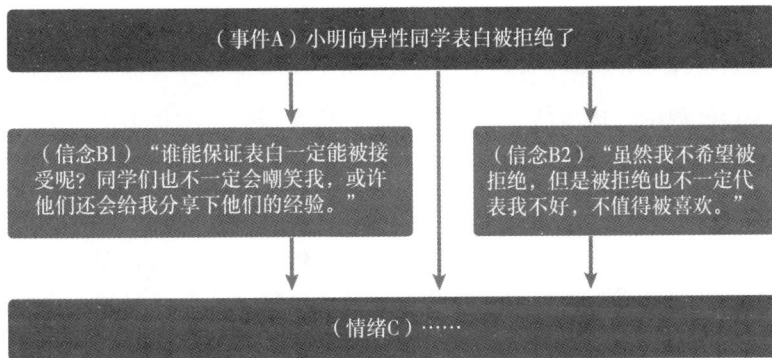

图7-10　小明表白被拒后的情绪示意图（合理信念）

如上所述，基于REBT的情绪管理，认识和改变不合理信念至关重要。下面，简述改变不合理信念的步骤。

1. 自我觉察：察觉到不合理信念是改变不合理信念的第一步

（1）记录情绪事件。当出现强烈情绪时，详细记录下诱发事件（A）、当时的情绪和行为反应（C）以及自己脑海中闪过的想法（B），通过记录帮助我们更清晰地发现不合理信念。

（2）情绪反思。定期回顾记录的情绪事件，仔细分析自己的想法，判断这些想法是否存在绝对化的要求、过分概括化或糟糕至极等不合理信念特征。

2. 认知重构：认知重构是改变不合理信念的关键过程

（1）质疑不合理信念。发现不合理信念后，可以对其进行质疑，例如问自己："有什么证据支持这个信念？""有没有其他可能的解释？"通过这些问题，可以打破不合理信念的坚固壁垒。

（2）寻找反例。针对不合理信念，努力寻找与之相反的例子，这些反例可以削弱不合理信念的强度。如果你的信念是"我总是失败"，那就回想自己成功的经历，哪怕是很小的成功，例如成功完成了一个小项目、学会了一项新技能等。

（3）重新评估后果。对于那些带有"糟糕至极"特征的不合理信念，可以重新评估事件的实际后果。这样可以帮助我们将过度灾难化的想法转变为更合理的评估。

3. 学习合理的思维方式：形成合理的思维方式是改变不合理信念的最终目标

（1）阅读与学习。通过阅读有关的认知行为疗法、情绪管理、积极心理学等方面的书籍和文章，了解合理的思维模式和应对情绪的策略。

（2）参加培训课程或讲座。报名参加情绪管理、心理健康等方面的培训课程或讲座，从而学习专业的知识和技巧。

（3）培养积极的自我对话。积极的自我对话可以帮助人们逐渐改变思维习惯，建立起合理的信念。可以用积极的语言代替消极的内心对话。例如，当遇到困难时，对自己说"我可以尝试一下，即使失败了，也能从中学到东西"，而不是"我肯定做不到"。

4. 实践与巩固：合理的思维方式需要进行实践，并在实践中进一步巩固

（1）设定小目标并实践。根据自己想要改变的不合理信念，设定一些小的、可行的目标，并在实践过程中，运用前面学到的质疑、重新评估等方法来应对可能出现的不合理信念。例如，如果不合理信念是"我必须得到所有人的认可"，可以设定小目标为"一周内接受一次别人的不认可而不产生过度的情绪反应"。

（2）寻求他人支持。告诉家人、朋友、同学你的改变计划，让他们在你出现不合理信念时提醒你，并分享自己的观点和经验，帮助你更好地改变。例如，当你又陷入"我果然学习能力不行"的不合理信念时，同学可以对你说"你某某课程就学习得很好啊"。

（3）持续监测和调整。持续观察自己的情绪和信念的变化，看看自己是否真正改变了不合理信念。如果发现某些方法不太有效或者不合理信念再次出现，不要气馁，及时调整改变的策略。

三、其他情绪管理方法

情绪管理是一项重要的生活技能，可以帮助我们保持心理健康，提高生活质量。除

基于情绪方程以及理性情绪行为疗法的情绪管理方法外，本章节还将介绍其他常见的情绪管理方法以及提升情绪智力的方法。

（一）其他常见的情绪管理方法

1.情绪管理从察觉情绪开始

情绪管理是从自己开始，先觉察自己的情绪模式，再寻找答案与方法，这样才有机会处理之前未处理过的问题。

为了察觉情绪模式，我们可以时刻留意自己的情绪变化。例如，当情绪产生时，停下来问问自己："我现在有什么情绪？是什么事情引发了这种情绪？"然后，我们可以每天花些时间记录自己的情绪状态、引发情绪的事件以及当时的想法和反应。通过回顾和分析这些记录，我们能够更清晰地了解自己情绪产生的规律和模式。例如发现自己在压力大时容易焦虑，在被他人误解时会感到委屈等，从而有针对性地进行调整。

2.情绪表达与释放

情绪越压抑，效果越适得其反，我们可以采取适合且安全的方式纾解情绪。

（1）言语表达：与亲朋好友坦诚交流自己的情绪和感受，通过倾诉来释放情绪。在表达时，要注意清晰、准确地描述自己的情绪，而不是一味地抱怨或指责。

（2）书写表达：记录情绪和想法，如写日记、写信等，更深入地了解内心世界，进而达到缓解情绪的目的。

（3）艺术表达：通过绘画、音乐、舞蹈等艺术形式来表达情绪。

3.放松技巧

（1）深呼吸：深呼吸可以帮助身体放松，缓解紧张情绪。具体方法如下：找一个安静舒适的地方坐下或躺下，闭上眼睛，慢慢地吸气，让空气充满腹部，然后再缓缓地呼气。每次呼吸尽量保持均匀、缓慢、深沉，持续做几分钟。

（2）冥想：冥想能够帮助我们让内心平静，增强专注力和情绪的稳定性（图7-11）。建议每天花15～30分钟进行冥想练习，专注于自己的呼吸或一个特定的意象，排除杂念。

图7-11　冥想

（3）渐进性肌肉松弛：从头到脚依次紧绷和放松身体的各个肌肉群，从头部开始，依次放松面部、颈部、肩部、手臂、背部、腿部等，感受肌肉紧张与放松的差异，让身体的紧张感随着肌肉的放松逐渐消散，从而达到放松身心的效果。

4.转移注意力

（1）运动与锻炼：运动与锻炼可以促使身体分泌内啡肽等神经递质，改善情绪状态，同时也能将注意力从引发情绪的事情上转移开。建议进行有氧运动，如跑步、游泳、骑自行车等，或者参与一些自己喜欢的体育活动，如篮球、瑜伽等（图7-12）。

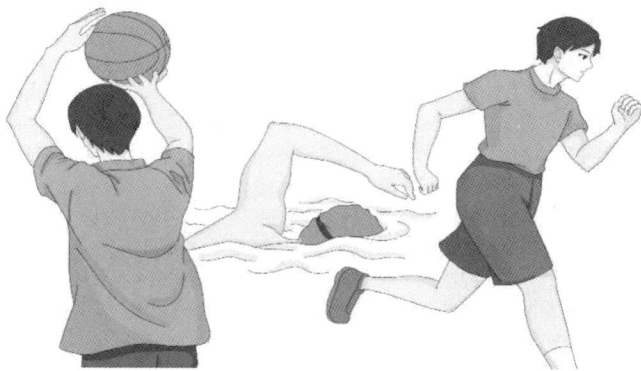

图7-12　运动与锻炼

（2）投入兴趣爱好中：做自己喜欢的事情，如阅读、绘画、摄影、手工制作等，让自己沉浸在愉悦的活动中，忘却烦恼和压力，从而转移注意力，调整情绪（图7-13）。

图7-13　投入兴趣爱好中

（3）接触大自然：大自然具有天然的治愈力，能够让人心情舒畅，缓解负面情绪。建议到户外散步、爬山、游览公园等，呼吸新鲜空气，欣赏自然美景（图7-14）。

5.解决问题

（1）明确问题：当情绪因某个具体问题而产生时，首先要冷静下来，分析问题的本

图7-14 接触大自然

质和关键所在。建议把问题写下来，梳理出问题的各个方面，包括自己的需求、目标、面临的困难等。例如，你因为朋友的一句玩笑话而大发雷霆，事后要仔细分析，是因为这句话触及了你内心的自卑点，还是最近压力太大导致情绪过于敏感，只有明确了问题，才能从根本上解决情绪问题。

（2）制定方案：针对问题，列出可能的解决方案，并评估每个方案的优缺点。可以向他人请教，借鉴他们的经验和智慧，从而选择一个最可行的方案。

（3）积极行动：确定方案后，立即付诸行动，通过解决问题来消除情绪产生的根源，从而改善情绪状态。

6. 培养积极的心态

（1）感恩练习：每天花一些时间想想自己所拥有的值得感恩的事情，如家人的关爱、朋友的支持、健康的身体等。建议把这些事情写在感恩日记里，通过感恩来培养积极的心态，提高对生活的满意度。

（2）积极的自我暗示：经常对自己说一些积极的话语，如"我可以的""我有能力应对挑战""今天又是美好的一天"等。通过积极的自我暗示，增强自信心和心理韧性，以更乐观的心态面对生活中的困难和压力。

7. 优化生活方式

（1）睡眠充足：充足的睡眠有助于提高情绪的稳定性和抗压能力，建议每天保证7～8 小时的高质量睡眠，让大脑和身体得到充分的休息和恢复（图7-15）。

（2）合理饮食：摄入均衡的营养，多吃富含维生素B、维生素D、ω-3 脂肪酸等营养素的食物，如全麦面包、鱼类、坚果、蔬菜等。这些食物有助于调节神经递质的平衡，改善情绪状态。同时，减少咖啡因、酒精和高糖食物的摄入，避免它们对情绪产生不良影响。

（3）合理规划与管理时间：制定合理的工作计划和生活计划，避免任务堆积和过度忙碌。学会运用时间管理技巧，如设定优先级、分解任务等，提高工作效率，减少压力源。当压力得到有效控制时，情绪也会更加稳定。

图7-15　保证充足睡眠

8.社交支持与互动

（1）建立良好的人际关系：与家人、朋友、同事等保持良好的沟通和互动，建立深厚的情感连接。在遇到情绪问题时，他们可以给予理解、支持和建议，帮助你更好地应对。同时，关心他人、帮助他人也能让自己获得满足感和成就感，提升情绪状态。

（2）参加社交活动：积极参加各种社交活动，扩大自己的社交圈子，结识更多的人。在社交过程中，可以锻炼自己的沟通能力和人际交往技巧，提高自己的情商，同时也能丰富生活体验，让自己的情绪更加积极向上。

（二）情绪管理能力提升训练

提升情绪管理能力是一个长期的过程，需要在多个方面持续努力和实践。本章节从情绪察觉、情绪理解、情绪表达、情绪调节、情绪运用、情绪耐受等角度出发，介绍提升情绪管理能力的方法。

1.提升情绪察觉能力

提升情绪察觉能力对于理解自己和他人的情绪，以及有效管理情绪至关重要。提升情绪察觉能力的具体方法如表7-4所示。

表7-4　提升情绪察觉能力的具体方法

情绪察觉能力	自我情绪感知	对他人情绪的洞察
定义	能够敏锐地察觉自己内心的情绪变化，无论是细微的情绪波动还是强烈的情绪反应，都能及时意识到	善于观察他人的面部表情、肢体语言、语气和语调等非言语信号，从而准确判断他人的情绪状态

续表

情绪察觉能力	自我情绪感知	对他人情绪的洞察
具体方法	一、自我观察与反思 　记录情绪波动：准备一本情绪日记，每天定时记录自己的情绪状态； 　深度剖析情绪：当出现强烈情绪时，仔细分析情绪产生的原因 二、身体感知训练 　身体扫描练习：找一个安静舒适的地方坐下或躺下，闭上眼睛，从脚部开始，慢慢地将注意力向上移动，依次感受身体各个部位的感觉，如是否感到紧张、放松、疼痛等。观察身体的哪些部位会在情绪产生时出现特定的反应； 　情绪与身体关联记录：在日常生活中，留意情绪与身体反应之间的联系。每当有情绪产生时，立即记录下当时的情绪和身体的感受，通过不断地记录和观察，强化对情绪与身体信号之间的关联的认识 三、注意力训练 　正念冥想：每天抽出10—15分钟进行正念冥想练习； 　单点专注练习：选择一个简单的物体或声音，如一支蜡烛、一个铃铛，专注地观察或倾听它。在练习过程中，排除其他干扰，将全部注意力集中在这个物体或声音上。当注意力分散时，及时调整回来 四、情境模拟 　情绪情境预设：在脑海中预设一些可能引发情绪的情境，然后想象自己在这些情境中的情绪反应和应对方式。通过这种方式，可以提前了解自己在不同情境下可能出现的情绪，增强对情绪的预知能力	一、加强与他人的情感交流 　分享与倾听：积极与亲朋好友分享自己的情绪感受，同时认真倾听他们的情绪体验。在交流过程中，不仅可以从他人的反馈中更好地了解自己的情绪，还能通过观察他人的情绪表达和反应，学习到不同的情绪察觉方法； 　观察他人情绪：在日常生活中，多留意周围人的情绪变化，观察他们在不同情境下的面部表情、肢体语言、语气和语调等。通过对他人情绪的观察和分析，提高自己对情绪信号的敏感度，同时也能更好地理解他人的情绪，增强自己的同理心 二、角色扮演练习 　与朋友或家人进行角色扮演，模拟各种情绪场景，在角色扮演过程中，认真观察对方的情绪表现，同时留意自己的情绪变化，练习从不同角度去察觉和理解情绪

2. 提升情绪理解能力

提升情绪理解能力有助于我们更好地把握自己和他人的情绪，从而建立良好的人际关系并有效管理情绪。提升情绪理解能力的具体方法如表7-5所示。

表7-5　提升情绪理解能力的具体方法

情绪理解能力	情绪内涵认知	情绪因果分析
定义	深刻理解不同情绪的含义、产生原因和特点	能够分析情绪产生的深层次原因，不仅仅停留在表面事件，而是看到背后的心理需求、价值观、性格特点等因素对情绪的影响

情绪理解能力	情绪内涵认知	情绪因果分析
具体方法	一、学习情绪知识 阅读专业书籍：通过阅读心理学、情绪管理等方面的专业书籍，系统学习情绪的基本概念、种类、产生机制以及发展规律等知识； 参加培训课程：报名参加情绪管理、心理咨询等相关的培训课程，在专业老师的指导下学习情绪理解的技巧和方法 二、换位思考与培养同理心 角色互换体验：在与他人发生矛盾或意见不一致时，尝试进行角色互换，站在对方的立场上思考问题。想象自己处于对方的情境中，会有怎样的情绪和想法，从而更好地理解对方的情绪反应； 积极倾听他人：在与他人交流时，给予对方充分的关注，认真倾听他的话语，注意他的语气和情绪表达。通过点头、眼神交流等方式表示在认真聆听，并且适时给予反馈，让对方感受到你在理解他	一、自我情绪剖析 追溯情绪根源：当出现某种情绪时，深入挖掘其产生的根源； 分析情绪模式：定期回顾自己在不同情境下的情绪反应，总结出情绪模式 二、观察与分析他人情绪 日常观察积累：在日常生活中，留意周围人的情绪变化，观察他们在不同情境下的情绪表现和行为反应。注意他们的面部表情、肢体语言、说话方式等细节，通过这些非言语信号来判断他们的情绪状态； 分析情绪案例：可以通过观看电影、电视剧、综艺节目等，对其中人物的情绪表现进行分析。思考他们在特定情境下为什么会产生这样的情绪，情绪又是如何发展和变化的，以及他们是如何应对这些情绪的。通过这种案例分析，增强对不同情绪的理解和识别能力 三、反思与总结 情绪事件复盘：在经历一些情绪波动较大的事件后，及时进行复盘。回顾事件的整个过程，分析自己和他人在其中的情绪变化以及情绪对行为的影响。思考如果再次遇到类似情况，自己应该如何更好地理解和处理情绪； 定期总结归纳：定期对自己在情绪理解方面的进步和不足进行总结归纳。可以制订一个情绪理解能力提升计划，明确目标和改进方向，不断调整方法和策略，持续提升情绪理解能力

3. 提升情绪表达能力

提升情绪表达能力有助于我们更准确地向他人传达自己的内心感受，增进彼此的理解和沟通。提升情绪表达能力的具体方法如表7-6所示。

表7-6 提升情绪表达能力的具体方法

情绪表达能力	恰当表达自我情绪	引导他人表达情绪
定义	以合适的方式向他人表达自己的情绪，既不压抑也不夸张。能够用清晰、准确的语言描述自己的感受，让他人理解自己的情绪状态和需求	鼓励他人表达内心的情绪
具体方法	一、认识情绪并丰富词汇 学习情绪词汇：深入了解不同情绪的细微差别，丰富自己的情绪词汇库； 情绪自省与分类：日常多留意自己的情绪状态，对不同情境下产生的情绪进行自省和分类 二、非言语表达技巧 面部表情管理：通过对着镜子练习不同的表情，来传达相应的情绪。与他人交流时，让自己的面部表情与内心情绪相符，增强表达的真实性和感染力； 肢体语言运用：合理运用肢体语言来辅助情绪表达，肢体动作自然、适度，避免过于夸张或生硬 三、言语表达技巧 清晰描述情绪：在表达情绪时，尽量用具体、清晰的语言描述自己的感受，详细描述情绪的程度、引发情绪的原因等	积极倾听、提问等，营造一个安全、开放的沟通氛围

4. 提升情绪调节能力

提升情绪调节能力对于保持心理健康和良好的生活状态至关重要。提升情绪调节能力的具体方法如表7-7所示。

表7-7 提升情绪调节能力的具体方法

情绪调节能力	自我情绪调节	帮助他人调节情绪
定义	当出现负面情绪时，能够主动采取有效的方法进行调节，使自己的情绪恢复到平稳状态	在他人情绪低落或激动时，能够运用恰当的方法给予支持和帮助，引导他人调节情绪
具体方法	同第七章第二节第三部分"其他常见的情绪管理方法"	

5. 提升情绪运用能力

情绪运用能力是指个体在了解和管理自身情绪的基础上，能够有效地将情绪转化为动力，促进自身的发展和与他人的互动。提升情绪运用能力的具体方法如表7-8所示。

表7-8　提升情绪运用能力的具体方法

情绪运用能力	情绪驱动行为	情绪促进沟通
定义	善于利用积极情绪的动力作用，将其转化为行动的力量，提高工作效率和生活质量	在人际交往中，能够根据对方的情绪状态调整沟通方式和策略，利用情绪来增进彼此的理解和信任
具体方法	一、自我认知与情绪识别 　深入了解自己的情绪模式：当出现某种情绪时，深入挖掘其产生的根源；定期回顾自己在不同情境下的情绪反应，总结出情绪模式； 　识别情绪的积极面：每种情绪都有其存在的意义和价值，即使是负面情绪也可能蕴含着积极的信息。从不同的情绪中发现积极的一面，将其作为自我成长的契机 二、情绪转化与动力激发 　将负面情绪转化为积极行动：当遇到负面情绪时，尝试将其转化为改变的动力； 　利用积极情绪增强自信和动力：当处于积极情绪状态时，善于利用这些情绪来增强自信心和内在动力。如通过回顾取得的成就和进步，进一步坚定自己的能力和价值，为未来的行动注入动力 三、情绪在人际关系中的运用 　以积极情绪感染他人：在与他人交往中，保持积极乐观的情绪，用自己的热情、友善和快乐去感染周围的人。一个微笑、一句鼓励的话语、一个温暖的肢体动作，都能传递正能量，改善人际关系，同时也会让自己的情绪更加积极和稳定； 　理解他人情绪并做出恰当反应：提高对他人情绪的感知能力，通过观察他人的面部表情、语言、肢体动作等，理解他们的情绪状态，并做出恰当的反应 四、情绪与目标设定及决策 　根据情绪状态调整目标：在情绪积极且稳定时，可以设定一些具有挑战性的目标；而当情绪低落或不稳定时，适当调整目标，使其更具可操作性和现实性。同时，要确保目标与自己的情绪需求相匹配，让自己在追求目标的过程中能够保持积极的情绪状态； 　运用情绪辅助决策：在做决策时，不仅要依靠理性分析，还可以参考自己的情绪感受。当你对某个选择感到兴奋和期待时，可能意味着这个选择更符合你的内心需求；而当你对某个选择感到不安或抵触时，需要进一步审视其潜在的风险和问题 五、培养情绪弹性 　接受情绪的多样性和变化：认识到情绪是复杂多变的，既有积极情绪，也有消极情绪，这是正常的心理现象。不要抗拒或压抑负面情绪，而要学会接受它们的存在，以平和的心态面对情绪的起伏； 　在挫折中锻炼情绪恢复力：经历挫折和困难时，把它们当作锻炼情绪弹性的机会。在挫折中学会调整自己的心态，积极寻找解决问题的方法，从失败中汲取教训，不断提升自己应对负面情绪的能力，使自己能够更快地从挫折中恢复过来	

6. 提升情绪耐受能力

情绪耐受能力是指个体在面对压力、挫折等负面情绪时，能够保持相对稳定的情绪状态，不被情绪左右并能有效应对的能力。提升情绪耐受能力的具体方法如表7-9所示。

表7-9 提升情绪耐受能力的具体方法

情绪耐受能力	承受负面情绪	延迟满足与情绪控制
定义	在面对压力、挫折等负面情绪时，能够保持一定的心理韧性，不被情绪轻易击垮	在面对诱惑或冲动时，能够克制自己的情绪反应，延迟满足，做出更理智的选择
具体方法	一、认知调整 改变认知视角：学会从不同的角度看待问题，尤其是在面对压力和挫折时，尝试用积极的、建设性的视角去解读。通过这种方式，减少负面情绪对自己的冲击，增强情绪耐受力； 树立正确的挫折观：要明白挫折是生活中不可避免的一部分，每个人都会遇到。它并非对自己的惩罚或能力不足的证明，而是成长和进步的必经之路。建立这样的观念后，在面对挫折时就能以更平和的心态去接受，而不是被挫折引发的负面情绪轻易打倒 二、情绪管理训练 情绪觉察与接纳：提高对自己情绪的觉察能力，学会接纳自己的负面情绪，认识到这些情绪是正常的反应； 情绪表达与调节技巧：掌握有效的情绪表达和调节方法 三、压力应对与适应 主动面对压力源：有意识地去面对压力和困难，逐渐增强自己对压力的适应能力。可以从一些小的压力事件开始，逐步锻炼自己应对压力的信心和能力，随着经验的积累，情绪耐受能力也会相应提高； 建立压力缓冲机制：培养一些能够帮助自己缓解压力的兴趣爱好或活动，如运动、绘画、音乐、阅读等 四、自我肯定与培养心理韧性 建立积极的自我认知：多关注自己的优点和成就，建立积极的自我认知。定期回顾自己的成功经历，无论是大的成就还是小的进步，都要给予自己肯定和鼓励，增强自信心； 培养心理韧性：心理韧性可以通过不断地挑战自己和克服困难来培养，如尝试设定一些具有一定难度但又可实现的目标，在实现目标的过程中，通过坚持和努力克服困难，从而锻炼自己的心理韧性 五、人际交往与社会支持 建立良好的人际关系：与家人、朋友、同事等保持良好的沟通和互动，建立深厚的情感连接。在遇到情绪问题时，他们可以给予理解、支持和建议，帮助你更好地应对。同时，关心他人、帮助他人也能让自己获得满足感和成就感，提升情绪状态； 寻求专业帮助：如果在提升情绪耐受能力的过程中遇到较大的困难或情绪问题较为严重，及时寻求专业心理咨询师的帮助	

素养训练

训练一：给自己当前的焦虑程度打分，0代表完全不焦虑，10代表非常焦虑。如果打分显示你正处于焦虑情绪之下，快尝试运用焦虑方程缓解焦虑吧！

完全不焦虑	非常焦虑
0	10

通常焦虑评分在1~3分可归为轻度焦虑，4~6分往往意味着中度焦虑，7~10分通常提示重度焦虑。需要注意的是，这只是一个大致的参考标准，具体是否存在焦虑问题以及焦虑的严重程度，还需要综合多方面因素进行考量。

训练二：当前的你是否面临情绪问题呢？你了解自己的情绪模式吗？快准备一个笔记本，尝试记录和发现自己的情绪模式吧！

情绪日记示例：

◇ 日期：　　年　月　日　星期

◇ 地点：

◇ 事件描述：简要描述具体的事件。

◇ 情绪名称与强度：

· 情绪：准确记录该事件下产生的情绪。

· 强度：按照1~10分进行打分，1分表示强度最轻，10分表示强度最强。

◇ 情绪产生的原因：

· 详细剖析每一种情绪所对应的深层次原因。

· 情绪A原因：

· 情绪B原因：

· ……

◇ 身体感受与行为反应：

· 身体感受：仔细回顾并详细记录当时自己的身体感受。

· 行为反应：仔细回顾并详细记录当时自己的行为反应。

◇ 支持想法的证据：

· 深入剖析，寻找支持情绪产生的原因的证据。

· 证据1：

· 证据2：

· ……

◇ 反驳想法的证据：

· 深入剖析，寻找反驳情绪产生的原因的证据。

· 证据1：

· 证据2：

・……

◇ 换位思考：

・想象如果是自己的好朋友或者同学遇到这样的事情，他会有什么情绪、想法以及反应，你作为他的朋友又会对他说什么、做什么，并记录下来。

◇ 重新打分：

・经过上述思考后，给自己当前的情绪再次打分，与之前的打分进行对比，看看能获得哪些启示。

◇ 总结经验：

・从这一次情绪事件中总结经验，并记录下来。

◇ 应对策略：

・提出下次面对这类事件或者情绪时的应对策略。

训练三：回顾自己近期遇到的情绪波动强烈的事件，分析自己是否存在不合理信念，并尝试与这些不合理信念进行辩论，从而建立合理的信念，形成应对类似问题的策略。

第三节　压力管理

职业素养

压力理论是心理学和相关领域中用来解释个体如何感知、应对和适应压力的一种模型。了解压力理论可以帮助我们培养压力管理素养、提升压力管理能力、制订更有效的压力管理策略。

现实之中，由于职业选择、未来不确定性等多种因素，许多大学生面临较大压力，做好压力管理因而成为当代大学生必备的职业素养之一。本章节将聚焦压力管理，重点介绍常见的压力管理理论和方法，助力大学生们提升压力管理能力，从容应对大学生活中的各类挑战。

一、刺激理论与压力管理

刺激理论把压力看作是外界环境对个体的刺激，是一种能引起个体紧张反应的外部力量。如果身体是一台机器，外部的压力源（如工作任务、生活事件等）就是启动机器紧张反应的按钮。这种理论强调压力源的客观性和直接性，重点关注压力源的性质、强度和频率等因素对个体的影响。

基于刺激理论的压力管理可以从识别和控制压力刺激源、改变对刺激的认知和反应方式、增强对压力刺激的耐受性等方面进行。第七章第一节提到的生活事件量表

（LES）就是一个基于刺激理论的压力源评估工具。通过控制任务的数量、难度和时间这些外部刺激因素，我们可以有效控制压力源。此外，第七章第二节提到的与不合理信念辩驳等方法，同样适用于改变对刺激的认知与反应方式。增强对压力刺激的耐受性，主要方法有进行规律的体育锻炼以及心理韧性训练等。

二、反应理论与压力管理

反应理论认为压力是个体对刺激的反应，并且这种反应是可以测量和观察的。从生理方面看，压力会引起身体一系列的变化，如交感神经兴奋，导致心跳加快、血压升高、呼吸急促等"战斗或逃跑"反应。从心理方面来说，个体可能会出现焦虑、抑郁、烦躁等情绪反应。其中最具代表性的是沃尔特·坎农（Walter Cannon）的应激反应理论和汉斯·塞利的压力适应模型（Selye's General Adaptation Syndrome，GAS），这里重点介绍后者。

（一）压力适应模型的核心概念

该理论将个体面对压力源时产生的一系列生理反应分为三个阶段。

警觉阶段：机体对压力源的最初反应，会有心跳加快、血压升高、血糖升高等一系列生理变化。

抵抗阶段：机体适应压力的过程。如果压力源持续存在，机体的生理功能会保持在高于正常水平的状态，以抵抗压力源的损害。在这个阶段，身体会调用各种内部资源来适应压力，例如，通过调整激素分泌、代谢水平等来维持身体的相对稳定。然而，长时间处于这种状态会使机体的抵抗力逐渐下降。

衰竭阶段：如果压力源持续时间过长或强度过大，机体的适应能力会被耗尽，身体就会出现各种疾病或功能障碍。例如，长期处于高强度工作压力下的人，可能会出现心血管疾病、免疫系统疾病、精神障碍等。

（二）基于压力适应模型的压力管理

根据该理论对于压力反应三个阶段的划分，我们可以在不同阶段采取相应的压力管理策略，如表7-10所示。

表7-10　基于压力适应模型的压力管理策略

压力反应阶段	压力管理策略
警觉阶段	识别不同的压力事件来源，评估它们对个体的身体和心理危害，分别采取相应的应对措施

续表

压力反应阶段	压力管理策略
抵抗阶段	增强自身能力：不断学习新知识、新技能，提升解决问题的能力，从而更有信心和能力应对压力事件； 　利用社会支持系统：主动寻求家人、朋友或同事的帮助和支持，与他们分享自己的感受和经历； 　调整心态：保持积极乐观的心态，将压力视为成长和学习的机会，从而提高心理韧性。此外，可以通过正面的自我对话、冥想、听音乐等方式来调整心态，减轻焦虑和紧张情绪
衰竭阶段	及时减压：当感到身心疲惫时，要给自己留出足够的休息和放松时间。可以选择适合自己的放松方式，如度假、运动、阅读、瑜伽等，让身体和大脑得到充分的恢复； 　寻求专业帮助：如果压力已经导致了严重的身体或心理问题，如焦虑症、抑郁症等，应及时寻求专业心理咨询师或医生的帮助，接受相应的治疗和干预； 　调整生活方式：保持健康的生活方式，如合理饮食、拥有充足的睡眠、适度运动等，提高身体的抗压能力，预防和缓解压力对身体的负面影响

三、交互作用理论与压力管理

交互作用理论强调压力是个体与环境相互作用的结果。其中最具代表性的是拉扎鲁斯和福克曼的交互模型（Lazarus and Folkman's Transactional Model）。

（一）拉扎鲁斯和福克曼的交互模型核心概念

核心概念1：认知评价（Cognitive Appraisal）。包含初级评估（Primary Appraisal，压力事件是否对个体构成威胁的评估）和次级评估（Secondary Appraisal，个体对自己应对压力的能力的评估）。

核心概念2：应对过程（Coping Process）。拉扎鲁斯认为应对是一个动态的过程，个体在面对压力事件时会根据认知评价的结果采取不同的应对策略。应对策略可以分为问题聚焦应对（Problem-focused Coping）和情绪聚焦应对（Emotion-focused Coping）两种主要类型。

问题聚焦应对：当个体认为自己有能力改变压力情境时，会采取这种应对方式。

情绪聚焦应对：当个体觉得无法改变压力情境时，会着重调节自己的情绪来减轻压力，如通过放松训练、倾诉、转移注意力等方式来缓解焦虑、恐惧等情绪。

（二）基于拉扎鲁斯和福克曼的交互模型的压力管理方法

基于拉扎鲁斯和福克曼的交互模型的压力管理方法主要涉及认知重构、应对策略训练、模拟与角色扮演等三种类型的方法，其步骤和重点详见表7-11。

表 7-11　基于拉扎鲁斯和福克曼的交互模型的压力管理方法

方法类型	步骤及重点
认知重构	一、识别自动思维 ①识别在面对压力事件时的自动思维； ②记录压力情境和对应的自动思维，提高对自己思维模式的觉察 二、挑战不合理信念 运用理性思维分析和挑战不合理信念 三、替换积极思维 ①用积极合理的思维替换不合理信念； ②反复练习积极的自我对话，改变个体对压力事件的初级评价，从而减轻压力
应对策略训练	一、问题聚焦应对训练 ①问题分析：在面对压力事件时，先对问题进行详细分析； ②制定计划：根据问题分析的结果，制定具体的解决计划，将大问题分解为小步骤，逐步实施计划，增强个体解决问题的信心； ③资源整合：明确拥有的资源，包括个人的知识、技能、人际关系等，以更好地实施解决问题的计划 二、情绪聚焦应对训练 ①情绪觉察与接纳：帮助个体提高对自己情绪的觉察能力，具体方法同本章第二节； ②情绪调节技巧：学会各种情绪调节的技巧，如深呼吸、渐进性肌肉松弛、冥想、运动等； ③情绪表达与倾诉：鼓励个体表达自己的情绪，通过与他人交流来释放压力
模拟与角色扮演	①模拟压力情境：设计一些模拟的压力情境，从而在一个相对安全的环境中体验压力，更好地理解自己的认知评价和应对过程； ②角色扮演：在模拟情境中进行角色扮演，扮演自己在压力情境中的角色，同时安排其他人扮演相关的人物。通过角色扮演，可以实践自己学到的认知重构方法和应对策略； ③反馈与改进：在角色扮演结束后，进行详细的反馈，包括在认知评价和应对策略方面的优点和不足。根据反馈，进一步改进自己的认知和应对方式。可以多次进行模拟和角色扮演，直到熟练掌握有效的压力管理方法

四、其他常见相关理论与压力管理

（一）其他常见相关理论及启示

霍布福尔的资源保存理论（Hobfoll's Conservation of Resources Theory）强调资源损失比资源增益对个体的影响更大，认为个体努力获取、保持、保护和投资资源，压力发生在资源损失或资源投入与收益不成比例时。该理论可以帮助我们有效识别和评估资源，保护和补充资源以及启动资源增益螺旋。班杜拉的自我效能理论（Bandura's Self-Efficacy Theory）认为个体对自己完成特定任务的能力的信念（自我效能感）会影响他们应对压力的方式，高自我效能感的个体更有可能采取积极的应对策略，减少压力的影响。这个理论提醒我们在压力管理中要学会建立合理的、积极的认知思维。此外，社会支持理论（Social Support Theory）认为，社会支持在缓解压力中起着重要作用，它可以帮助个体更有效地应对压力。

（二）其他常见压力管理方法

除基于上述理论的压力管理方法外，还有其他的一些方法，简要介绍如下。

调整生活方式：如情绪管理章节所述，调整生活方式可以从合理饮食、保障充足睡眠以及适度运动开始。

改变生活环境：一方面是学会整理物理空间，保持居住和工作环境的整洁、有序。清理杂物和不需要的物品，创造一个宽敞、舒适的空间，有助于减少视觉上的压力感，让人心情更加舒畅。另一方面则是营造心理空间，合理安排自己的时间和精力，避免过度承担任务和责任，为自己创造足够的心理空间来应对压力。同时，可以通过设定个人边界，减少与压力源的接触，如避免过度关注负面信息、远离总是给自己带来压力的人或场景等。

培养兴趣爱好：可以投入绘画、音乐创作、手工制作等创造性的兴趣爱好中去，或者享受阅读、看电影、旅游等休闲娱乐活动。

建立良好的人际关系：一方面保持积极的社交支持，为自己提供情感上的安慰、实际的帮助和不同的观点。另一方面学习有效的沟通技巧和冲突解决策略，提高与他人相处的能力，减少人际冲突和矛盾带来的压力，从而改善人际关系质量。

进行时间管理：具体方法详见本书"时间管理"章节。

自我反思与成长：做好压力经历的记录，总结经验教训，以便未来更好地应对类似情况。此外，不断提升自身综合素质，以增强应对压力的信心和能力，同时，深入了解压力管理的知识和方法，不断完善自己的压力管理策略。

素养训练

当前的你是否正面临着压力的困扰呢？尝试利用上文的知识，制订一份个性化的压力管理计划吧！

个性化压力管理计划制订的步骤：

（一）自我评估

1.压力源识别

记录生活中导致压力产生的各种因素，包括学习任务（如项目截止日期、工作量过大）、人际关系（如与同事、家人产生冲突）、财务状况（如债务、经济不稳定）、生活变化（如搬家、换工作）等。可以通过写日记的方式，记录一周内让自己感到压力的事件以及当时的情绪和身体反应。

2. 压力反应评估

包括身体反应和情绪反应评估。观察压力出现时身体的症状，如头痛、肌肉紧张、疲劳、失眠、胃痛等。了解这些身体信号有助于及时发现压力的积累。例如，如果你每次在面对考试的压力时都会头痛，那么头痛就成了一个重要的压力身体反应指标。同时注意自己在压力下的情绪变化，如焦虑、愤怒、沮丧、无助等，可以使用上文中的情绪量表来评估情绪的强度。

3. 应对方式评估

反思自己目前应对压力的方式，包括积极的和消极的。积极的应对方式可能包括主动解决问题、寻求支持、运动等；消极的应对方式可能有吸烟、酗酒、过度进食、拖延等。回顾过去几次压力事件，分析自己采取了什么样的应对策略，以及这些策略的效果如何。

（二）设定目标

1. 短期目标

确定在接下来的一周或一个月内想要达到的压力缓解效果。例如，将压力引起的头痛频率从每周三次降低到每周一次，或者将焦虑情绪的强度从7分降低到4分。

2. 长期目标

考虑三个月或半年后的目标，如建立健康的压力应对习惯，提高心理韧性，使自己能够更从容地面对生活中的压力源。

（三）制定策略

1. 问题解决策略

对于可以通过行动改变的压力源，制定具体的解决计划。例如，如果就业压力是不了解职业导致的，可以通过学校就业信息网、企业官网查询或实习实践等渠道去了解职业。如果是经济压力，可以制定预算计划，减少不必要的开支，并寻找增加收入的途径。

2. 情绪调节策略

包括放松技巧和情绪表达等。

3. 生活方式调整策略

包括合理膳食、保障充足的睡眠、适度运动等。

（四）实施和监测

1. 计划的实施

按照制定的压力管理计划开始行动，将各种策略融入日常生活中。可以使用日历等工具来帮助自己养成习惯，例如，在日历上标记出进行放松练习的时间。

2. 效果监测

定期（如每周或每两周）评估压力管理计划的效果。观察压力源是否得到有效控制，身体和情绪反应是否有所改善，应对方式是否变得更加积极。根据监测结果，调整计划和策略，如发现某种放松技巧效果不明显，可以尝试其他方法。

【延伸阅读】

1.《情绪运用与压力调节》，刘彭芝，王珉珠，中国人民大学出版社，2010年

2.《如何控制自己的情绪：最有效的22个情绪管理定律》，[美]奇普·康利著，[美]谢传刚译，中信出版社，2013年

3.《我的情绪为何总被他人左右》，[美]阿尔伯特·埃利斯，[美]阿瑟·兰格，机械工业出版社，2015年

4.《心情词典》，[英]蒂凡尼·瓦特·史密斯，江苏凤凰文艺出版社，2016年

5.《你充满电了吗：激活人生状态的精力管理关键》，[美]汤姆·拉思，江西人民出版社，2016年

6.《这不是你的错：如何治愈童年创伤》，[美]贝弗莉·恩格尔，人民邮电出版社，2016年

7.《你好，压力——心理减压手册》，西英俊、徐丽丽，中国工人出版社，2019年

8.《零压人生》，[英]米修·斯托罗尼，北京联合出版公司，2019年

9.《乌合之众》，[法]古斯塔夫·勒庞，上海译文出版社，2019年

10.《当你放过自己时：快速走出抑郁的40个有效方法》，[英]詹姆斯·威西，中国水利水电出版社，2021年

11.《情绪的奥秘：曾仕强告诉你不生气的活法》，曾仕强，北京联合出版公司，2022年

12.《心理潜能》，刘海骅等，北京联合出版公司，2023年

第八章

目标管理与决策制定

夫运筹策帷帐之中，决胜于千里之外。

——西汉·司马迁《史记·高祖本纪》

人无远虑，必有近忧。

——《论语·卫灵公》

职业故事

李同学，某知名高校电子信息类专业硕士二年级学生。为了在研三上学期的招聘季找到一份满意的工作，李同学在硕士二年级下学期初就开始准备申请公司实习，并向多家用人单位投递了简历。但随着实习招聘的推进，李同学发现绝大部分投递出去的简历都如石沉大海一般，没有得到用人单位进一步的反馈，最终仅收到了两家用人单位的面试邀约。而且企业的招聘人员在面试过程中明确指出其简历存在问题，例如，其申报的岗位是C＋＋后端研发，但是其项目经历里所列的只有前端和Java后端研发的经历，并没有C＋＋后端研发经历，与所申报的岗位需求存在不匹配的情况；而且项目经历中只有大段的项目介绍，而对于其完成的工作以及实现方法与路径没有基本的描述，看不出其能力水平的高低。针对用人单位反馈的问题，李同学找到学校的就业指导中心，希望中心老师帮助他修改简历。在中心老师的指导下，李同学重新明确了自己意向的用人单位和岗位，整理了岗位的要求，形成了岗位要求清单。围绕岗位要求清单，中心老师指导李同学全面梳理了自己在理论学习、课程实验、学科竞赛、企业实践等方面的相关经历，在其中挑选了3个相关性较强的成果作为项目经历并展开描述，最终针对岗位重新设计了简历的结构与表达方式。在中心老师的帮助下，李同学很快就撰写出了新的个人简历，并成功在后续的实习招聘中找到了满意的实习公司和岗位。

第一节　管理自我目标

职业素养

一、确立目标的意义

《礼记·中庸》中提到："凡事豫则立，不豫则废。"这句话的意思是说，"做任何事情，事前有准备就可以成功，没有准备就会失败。"从中我们可以看到，事先的准备是最终取得成功的重要保障，而目标的确立则为事先的准备提供了明确的方向，具有重要意义（图8-1）。

图 8-1   目标的确立

明确方向：目标的确立为准备和行动指明了确定的方向，使我们在成长发展过程中能够始终将个人的时间、精力、资源等都集中用在一个明确的方向上，有效避免因为外界复杂多变的环境的干扰而导致的目的不明、事倍功半，甚至误入歧途的情况出现。

激发内驱力：目标的确立意味着目的的标定，也决定着目的最终达成后的效果。这种以产出为导向的目标设定，能够唤醒个体的主体意识，激发更多内驱力，使其主动投入实现目标的过程中，积极面对各种困难与挑战，设法促进最终目标的达成。

促成规划与决策：目标的确立能够促使个体为目标的实现制定详细的成长规划，并根据自身实际情况进行合理决策，选择合适的实现方法，分配适当的精力资源，规避繁杂的干扰因素，形成详尽的实现路径。由于个体的生涯发展目标和实现路径不唯一，不能用唯一的标准衡量其最终成功与否，因此目标的确立显得尤为重要。在详细规划的指导下，个体能够集中精力，更加有序和高效地推进工作。

衡量进程：目标的确立为个体标定了最终要达到的终点，而其当前所在状态则标定了最初要开始的起点，其间距离的远近则明确了目标达成的完成度。通过不断对比距离缩短的程度，可以帮助我们衡量目标实现的进程，有效地掌握目标达成度，同时为下一阶段的行动调整提供指导：对于已经超预期提前完成的情况，要及时调整衔接下一阶段，加快后续规划的进程；对于未按期达成的情况，则要分析找出原因，及时解决问题或调整阶段性的目标，投入更多努力，保证后续规划能如期完成。

促进自我肯定：当个体克服重重困难，最终通过努力实现既定的成长发展目标，提升自身能力和素质后，个体会获得巨大的成就感与满足感，对自身的能力、潜力、意志以及品质都有了新的认识和了解，自我肯定的程度得到了进一步提升。这种自我肯定会在其后续的成长过程中激励其树立更高目标，迎接更多挑战，承担更重要的任务，更加自信地对待和处理困难，创造性地完成工作。自我肯定在这个过程中帮助个体获得更大进步，决定着个人发展的上限。

可以看到，目标的确立在帮助我们实现能力提升、全面发展素养方面发挥着重要作用，促进了目标的高效达成。因此，我们需要充分利用在校的有限时间，结合自身实际，树立明确的、可实现的、多层次的职业生涯发展目标，创造具有无限可能的未来。

二、目标制定原则

目标制定的原则有多种，在这里我们主要介绍"SMART"原则和生涯混沌理论。

（一）SMART 原则

"SMART"原则是指，为了目标最后能够实现，在制定目标的过程中，需要遵循具体清晰（specific）、可度量（measurable）、适度可达（achievable）、切合实际（realistic）、时间限定（time-limited）等原则，如图8-2所示。这些原则有助于使目标方向明确，便于集中和聚焦，提高效率，实现快速发展。

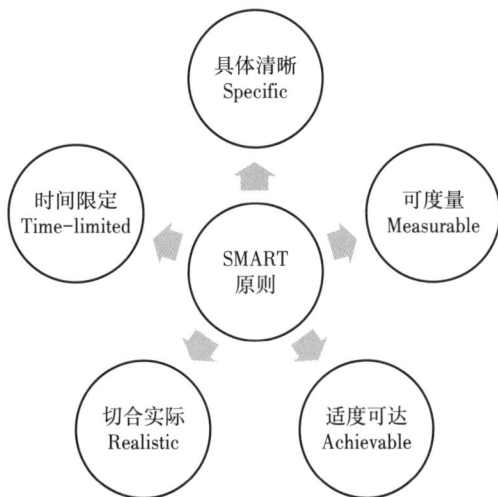

图8-2 目标制定的SMART原则

1. 目标必须是具体清晰的

具体清晰指目标的制定必须是明确的，要能够被具象化为可衡量的标准或者具体的行动，这样才能为行动指明方向。举例来说，在第一章第二节中提到的"语言与表达能力"这一职业素养对应"具有较高的中英文听说读写译能力"，若将提升这一职业素养作为目标，则应该将其具体转化为通过英语四（六）级、雅思、托福等具体的语言考试，或是将相应的考核成绩提高到一定的分数以上，将相应的目标明确和细化。

2. 目标必须是可以度量的

可度量是指目标可以通过一定维度的指标来衡量或是比较，以显示其是否达成或达成的程度。同样以通过英语四（六）级考试为目标来举例说明，它既可以用"通过"和"不通过"来衡量，也可以用分数高低来衡量。对于未通过或想考一个更高的分数的同学来说，他就可以评定自身目标未达成，并在全面评估、定位自身水平的基础上，制定更进一步的提升计划和行动方案。

3. 目标必须是适度可达的

适度可达是指目标的制定既要具有挑战性，能够通过目标的达成来实现个人的提升和进步，也要围绕自身能力与潜力，不能超出自己可控或是可达成的范围，要确保目标最终能够实现。还是以通过英语四（六）级考试为目标来举例说明，如果某位同学在上次英语四级考试中的成绩是310分，同时本次仅进行了有限备考复习的情况下，以报考英语六级考试并通过为目标则明显不符合适度可达的原则，继续以报考并通过四级为目标相对较为合适。

4. 目标必须是切合实际的

切合实际是指目标要与自身实际、环境实际、政策实际以及现实生活实际等相协调，不能仅凭自己设想或者期望凭空想象。例如，一个具有很多新奇想法、熟悉软件编程但程度还达不到精通的学生，如果将意向岗位目标设立为软件研发，并独立完成某个系统功能的编程，则其开展工作的难度明显是高于将意向岗位设立为产品经理，通过与精通软件研发的人员合作来实现某个系统功能。也就是说，产品经理相对于软件研发是更符合其本身实际的岗位目标。

5. 目标必须具有明确的时间限定

时间限定是指目标的完成是有时间期限的，既不能无限延长导致进度一再拖延，也不能仓促应对导致最终完成情况不佳。例如，以考研为目标，如果备考开始得较晚，在大四上学期考研报名开始后才开始，就会因为时限太短导致复习备考不充分，最终无法考出理想成绩，不能进入复试，使考取研究生的目标无法实现。

（二）生涯混沌理论

生涯混沌理论认为，生涯心理和发展是一种动态、开放的复杂系统，个人的生涯发展受到主、客观多种复杂因素的影响，充满了变化与偶然性，因此需要将个体的发展置于复杂的关系网中整体看待并动态调整。它深刻揭示了生涯发展的不确定性本质。该理论由澳大利亚职业心理学家、生涯教育与发展学者罗伯特·普莱尔（Robert Pryor）和吉姆·布莱特（Jim Bright）在21世纪初正式提出。

该理论认为，生涯发展是一个开放的动态系统，其开放度越高，内外环境的交换和网络化程度越深，生涯发展的变化越显著。每个人都在一定程度上塑造自己的生涯历程，如果不主动设计，将会被被动设计。同时，生涯发展对初始条件敏感，看似无足轻重的小事往往会带来重大改变。

因此，我们在生涯发展和目标决策过程中，要充分考虑事物发展的不确定性，以积极开放的心态构建自我生涯发展规划，保持灵活性、适应性以及创新能力，主动参与其中，在不同的发展阶段不断建立新的平衡，积极应对生涯发展中的变化和挑战。

三、目标的时间分解

目标制定完成后，接下来就需要进一步制定实施方案，采取一系列行动逐步实现目标。在这个过程中，由于目标的大小、难易、组成维度的不同，往往不能一蹴而就，而是需要考虑目标的可执行性等因素，通过分先后、分阶段、分模块来逐步实现。因此，需要对制定的目标进行相应的分解，从大到小直至具体细化为能够操作落实的日常行为，确保每个分解后的目标都能实现。

在目标的多种分解方法中，按照时间对目标进行分解是一种有效的管理策略。它通过将长期目标细化为短期、具体的目标与任务，帮助团队或个人逐步实现目标。对目标进行时间分解有助于梳理目标的完成流程、明确目标实现的难易程度，既能有效地筛选去除华而不实或是难以实现的目标，又能确保目标在实现过程中的连贯性、递进性、可执行性和可控性。

对目标进行时间分解，一般可以分为四种：职业目标、长期目标、中期目标与短期目标。根据目标大小、要求、时限的不同，可以包含这四种的全部或者是仅包含部分。

（一）职业目标

职业目标是个体基于对自身的兴趣、性格、能力、价值观的全面认知，结合外部的行业发展趋势以及时代特点，在综合分析与权衡后制定出的职业奋斗目标。职业目标是个体对其整个职业生涯发展最终目标的规划，时间跨度可以长达数十年，贯穿职业生涯整个过程，是其职业生涯发展过程中的最高理想与追求。如规划成为某一专业方向的知名专家、某一领域著作等身的著名学者、掌握某一技术能力的行家里手、某一行业的领军人物、深受好评的某一职业代表等。

（二）长期目标

相对于职业目标横跨整个职业生涯周期而言，长期目标的时间周期一般为5至10年，主要受到职业目标的影响，是较为长远的目标。对大学生而言，长期目标对应毕业后工作的3至5年，是其走出学校，步入职场，完成从学生向职业人身份转变，不断提升工作素养并逐步成长为工作岗位核心力量的关键时期。

长期目标与个人的求职、职业发展、职业素养培养息息相关，是影响个人职业选择、发展路径选择、能力积累等的关键因素。如一位医学相关专业的学生，既可以将成为某知名三甲医院某科室骨干作为长期目标，也可以将成为某知名医学院某学科专业科研骨干作为长期目标；一位信息学相关专业的学生，既可以将成为某知名互联网企业核心研发人员作为长期目标，也可以将成为政府机关或事业单位信息化建设部门核心骨干作为长期目标。从上述不同的长期目标的选择中，我们可以很直观地感受到不同选择对职业生涯发展的影响。

长期目标的确立，既服务于职业目标的最终实现，也能够为我们当前的发展标定明确的方向，指导中期目标与短期目标的制定。通过开展企业走访、实习、生涯人物访谈等多种深入工作实际的调研、体验、实践，掌握真实职场场景下的工作要求与工作状态，这种切身体验会进一步加深我们对职业生涯发展的理解，促进职业生涯规划意识的觉醒。在此基础上，我们再结合自身专业知识与基础能力，综合自身发展诉求，明确列出职业素养养成清单，制订职业素养提升计划，并将计划转化为中期目标、短期目标以及具体的落实行动。

（三）中期目标

中期目标是长期目标的初步细化，时长一般为3至5年。对大学生而言，中期目标对应在校期间学习的整个过程，是完成知识、能力积累与素质培养的关键时期，是为未来的职业生涯发展打下重要基础的关键阶段，具有重要意义。

中期目标的树立与完善需要基于长期目标、意向行业从业要求以及自身实际，往往含有多个具体衡量指标，并且存在目标相同但实现路径不同的情况，要结合具体情况进行分析。例如，若将成为某知名高校某专业的骨干教师作为长期目标，由于高校教师行业强调学术科研水平，中期目标可明确为升学至具有一定学术科研水平的高校、学院。而在升学路径的选择上，又有免试保研、考研和出国（境）升学等多种路径。若将成为某知名互联网企业的技术骨干作为长期目标，由于部分企业的软件研发部门强调项目经历，在其项目经历足够的情况下，中期目标就可以明确为本科毕业后直接求职工作；在其家庭经济能力足够且个人意愿强烈的情况下，其中期目标也可以明确为升学，待研究生毕业后再求职。

中期目标一经确定，大学期间的学习、生活方式和素养培养方案则可以大致明确，为短期目标的制定提供具体指导。

（四）短期目标

短期目标是对长期目标和中期目标的进一步细化，通常持续时间不超过2年。对大学生而言，短期目标对应学期或学年，可以按照学校的教学安排以及自身的需求进行设立。

短期目标是所有目标里最具体、最详细、最可操作、最贴近实际的目标，有明确的时限要求，能够具体指导个人的日常行为。例如，中期目标为保研的同学，其短期目标可以设立为大一学年内平均学业成绩排名达到年级前20%，每周至少有3天去图书馆自习，大三联系导师进入实验室开展科研入门学习等；中期目标为出国（境）升学的同学，其短期目标可以设立为大二结束前完成GRE、雅思、托福等语言考试并取得良好成绩，在大二或大三暑期参与国际学术交流项目等；中期目标为工作的同学，其短期目标可以设立为大二结束前参与完成一项大学生创新创业项目并熟练掌握一门专业核心技能，大三暑期参与企业走访和实习实训等。

短期目标相对于其他目标，具有较高的动态性，最容易受到日常现实生活的影响而出现无法完成的情况，如因身体生病等原因不能坚持自习或是考试不理想，因招生指标有限无法被录取到意向导师名下，因经济环境下行导致企业规模缩小而无法申请实习岗位等，这些情况都会影响短期目标的实现。面对这种情况，就需要及时对短期目标进行调整，要么投入更多时间与精力以追赶进度，要么更换短期目标。

在上述各类型的目标中，中期目标和短期目标的时间与大学阶段高度重合，能够具体指导大学期间的学习和素养培养，既能帮助大学生度过充实且有意义的大学生活，也能增加大学生的专业知识与能力的储备，提高大学生在职业生涯发展过程中的竞争力与胜任力，促进其长期目标和职业目标的实现。对大学生而言，其作用尤为重要。

在确定各种类型的生涯目标后，就要制订对应的详细行动方案来实现它们，把各类型的目标转化成具体的行动方案和措施。相应的行动方案和措施应明确列出所有需要执行的具体任务，既包括具体的日常行为，也包含可衡量的完成指标，同时以具体时间作为完成时间限定。对于需要同时开展的行动方案，可以参照本书第六章"时间管理"中介绍的方法设定优先级，合理分配时间精力。

在落实具体的行动方案和措施的过程中，需要及时地跟踪和评估自己的进展。通过定期的检查和比对，就能有效掌握目标的完成进度，并根据需要进行调整或者纠偏，以保证目标的最终完成。检查的周期可以依据目标的大小和完成时限，按照周、月、学期、学年等进行相应设定。

素养训练

我的职业生涯发展目标

每个个体都具有独立性，相应的职业生涯发展目标也不尽相同。在个人的发展成长过程中，对不同阶段的不同类型的目标进行澄清有助于我们不断梳理和落实成长方案和计划，不断取得进步。试着分析一下自己的职业目标、长期目标、中期目标和短期目标。

目标		具体内容
职业目标	工作能力目标	
	工作成果目标	
	心理素质目标	

续表

目标		具体内容
职业目标	工作观念目标	
长期目标	工作能力目标	
	工作成果目标	
	心理素质目标	
	工作观念目标	
中期目标	工作能力目标	
	工作成果目标	
	心理素质目标	
	工作观念目标	
短期目标	工作能力目标	
	工作成果目标	
	心理素质目标	
	工作观念目标	

第二节　生涯发展决策制定

职业素养

一、决策的影响因素

我们每天都在面临各种各样的选择，需要我们作出相应的决策并执行，例如去哪个食堂吃饭，晚上去不去自习，某个专题讲座是否参加等。在决策的过程中，我们会受到各种因素的影响，这就导致了我们的决策结果不是永远一致，就像我们不会只在一个固定的食堂的固定窗口吃饭，不会每天晚上都到同一个教室的同一个位子上自习，不会每天都参加专题讲座。多种因素的相互作用导致了决策结果的不同，因此我们要充分了解影响决策的因素，更好地理解和解释决策结果的一致性和不一致性。

决策的影响因素主要包括决策主体、决策信息、决策环境、决策时限、决策方法、偶发事件等。具体如下。

决策主体：即做出决策，选择最终执行方案的个人。其所具备的知识、能力、价值观、性格、个人经验、风险意识、决策权力的级别等都会直接影响决策的结果。最直观的表现就是同一专业的同学毕业去向可能存在差异，有的选择升学，有的选择就业，而在就业中，大家选择的用人单位和具体岗位也千差万别。这些差异，主要是由决策主体的不同导致的。

决策信息：即在制定决策时支持决策者做出判断、进行选择的信息。决策信息的时效性、准确性、完整性、针对性等特性对决策主体的判断与选择有着重要且直接的影响。以考研为例，报考学校的招生规模、往年复试分数线、考试是否自命题、能否调剂、企业认可程度等，都直接影响着最终报考院校的选择，而且在一定程度上会出现"选择大于努力"的情况。因此，我们在制定决策前，需要尽可能多地获取支持决策开展的信息。

决策环境：即决策在制定及执行阶段所面临的各种外部环境与政策，包括国家大政方针、行业的发展阶段和结构、供需市场的平衡、技术的发展与应用、潜在的风险、应对策略等。决策环境是影响决策执行效果的关键因素，甚至会左右决策的制定。例如，自2015年国家实施"互联网＋行动计划"以来，极大地推动了计算机相关专业学生的就业，但近年来，随着中美在信息技术领域对抗的加剧，相关产业和行业的规模在一定程度上萎缩，招聘规模也逐渐减少；在国家大力推进光伏、新能源汽车等产业的背景下，电气、光电、材料、机械等相关专业学生的就业机会明显增加；而在国家进一步规范教培行业的相关政策出台后，以新东方为代表的培训机构则进行了相应的企业转型。

决策时限：即决策从制定、实施到达成决策目标所对应的时间限制，既包括制定决策的时限，也包括决策执行的时限。决策时限决定着决策问题本身的紧迫性和重要性，个体对当前精力、资源的调整程度，也决定着通过行动实现决策目标的周期长短。如果一个决策目标的实现或决策行动的执行周期超过了决策时限，相应的决策就会失去意义，甚至成为错误的决策。例如，争取保研的发展目标决策，需要在大一就基本确立并在大学前三年通过实际行动去实现；本科毕业后就工作的发展目标决策，则需要在大学前三年完成知识和能力的积累。如果等到大四才开始考虑求职事项，往往会因为时间有限导致准备不足，无法获得满意的工作机会。

决策方法：即通过何种方式或模型来进行决策以得到满意的决策结果。在多种决策方法中，理性决策模型可以提高决策的质量和效果，行为决策模型可以提高决策的效率，满意决策模型可以确保计划的及时实施，群体决策模型可以增加多方面意见。决策方法对行动计划与决策效果具有重要影响。在决策过程中，个体可以结合多种因素，灵活地综合运用多种决策方法来解决不同的问题和情境，提升决策效果和实施成功率。

偶发事件：即决策行动整个过程中面临的不可预见的事件。偶发事件无处不在，其发生难以预测，并且会伴随着决策时限的加长而增加发生概率。个体应该在决策过程中对其保持开放态度，不断积累经验，学会妥善应对挑战并抓住机遇，从中发现机会，保持积极的态度和行动意愿。

二、决策制定步骤

决策的制定有多个阶段，包括从明确问题，到选择方案，再到行动落实，直至决策目标达成的整个过程。在这个过程中，行动落实环节对决策目标的达成效果影响最大，是整个决策过程的核心和决策目的所在。同时，由于行动落实受限于实际和偶发因素的影响，在决策目标无法完全实现的情况下，需要对原有决策进行修订，重新进入从明确问题到决策目标达成的过程。因此，决策的制定是一个基于实际循环渐进的过程。综合来看，决策的制定主要包括以下8个阶段。

（一）明确问题

问题的发现与提出是决策进行的根据，也决定着最终要解决的目标，既是决策的起点，也是决策的终点。在这个过程中，个体首先要明确自身面临的问题、现状、诉求，在此基础上才能制定明确的目标和实现目标的时间进程。

（二）收集与整理信息

信息的收集与整理包括向外探索可供选择的问题解决方案、路径、措施，向内探索自身的优势与不足，经过总结归纳后为后续的决策提供更多、更全面、更准确的信息支撑。

（三）制定方案

根据收集与整理的信息和自身实际诉求，设计多种符合自身实际的问题解决方案、路径、措施，并初步细化各种决策选择的实施步骤与行动方案，规划达成目标的流程。

（四）确定决策准则

决策准则的确立为不同的决策方案提供了统一的评价标准，为方案的选择提供了对比衡量并择优的可能。决策准则既包括决策目标所能提供的物质、精神支撑清单，也包括自身的物质、精神需求清单，两个清单的结合明确了决策比较的维度。同时，个体还需要进一步明确自己的需求和个人限制，确立对不同维度的评价标准，依据自身的重视程度为不同维度赋予相应的权重。比较维度和权重的确立为各项方案的比较提供了统一的依据。

（五）评估与选择

根据确立的决策准则，对不同的方案可能产生的结果进行分析对比，同时结合实施过程中落实的难易程度以及能够达成的效果进行全面的分析评估，对各种决策方案进行综合评价。最后根据分析评估结果，权衡利弊后选择其中最符合自身实际的决策方案，并进一步细化相应方案的行动措施。

（六）验证与实施方案

在正式开始落实决策方案前，可在一定范围内广泛征求意见与建议、如向同学或是熟悉相关领域的亲朋好友咨询，或是在一定程度上进行方案的初步验证。通过征求意见与建议、部分验证等措施，可以进一步评估最终方案落实的可能性，及时修正不合理的部分。

（七）全面实施

确定最终的决策方案后，通过行动全面落实方案中的各项细则，以保证最终目标的实现。

（八）评估结果

及时地根据决策执行的情况开展阶段性的跟踪、总结与评价，形成总结和体会，积累决策经验，并及时调整决策执行的进度或决策目标，持续改进。

三、决策制定工具

（一）决策平衡单

生涯决策平衡单主要是围绕影响生涯决策的自身和重要他人的物质与精神得失的两个层面、四个维度、八个方向来进行评分，最后通过各决策方案的客观分值来进行理性分析的决策工具。生涯决策平衡单为多种方案和多种影响因素间的比较提供了依据，降低了方案间比较的难度。

生涯决策平衡单首先明确了影响我们做出最后决策的因素和影响程度，以加权求和的方式得到每个决策方案的最终分数，然后对比分数的高低，以得分最高的方案作为最终决策。对于与预想出入很大的结果，我们也可以通过调整影响因素的权重或者得分进行修正，最终得出满意的结果。如表8-1就是一个典型的求职决策平衡单。

表8-1　求职决策平衡单

权重 （1～5分）	方案	工作1 （得分1～10）		工作2 （得分1～10）		工作3 （得分1～10）	
	影响因素	＋	－	＋	－	＋	－
－	个人物质得失						
	个人收入						
	拥有的社会资源						

续表

权重 （1~5分）	方案	工作1 （得分1~10）		工作2 （得分1~10）		工作3 （得分1~10）	
	影响因素	+	−	+	−	+	−
	生活稳定性						
	晋升空间						
−	他人物质得失						
	家人协助成本						
−	个人精神得失						
	自我实现的程度						
	个人兴趣						
	与家人相处的时间						
	社会地位						
−	他人精神得失						
	家人态度						
	伴侣态度						
	得分						
	优先级						

（二）SWOT分析法

SWOT分析法是对自身与外部环境之间的竞争环境和竞争条件进行态势分析的决策工具，它从自身优势（strengths）与劣势（weaknesses）、外部的机会（opportunities）与威胁（threats）四个角度出发，将与决策者个人密切相关的因素逐一罗列，采用两两匹配的方式，通过正反两个维度对各因素加以分析、研判，并从中确定最佳发展战略，为接下来的决策提供指导依据。

SWOT分析法的优势在于综合考虑了自身与外部环境两个方面，从正反两个维度对生涯决策进行分析，制定的决策既能充分利用自身优势与外部机会，又能提升自我、规避外部风险与威胁，使个人能够以更加主动的姿态参与到自己的职业生涯规划之中。

SWOT分析法可以帮助大学生开展自我认知与自我分析，全面了解自身定位与需求，并进一步探索职业世界，了解社会、行业发展的背景、需求以及未来趋势，制定好自己大学期间的发展目标与发展方向，最大程度实现自身价值。如表8-2就是一个典型的求职SWOT分析表。

表8-2 求职SWOT分析表

		内部因素	
		优势（S）： 1. 2. 3.	劣势（W）： 1. 2. 3.
外部因素	机会（O）： 1. 2. 3.	SO策略 （利用机会，发挥优势） 1. 2. 3.	WO策略 （利用机会，弥补劣势） 1. 2. 3.
	威胁（T）： 1. 2. 3.	ST策略 （利用优势，减轻威胁） 1. 2. 3.	WT策略 （减少劣势，规避威胁） 1. 2. 3.

（三）思维导图

思维导图是一种以树状图为基础的思维工具，可以帮助我们整理和组织思维，从而更好地分析问题和制定决策。作为一种图形化的决策工具，思维导图可以整合问题的不同层面、维度和构成要素，帮助我们在决策过程中清晰地了解不同维度和要素之间的影响、制约、促进关系，形成较为完整的思维框架，系统、全面地进行分析和决策，更好地选择合适的方案。

◈ 素养训练

基于SWOT分析制定大学发展规划

在充分理解SWOT分析法的基础上，深入分析、总结、归纳自己的优势与劣势，分析外部环境（国家发展、行业动态等）的机会与威胁，明确大学阶段的发展目标，制定大学期间的学习发展规划和发展策略。

		内部因素	
		优势: 　大学生作为高学历群体,自身优势包括前文提及的能力优势以及身体素质优势等,如毕业于知名学校、"双一流"学科专业;接受过专业训练,具有较强的专业知识技能、可迁移技能、自我管理技能;此外,大学生还因年轻而具有精力充沛、创新精神强、接受新事物快等优势	劣势: 　大学生群体自身也伴随着一定的不足与劣势,如将理论知识运用于实践的经验不足、社会经历不足、对外部环境特别是工作情境的认知不足、待人接物经验不足、韧性不够、稳定性不够等。对于自身的劣势,大学生要充分利用大学期间的学习、生活经历,不断弥补和改善,以提升自我
外部因素	机会: 　国家、社会发展的大环境带来的机遇以及自身专业对口的产业发展的红利。例如国家在脱贫攻坚期间大力推动精准扶贫、乡村振兴,提供了大量公务员和基层选调岗位;各地为吸引高层次人才提出了一系列人才引进政策,如武汉的"百万大学生留汉"政策;信息产业在"互联网+"背景下大力发展,涌现出一大批IT、互联网新企业及新岗位等。这些都是外部环境所带来的,需要大学生在制定职业生涯发展决策时全面考虑	SO策略	WO策略
	威胁: 　国家、社会发展的大环境带来的挑战以及企业间的相互竞争、发展经营等带来的风险。例如在"绿水青山"发展理念指导下,相关企业面临更高的行业要求;受美国限制影响,芯片行业和互联网行业发展受限,岗位紧缩;近年互联网热导致计算机从业人员增加,求职竞争压力增大等。大学生在大学期间要注意及时了解外部环境的信息,紧跟时代步伐,了解行业变化,提前做好应对预案,如此才能临危不乱,应对自如	ST策略	WT策略

第三节　大学发展策略制定

◈ 职业素养

一、发展目标的类型

我们如何选择本科毕业后进一步的发展方向呢？是继续读研深造，在学术上追求更高的成果，还是直接求职，进入社会开始工作，抑或是选定赛道，组建团队自主创业呢？每一种选择都有哪些优势与不足呢？

（一）协议就业

选择协议就业的优势与不足如表8-3所示。

表8-3　选择协议就业的优势与不足

优势	经济独立	就业可以让学生尽早实现经济独立，减轻家庭负担。与读研究生相比，正常情况下，一份稳定的工作至少能提供三年的确定性收入
	积累经验	在工作中可以积累实践经验，提高自己的职业技能和职业素养。尽早地参加工作能够让你提前了解社会、产业、行业、公司和具体岗位的真实面貌，可以积累一定的社会经历与工作经验，能够为将来的职位晋升和薪资增长奠定基础。同时也可以尽早积累人脉关系，拓展个人见识，抓住更多发展机遇等
	试错成本	本科毕业生最大的资本就是年轻，有足够的时间和精力去探索和试错。例如转行、换工作时，他们的试错成本就比研究生低很多。干得不舒服，干得不开心，你可以说走就走。而研究生如果毕业后不从事本专业工作，沉没成本则太高。研究生的身份虽然使我们选择的权利变大了，但选择的范围却缩小了
不足	竞争压力	虽然本科学历具有一定的竞争力，但随着高等教育普及化，本科学历的毕业生数量不断增加，就业竞争日益激烈。一些热门行业的优质岗位往往需要更高的学历或更丰富的工作经验
	深造机会	对于部分对科研水平有较高要求的岗位来说，本科毕业生的水平与能力不足，可能无法胜任，需要继续深造。然而，在工作后选择深造需要付出更多的时间和精力，对于个人和家庭来说，可能面临一定的压力
	缺乏经验	大学生在校期间主要接受理论知识教育，缺乏实际工作经验，往往需要较长时间才能适应职场需求。一般要依靠实习经验、专业技能等来提升自身能力与竞争力

（二）升学

选择升学的优势与不足如表8-4所示。

表8-4　选择升学的优势与不足

优势	提升学历	通过提升学历水平，可以进一步提升个人专业知识储备与专业技能，进一步增加就业竞争力，使个人能够进入更好的行业，选择更好的岗位，获得更高的薪酬和福利待遇
	拓宽就业面	学历的提升能够使个人选择更多的有学历门槛的岗位，例如高校、科研院所、研究型企业都具有一定的学历门槛要求
	促进成长	通过升学接受更加全面的教育，可以提升个人的学术认知、综合素质。而且随着年龄增长，个人人格和心态也会更加成熟
	提升思维	学历提升不仅是获取知识的过程，更是培养个人思考和分析能力的过程。在学习的过程中，个人需要进行各种研究和实践，通过分析、比较和推理等方式进行深入思考，这将增强逻辑思维能力和创造力
不足	时间成本	升学需要花费一定的时间。读研期间国际局势和行业发展会使就业环境产生一定的变化，尤其是计算机软件等应用型学科专业，其就业环境变化较快
	学业负担	升学后学业负担加重，需要投入大量时间和精力到日常的学习和科研当中。如果所选的科研方向与产业应用关联度不高，则会进一步影响到就业
	学历不等于能力	学历提升固然可以增加个人的竞争力和市场价值，但学历并不等同于实际能力。有些人可能在学业上取得优异的成绩，但在实际工作中却不能很好地运用所学知识和技能。学历提升只是一个起点，个人还需要在实践中不断地学习和成长，提升自己的综合能力

（三）创业

选择创业的优势与不足如表8-5所示。

表8-5　选择创业的优势与不足

优势	知识优势	大学生具备的专业理论知识，尤其是高科技领域的知识，为创业提供了技术支持，使他们成为一个知识储备丰富、智力水平较高和充满活力的群体。大学生在选择创业方向、组建团队的过程中具有优势。同时大学校园拥有丰富的学习资源，如图书馆、实验室、导师等，可以为创业者提供学术支持和知识储备
	年龄优势	大学生年轻，拥有更多的尝试和试错机会。他们通常充满活力，具有较强的创新能力和敢于冒险的精神，在解决问题和应对挑战时更具有灵活性和创造力，这种特质是创业成功的关键
	政策优势	为了促进大学生创业，各级政府都在大力推动创新创业竞赛和项目扶持，使大学生在创业中可以享受到资金支持、场地支持、费用减免、技能培训等多项优惠政策，鼓励大学生参与到创新创业当中
不足	缺乏市场观念	大学生往往缺乏足够的社会经验和市场意识，在商业管理的实践方面经验不足，这可能导致他们在面对创业中的挫折和失败时感到痛苦和迷茫。此外，许多大学生的市场观念较为淡薄，这对于创业的成功是不利的

续表

优势	知识优势	大学生具备的专业理论知识，尤其是高科技领域的知识，为创业提供了技术支持，使他们成为一个知识储备丰富、智力水平较高和充满活力的群体。大学生在选择创业方向、组建团队的过程中具有优势。同时大学校园拥有丰富的学习资源，如图书馆、实验室、导师等，可以为创业者提供学术支持和知识储备
	年龄优势	大学生年轻，拥有更多的尝试和试错机会。他们通常充满活力，具有较强的创新能力和敢于冒险的精神，在解决问题和应对挑战时更具有灵活性和创造力，这种特质是创业成功的关键
	政策优势	为了促进大学生创业，各级政府都在大力推动创新创业竞赛和项目扶持，使大学生在创业中可以享受到资金支持、场地支持、费用减免、技能培训等多项优惠政策，鼓励大学生参与到创新创业当中
不足	缺乏资金和经验	大多数大学生还没有独立的经济条件，创业所需的资金往往成为一个现实的问题。尽管国家为大学生创业提供了一些优惠政策，但许多情况下仍然需要父母的支援。此外，大学生对创业的理解往往仅停留在有一个美好的想法上，而缺乏对市场盈利潜力和技术含量的深入考虑

二、发展目标的制定步骤

（一）自我评估

自我探索：通过对自身的兴趣爱好、性格、价值观、能力水平等进行全方位评估和探索，明确自身的需求和职业发展倾向，大致明确将来想从事的行业方向。如果暂时得不出明确结论，可以通过参加各类实践活动来进行探索，如各种社团活动、实习、志愿服务等。通过各类实践锻炼来进一步明确自身擅长的领域与发展需求。

现状分析：评估自己当前的学习成绩、技能水平、社交能力等方面的现状，进一步了解自己目前的学习能力、发展潜力和提升空间。对于自身适合升学读研、求职工作还是自主创业做出初步判断。

（二）职业探索

专业探索：通过专业探索，我们可以了解自己所在专业在知识、技能等方面的培养方案，评估自己将来的综合实力水平，也可以结合自己所在专业毕业生的去向，进一步了解专业的一般发展路径与将来能从事的行业。这样就能够为自身未来发展目标的选择提供参考。

行业探索：通过行业探索，我们可以对自己感兴趣的领域的行业动态、发展趋势和未来前景进行全面的信息搜集与调研，进一步掌握行业的要求、了解行业的门槛，为自己的能力提升目标与方向提供参考。

（三）目标确立

目标的初步确立：基于自我评估和职业探索的结果，通过对比筛选，形成自身发展的初步目标。

求证与咨询：将初步发展目标与重要他人（如父母、从事相关行业的亲朋好友、已经毕业工作的学长学姐、专业教师、辅导员等）进行沟通，也可以到学校就业指导中心找专业咨询师进行生涯发展规划咨询。通过求证与咨询，进一步修正自己的发展目标。

（四）行动执行

目标分解：在明确自身的发展目标后，对发展目标进行分解，制订详细的行动计划，包括学习课程、参加培训、积累实践经验、建立人脉等，将发展目标细化成日常中可实现的具体操作。

日常执行：建立一套完整的执行与评价机制，保证自己能够紧跟制订的目标节奏来完成各项安排，保证各项工作的有序开展。

（五）评估调整

定期回顾：设定固定的时间（如每学期末）回顾自己的进展，评估是否达到了预期目标。

评估调整：根据评估结果和实际情况，适时调整目标和行动计划。如遇到不可抗因素导致阶段性目标无法实现，应该及时评估并做出调整，采取弥补性或者替代性的执行方案，确保规划始终符合个人发展需求。

❖ 素养训练

大学发展规划书

请根据自身当前的发展情况，围绕学业发展、职业发展、人际交往、身心健康、个人情感、休闲娱乐、家庭生活、社会服务和财务管理等九个方面，充分分析自身当前的状况和未来的发展方向，制订一份自己大学期间的发展规划书，并结合该方向列出相应的行动方案。

学业发展 包括对专业的兴趣、专业规划、未来学习计划等	职业发展 涉及毕业后升学与就业的选择、职业理想、家人的建议等	人际交往 评估人际交往能力，建立信任关系，锻炼人际交往能力
身心健康 关注身心健康状况，保持心情愉悦，缓解压力和焦虑	个人情感 涉及友情、恋爱经历，以及重要他人的影响等	休闲娱乐 培养兴趣爱好，安排空余时间
家庭生活 涉及与父母的关系、家庭贡献等	社会服务 参与志愿服务，增强社会责任感，参与公益活动	财务管理 管理生活费，解决超支问题，思考增加收入的计划

【延伸阅读】

《自我认知与生涯规划》，敬鹏飞、何春、王曦，南方出版社，2023年

第九章 大学生职业礼仪培养

君子以仁存心，以礼存心。仁者爱人，有礼者敬人。爱人者，人恒爱之；敬人者，人恒敬之。

——战国·孟子《孟子·离娄下》

人无礼则不生，事无礼则不成，国家无礼则不宁。

——战国·荀子《荀子·修身》

职
业
故
事

礼尚往来

成语"礼尚往来"源自《礼记·曲礼上》，其原文为："礼尚往来。往而不来，非礼也；来而不往，亦非礼也。"这个成语的意思是在礼节上要注重有来有往，即别人以礼相待，也要以礼回报。

"礼尚往来"的故事发生在春秋时期。孔子在家收弟子讲学，引起了鲁定公的重视。季府的总管阳虎特地去看望孔子，但孔子借故不见他。后来，阳虎想到了一个可以见到孔子的办法，他知道孔子非常重视礼仪，于是再去拜见孔子时给孔子留下了一只烤乳猪，他知道孔子见到礼物后一定会拜谢回访。虽然孔子选择阳虎不在家的时间去回访，但两人在路上还是相遇了。

这个故事体现了礼尚往来的本意，即在人际交往中，相互尊重和回报是非常重要的。

第一节　大学生职业礼仪概述

职业素养

案例：网络上曾一度出现"00后开始整顿职场"的热门话题，翻阅那些或有趣或引人深思的新闻报道，有一部分职场新人敢于向某些职场"糟粕文化"说"不"，确实令人欣喜；但也不可否认，这其中混杂着一些披着"勇"字外衣的"无礼"和"取闹"行为。与之相应的，在与企业人士的交流中，我们常常听到诸如此类的抱怨："现在的年轻人越来越自我，队伍不好带啊。"

职场新人得不到用人单位正面的评价，一方面是由于技术能力存在脱节的客观因素，另一方面是由于待人接物和沟通表达方面存在常识性知识的缺失。解决前者，不是一朝一夕的事情；解决后者，可以通过专题学习快速改善大部分问题，这也是本章希望达到的目的。

一、大学生职业礼仪的内涵

中国素有"礼仪之邦"的美誉。"礼"主内，倾向于内在素养方面的要求；而"仪"主外，更倾向于外在的准则和规范。自古以来，中国人都非常注重礼仪素养的修炼，甚至视其为立身之本。

宋代理学家朱熹提出"礼即理也"，将"礼"的重要性上升到"天理"的高度，认为"礼"是一切人、事、物相互作用的基本准则和根本原理。可以说礼仪的内涵非常丰富，外延也非常宽广，在不同的场合有不同的要求，甚至在不同的场景中礼仪的表现形式可能存在截然相反的情况。因此，抛开具体情景谈礼仪是无意义的。

谈到"职业礼仪"或者"职场礼仪"，已有非常多的学者从不同角度做出了具体的阐述。浙江海洋大学龚鹰副教授主编的《职场礼仪实训》一书，对职场礼仪作出了定义：职场礼仪是指在职业场合中应遵循的，用于律己敬人的各种行为准则和惯例。职场礼仪需要遵从尊重、真诚、自律、平等、适度等原则。袁敏主编的《大学生职业生涯规划》一书中，认为职业礼仪是指在职场人际交往中，自始至终以一定的约定俗成的程序、方式来表现的律己、敬人的完整行为。职业礼仪来源于市场经济发展的需要，顺应了各行业竞争的需要，是时代发展的必然产物。郭华、孔江联在《现代大学生职业礼仪与实践活动的研究》一文中写道：职业礼仪是我们在社会职业中所表现出的言谈举止、行为规范。王迎新在《加强对大学生面试职业礼仪的教育》一文中写道：职业礼仪是在人际交往中，以一定的、约定俗成的程序、方式来表现的律己、敬人的过程，涉及穿着、交往、沟通、情商等内容。

聚焦到本书讨论的重点，在大学生职业素养的范畴里谈职业礼仪，实际上是在时间和空间以及对象上构建了一个更加具体和清晰的讨论边界，在这一具体的情景里把职业礼仪的内容深化、细化，使大学生在职业素养培养的过程中获得针对性的指导。

大学生职业素养培养的过程，实质上是一种身份转变的练习过程——从学生身份转变为职场人身份。这一身份的变化对大学生而言是巨大的，回顾从小学生到中学生再到大学生的成长经历，"学生"这一角色对大学生来说早已十分熟悉，然而，"职场人"这一身份却是一个全新的挑战。如果不能较早地完成这一身份的转变，那么在求职以及初入职场的过程中，将会举步维艰，甚至处处碰壁；如果能够对职场礼仪足够重视，并学习它、使用它、掌握它，将其转化为自己职业素养的一柄利器，那么你一定可以如虎添翼，所向披靡。

由此，我们提出本书所探讨的大学生职业礼仪的内涵：大学生期待通过求职和入职这一过程将身份从"学生"转向"职场人"，在这个转变的过程中应具备的心理素质、能力基础和职场交往等方面的行为规范和人际期待。

二、大学生职业礼仪的作用

案例：小李是一名某国企新入职的 HR。这一年的 9 月份，他第一次跟随领导前往某城市开展高校的校园招聘工作，他对这次行程充满了期待。该城市有 A、B 两所"双一流"高校，是他此行开展招聘工作的重点对象。在这两所高校分别召开了宣讲报告会后，小李的工作邮箱中陆续收到了很多同学投来的简历。经过初步筛选，两所高校各有数量相当的同学顺利通过了简历筛选。小李给通过简历筛选的每一名同学都发送了通知面试的短信，奇怪的事情发生了：A学校的同学几乎都非常及时地回复了小李的短信，甚至有同学还非常贴心地备注了自己的基本信息并表达了感激之情；B学校的同学中只有个别同学回复了短信，甚至当小李打电话询问他是否可以如期参加面试时，仅得到了对方一句略显窘迫的回答。小李将这个有意思的发现分享给了领导，领导却并不意外。原来A高校非常重视学生求职礼仪的教育和训练，经常开办有关课程和讲座。领导多年的招聘经验和用人经验也验证了A高校的学生在面试过程中的表现更为从容和得体，在工作中与同事领导的关系也更为融洽。

及时并恰当地回复他人的消息，这是一件小事，但往往正是这些小事上表现出来的"小节"，决定了对一个人的初印象。在进入面试环节的时候，带着正面的初印象与带着负面的初印象，导致的结局恐怕会天差地别。这些小事非常能体现职业礼仪的重要作用，它可以使有些人的成功看起来毫无道理，也可以使有些人的失败总结起来无话可说。

大学生职业礼仪不仅关系到求职过程顺利与否，还可能深刻地影响到未来职业发展和人际关系的建立。大学生职业礼仪的作用表现在以下几个方面。

（一）塑造专业形象，提高职业竞争力

职业礼仪可以帮助大学生在求职和工作中展现出专业和成熟的形象，给雇主和同事留下良好的第一印象，这在竞争激烈的职场环境中尤为重要。在职场竞争中，除了专业技能以外，职业礼仪是评价一个人职业素养水平的重要标准之一，职业礼仪的培养能够显著提高大学生的竞争力。

（二）适应职场角色，培养职业习惯

对于初入职场的大学生来说，职业礼仪的学习和实践可以帮助他们更快地适应职场角色，完成从学生到职场人的转变；可以帮助他们更好地适应职场文化和环境，缩短职场适应期，提高工作效率；还可以帮助他们培养良好的职业习惯，这些习惯将在未来的职业生涯中持续发挥重要作用，为职业发展奠定坚实基础。

（三）提升个人素质，彰显个人魅力

职业礼仪是个人素质的重要组成部分，通过礼仪培养，大学生可以提高自身的修养和素质，成为一个全面发展的人。良好的职业礼仪能够提升个人价值，彰显个人魅力，建立和维护自己的个人品牌，使大学生在职场交往中更加自信，更具吸引力，更容易获得他人的尊重和信任。

（四）助力人际交往，增强团队协作

礼仪是沟通的润滑剂，职业礼仪强调尊重和合作。良好的职业礼仪能够帮助大学生在人际交往中建立和谐的关系，在团队合作中更高效地与他人交流，减少误解和冲突，促进同事、上下级之间的相互理解和尊重，快速打开工作局面，加速人脉资源的累积，获得团队内的支持。

（五）涵养职业道德，促进职业发展

礼仪教育有助于大学生将社会道德规范内化为自己的行为准则，形成良好的职业道德，并进一步提升社会责任感，使他们意识到作为职业人士在职场中和社会中的角色和责任。这种知荣辱、负责任、有担当的精神，是大学生在未来职场中获得更多机会和晋升空间的基本前提和根本保障。

因此，大学生职业礼仪的培养不仅影响他们事业的起点，还影响他们职业发展的终点；不仅对个人的成长和发展至关重要，也是社会文明进步的重要体现。

❖ 素养训练

从成语故事中学习礼仪

中华民族素有"礼仪之邦"的美誉，很多经典的礼仪故事通过成语的形式流传至今，请收集与礼仪有关的成语，了解其故事背景，体会礼仪的重要性和实际意义。

	成语	礼仪故事
1		
2		
3		
4		
5		
……		

第二节　大学生职业形象管理

❖ 职业素养

案例：在不同的职业群体中，我们往往能观察到这样的现象：护肤类产品的推销员

一般皮肤白皙细腻，妆容淡且精致；美妆类产品的推销员一般浓眉大眼，五官立体，且妆色较浓；理发店里的店员一般发型多样，发色各异，风格或精致或洋气；健身房里的健身教练一般身材高大，肌肉发达……

俗话说，"干一行，像一行"，这是对职场人职业素养的基本要求之一，只有先从形象仪态上进行模仿和学习，才能更深入地展现内在精神层面的融入与契合。

一、大学生职业仪容管理

仪容指的是用以示人的人体本身的容貌，包括人不着装的身体部位，如头发、面部、脖子、手臂、腿部等。

（一）头发

俗话说，看人先看头。头发是我们身体的"最高点"，又在整个头部占据了较大的面积比例，因此做好对头发的管理是仪容管理中至关重要的部分。

1.干净整洁

头发要勤于清洁，梳理整齐，保持发丝清爽无油，无难闻异味，无头皮屑，根根分明，柔顺光泽。

2.发型得体

首先，应根据自己的身材特征、头型和脸型的特色，合理选择可以扬长避短的发型，使自己看上去更美观；其次，应考虑到职业形象管理的特点，选择可以彰显职业身份的发型，使自己看上去更成熟稳重和值得信任，男生不宜留长发，女生不宜理寸头；最后，适合大学生身份的职业发型，应该简单、清爽、利索，避免繁琐复杂的编发和造型，不用夸张华丽的头饰，如图9-1所示。

图9-1　适合大学生身份的职业发型

3. 不遮脸

头发是修饰脸型的重要元素，但绝对不能成为遮挡面部的累赘，应自信地将五官展示出来。如图9-2所示，短发应做到前不覆额、侧不掩耳、后不及领；长发应尽量盘发、束发或半扎马尾，做到刘海不挡眼、双鬓不遮耳、低头不散发。

图9-2　适合女生的职业发型

（二）面部

美好的面部仪容是人的第一张名片。这里所说的美好一定是建立在健康的基础上的，如果皮肤粗糙暗沉，遍布痤疮，或者眼含血丝，嘴唇干裂，那肯定与"美"和"好"相去甚远了。所以大学生在开始进行职业形象管理之前，首先要对面部进行良好的健康管理，对现存或潜在的健康问题进行科学的干预。可以从以下几个方面进行自查。

1. 干净卫生

做好面部清洁，保持面部干净卫生，这是最基本的要求。

2. 皮肤

选择适合自己肤质的面部护理产品，保持皮肤状态稳定、细腻、光洁，无泛红过敏，无肤色不均，无油光满面。可以适度选用底妆类产品提亮和均匀肤色、遮盖瑕疵，底妆应与自己本身肤色融合自然，颜色适当而不过分假白，有一定的持妆性而不晕妆和脱妆。还可以适度选用腮红类产品提升气色，使面色红润，但切忌下手过重，否则脸会变成"猴屁股"。

3. 眉毛

可以根据自己的脸型适当对眉形进行调整和修饰，使眉形流畅舒展，帮助提升精神气质。可以适度选用美妆类产品补画缺眉、适当加深眉色，使眉毛更协调自然。

4. 眼睛

眼睛无眼屎，不充血，无困意，不斜视，不频繁眨眼。不戴有色眼镜，眼镜端正，镜框简单轻盈。可以适度选用美妆类产品打造有精神的眼妆，切忌选择颜色夸张的眼影、过浓或过长的假睫毛和过黑或过粗的眼线。

5. 鼻子

做好鼻孔清洁，不当众抠鼻子。

6. 口唇

嘴唇饱满湿润，无干裂和起皮，牙齿洁白整齐，牙缝无异物，张口无异味。若唇色过淡或过乌，可以使用合适的口红来帮助提升气色，切忌选择颜色太过艳丽的口红。

7. 胡须

对于男生来说，除了特殊情况以外，都应经常剃须，保持面部清爽。

（三）身体其他部位

身体其他部位要保持清洁，无污渍。脖子、手臂、腿部等身体部位不宜露出文身。指甲不宜过长，不涂艳丽的指甲油，不做复杂的美甲。手臂或腿部若有浓密的汗毛，不宜裸露在外，应用衣物遮蔽或进行脱毛处理。

二、大学生职业仪表管理

仪表指的是体表的外在修饰，主要包括服装、鞋袜以及配饰。

（一）服装的选择

过去人们总是将职业服装与西装画上等号，似乎只有西装才是正装。不可否认，在一些十分正式和严肃的场合，如上台领奖、在大会上发言、出席典礼等，穿西装是一定不会犯错的选择（图9-3）。

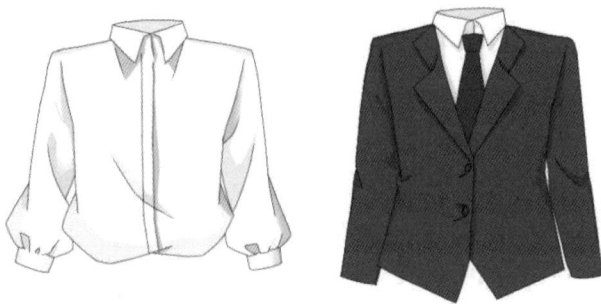

图9-3   传统衬衣和西装外套

对于当代大学生来说，他们最需要和最迫切想要学习和掌握的是在求职过程中服装的选择和搭配。在这种情形下，传统制式的西装套装已经不再是大学生的唯一选择，甚至不再是第一选择。毕竟，传统西装套装对大学生求职者而言似乎过于沉闷和拘束了。因此，大学生们已经不满足于千篇一律、非黑即白的传统西装套装，而是对职业服装的选择提出了更多个性化和多样化的要求。

得益于我国服装设计行业的进步与发展，如今的服装市场门类丰富，款式繁多。其中，一类适合在日常上下班和工作场合穿的服装被定义为通勤装，如图9-4所示，它是介于休闲装和正式商务装之间的一种着装风格，既保持了一定的正式度，又兼具一定的舒适性、实用性和时尚性，因此获得了当代职场人的青睐。

图9-4　通勤装示例

通勤装的款式和颜色非常丰富，选择范围很大，因此其搭配也存在一定的挑战性，搭配得当可以为自己的职业形象加分，搭配失误则可能带来负面影响。下面提供了一些通勤类服装的穿搭原则。

1.风格简约

选择简约、经典的款式（图9-5），避免过于复杂或花哨的设计（图9-6）。服装的图案和纹理不宜过多，选择纯色的衣服通常更安全。

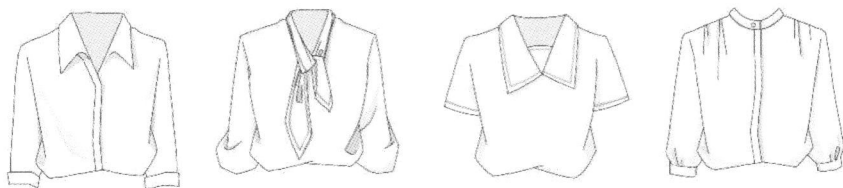

图9-5　简约、经典的上衣款式

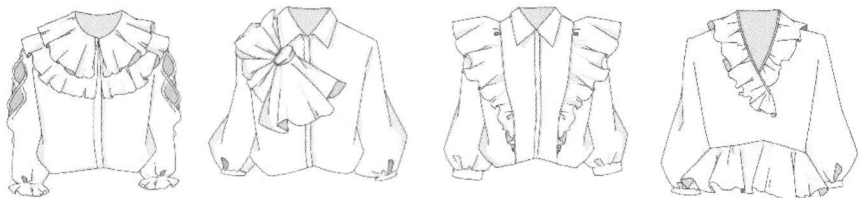

图9-6　过于复杂或花哨的上衣款式

2. 颜色协调

通勤装的颜色搭配应以中性色为主，如黑色、白色、灰色、藏蓝等，这些颜色易于搭配且显得专业。女生在服装颜色的选择上，可以适当尝试一些低饱和度的其他颜色，如莫兰迪色系。整体服装的颜色要协调统一，避免颜色过多或搭配不当。一般情况下，全身上下的颜色，除了黑白灰，最多只能有一种彩色。

3. 层次分明

通过不同层次的穿着来增加整体造型的丰富性。例如女生可以在衬衫外面搭配西装外套；男生可以在T恤外面搭配衬衣或开衫。

4. 下装选择

通勤类服装中常见的下装包括西装裤、直筒裤、小脚裤、九分裤、铅笔裙、A字裙等，如图9-7所示。在大学生求职过程中，更推荐裤装，可以给人以干练的感觉；相较而言，裙装则不太推荐，因为在行走、乘车和起坐过程中，裙装会有更多的限制和不便。

图9-7　通勤类服装中常见的下装款式

5. 剪裁合身

选择合身的服装，既不过于紧身也不过于宽松。只有衣服合身，穿衣者才能保持舒适和放松的精神状态，更好地展现自己的职业素养。

6. 面料有质感

不要选择廉价的服装面料，尤其不要选择透光或透肤的面料。质地较好的面料不仅能够增加穿衣的舒适度，还能提升整体着装的质感。

7. 整洁干净

无论选择什么样的服装，保持衣物干净和平整是展现职业形象的关键。每次穿着衣物前都应该进行全面检查，查看是否存在污渍以及褶皱，及时进行清洗或熨烫。

8. 符合职场文化

不同的行业有不同的着装规范，不同的企业可能也有其独特的企业文化，通勤装的搭配不是一成不变的，而应适应所在职场的文化和着装要求。

（二）鞋子的选择

在职场环境中，选择鞋子时需要考虑的因素包括舒适性、专业性、耐用性以及与整体着装的搭配性。

1. 颜色搭配

鞋子的颜色应与服装搭配协调，通常黑色、棕色和白色是职场中最常见的选择。

2. 男生鞋型的选择

对于男生来说，可以搭配职业装的鞋子有很多，按照正式度从高到低有牛津鞋、德比鞋、乐福鞋、板鞋、帆布鞋、运动鞋等，如图9-8所示。

图9-8　男士的鞋型

3. 女生鞋型的选择

对于女生来说，可以搭配职业装的鞋子种类很多，在兼顾职业性和美观性的基础上，推荐选择舒适且适合长时间穿着的鞋子，如平底鞋、低跟鞋、方跟鞋或乐福鞋（图9-9），避免鞋跟过高或过细的高跟鞋。

图9-9　女士平底鞋、方跟鞋、乐福鞋

4. 避免选择的鞋型

避免选择不够正式的鞋子，如露脚趾或露脚后跟的鞋子（图9-10）。

图9-10　避免选择的鞋型

（三）袜子的选择

在正式场合中，袜子的存在一般不带有装饰性目的，主要起到增强穿鞋的舒适性的作用，因此在袜子的选择上需要注意让它"隐身"。

1. 袜子颜色和材质的选择

当穿着包裹整个脚面的鞋型时，可以选择透气的棉袜，袜子的颜色应与鞋子的颜色保持一致；当穿着露脚面的鞋型时，可以选择肤色的丝袜或船袜。

2. 袜筒高低的选择

当与深色长裤、深色鞋子进行搭配时，深色袜子的袜筒可以高一点，在行走和坐卧的时候避免在深色的袜子和裤子之间露出一截突兀的脚腕；其他情况下，袜子的袜筒高度以略高于鞋口为宜。

（四）配饰的选择

首饰是服装美感的一种延伸，恰如其分的配饰选择可以起到画龙点睛的作用。记住，配饰不是必选项，如果无法保证配饰选择恰当，宁可不要这份"锦上添花"，也不要冒险"画蛇添足"。

整体来说，配饰应简约大方，小巧精致，以免喧宾夺主或过分张扬。配饰的颜色应与服装和整体形象协调，通常选择中性色或与服装相呼应的颜色。数量适中，避免佩戴过多的配饰。全身上下的配饰应互相呼应，风格统一。保持文化敏感性，了解并尊重职场文化，避免选择可能引起误解或不适的配饰。避免佩戴带有明显品牌标识的配饰。

按照配饰佩戴的身体部位，可以将职场中常见的配饰分为：头饰、耳饰、颈饰、腕饰和戒指。

1. 头饰

常见的头饰有发箍、发卡、发簪、发带、头绳等。对于大学生职业形象管理的情形来说，发型越简单清爽越好，盘发、束发时建议选择深色头绳，一般情况下不推荐佩戴其他头饰。

2. 耳饰

常见的耳饰有耳钉、耳环、耳坠等（图9-11）。耳饰的选择应与脸型相配，圆脸不宜搭配过大的耳环，长脸不宜搭配过长的耳坠。对于大学生职业形象管理的情形来说，小巧精致的耳钉是最合适的选择。

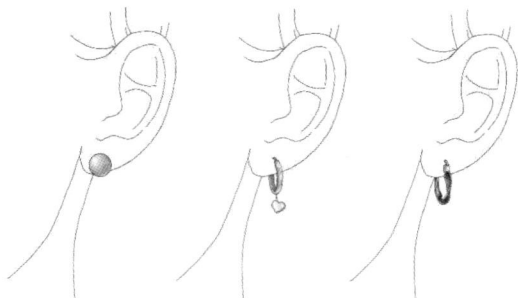

图9-11　耳饰

3. 颈饰

常见的颈饰有项链、项圈、丝巾等（图9-12）。颈饰的选择除了考虑服装整体的协调性，还应该着重考虑领口的形状：大圆领上衣可以搭配圆形短项链或项圈；V领上衣可以搭配V型、Y型项链或者丝巾；高领或小圆领上衣可以搭配长于领口的项链、毛衣链或丝巾。

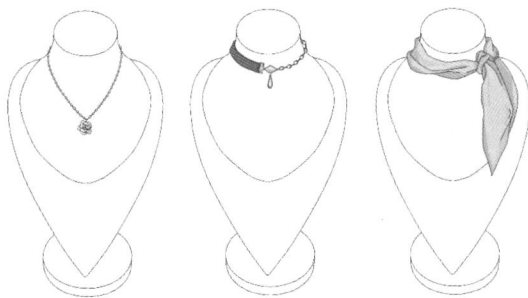

图9-12　颈饰

4.腕饰

常见的腕饰有手镯、手链、手表等（图9-13）。需要注意的是，除非是成对的手镯，一般腕饰只能佩戴在一只手上。如果手腕较粗，不宜佩戴宽大的腕饰。对于大学生职业形象管理的情形来说，佩戴一只款式简单的手表有助于塑造职业形象。

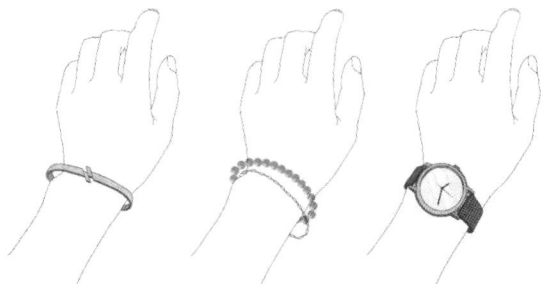

图9-13　腕饰

5.戒指

戒指戴在不同的手指上可以表示不同的含义，最常见的几种说法包括：左手小拇指代表不婚主义，左手无名指代表已婚，左手中指代表热恋中或已订婚，左手食指代表单身。从戒指的搭配方式上来看，戒指可以单戴，也可以叠戴。对于大学生职业形象管理的情形来说，佩戴戒指容易增加不必要的解释成本，所以一般情况下不推荐佩戴戒指。

三、大学生职业仪态管理

仪态指的是人在动态中表现出来的身体姿态和行为举止，它反映出一个人的教养和修养，主要包括站姿、坐姿、走姿、表情、言谈等。

（一）站姿

俗话说"站如松"，即正确的站姿应该给人以松树般挺拔刚直的感觉。在很多相关书籍和资料中，关于标准站姿的基本要点有如下共识。

1.头正目平

头部端正，面向正前方，既不抬头显得高傲，也不颔首显得怯懦。目光向前平视，脖颈挺拔，下颌微收，面色自然。

2.腰直肩垂

腰背部要挺直，不能驼背或过度挺胸，保持自然的S形曲线。双肩应放松齐平，微向后张并自然下垂，不要耸肩或过度向后拉。

3. 挺胸收腹

胸部自然打开，保持呼吸顺畅。腹部肌肉轻微收紧，有助于保持身体的直立和稳定。

4. 双臂自然

手臂自然下垂，手指自然弯曲，呈半握拳状，不要紧贴身体或过于紧张。

5. 双腿直立

双腿自然直立，肌肉略微收紧，膝盖保持自然伸直，不要过度紧张，避免锁死关节。

6. 站姿稳定

双脚并拢或稍微分开，通常与臀部同宽，重心均匀分布在双脚上，这样有助于保持身体平衡，避免左右晃动或前后摇摆。

在上述标准站姿的基础上，根据双手摆放位置的不同，又分为侧放式、前腹式、腰际式、后背式等几种基本站姿，如图9-14所示；根据双脚摆放方式的不同，又分为 V 字步、丁字步、跨立步等几种基本站姿，如图9-15所示。在不同的场合中，人们可以选择不同的基本站姿进行组合搭配。

图 9-14　侧放式、前腹式、腰际式、后背式

图 9-15　V 字步、丁字步、跨立步

在大学生职业仪态管理中，几种不同的基本站姿可以根据情况灵活选择。当站立等候的时候，可以选择侧放式、V字步（女生）或跨立步（男生）的站姿，保持自然体态，适当放松；当需要鞠躬问好或致谢的时候，可以选择腰际式（女生）、前腹式（男生）、V字步的站姿，以示尊重；当需要回答提问的时候，可以选择前腹式、V字步的站姿，注意双手轻轻搭在一起，不要用力握紧双手，双臂放松下垂，不要因紧张而夹紧双臂。

（二）坐姿

俗话说"坐如钟"，在正式场合下，坐姿讲究如钟般端庄沉稳。关于坐姿的基本礼仪可以概括为以下几点。

1. 入座基本礼仪

（1）等待指示：在正式场合，应等待主人或主持人的指示后再坐下。

（2）落座顺序：一般应按年龄、身份落座，通常年长或身份高的人优先落座，年轻或身份较低的人随后。

（3）从左侧入座：为了避免相邻就座者之间互相干扰，一般从座位的左侧入座。

（4）轻稳坐下：坐下时动作要又轻又稳，避免发出噪音或引起椅子的剧烈晃动。

（5）保持距离：与他人并排坐时，保持适当的个人空间，避免过于靠近产生尴尬。

（6）向邻座致意：在就座时，应主动向周围的人礼貌致意。在公共场合，想要在别人旁边的位置入座，应先征得对方的允许，确认此为空座后才可以坐下。

（7）收拢裙装：穿着裙装的女士在入座前应用手将裙子稍微收拢，避免坐皱裙子或裙摆拖地。

2. 离座基本礼仪

（1）等待时机：在正式场合，等待合适的时机离座，不要在他人发言时或重要时刻突然站起。

（2）顺序意识：如果有尊者或长辈在场，应等待他们先离座或在得到他们许可后再离开座位。其他情形下可以根据起身顺序或便于离开的顺序有序地逐一离座，切勿拥挤和插队。

（3）从左侧离座：条件允许时，一般应从座位的左侧离开。

（4）动作轻缓：站起时动作要轻缓，尽量保持安静，避免拖动椅子或物品发出噪音，避免打扰到他人。

（5）礼貌示意：在离开时，可以微笑或点头向周围的人示意，表示礼貌和尊重。

（6）椅子归位：在离开座位时，轻轻将椅子推回桌下或原来的位置，避免发出响声。

（7）整理服装：在离座前，检查并整理自己的服装，确保整洁。

3.坐姿的规范

（1）三个"90度"：上身与大腿成90度角，大腿与小腿成90度角，小腿与地面成90度角。

（2）椅面不坐满：在正式场合，最多坐满椅面的三分之二，不能靠在椅背上。

（3）背部挺直：背部应挺直，不要完全陷入椅子中，避免懒散的坐姿。

（4）避免摇晃腿部：入座后不可上下抖腿或左右摇晃腿部，这会显得不专业或不耐烦。

在上述坐姿规范的基础上，根据男女性别特点的不同，基本坐姿也存在一些差别。

女生的坐姿讲究"三不分"，即双膝、双腿、双脚应随时靠拢，不能分开。女生的基本坐姿按照正式度从高到低排序，包括：标准式坐姿、斜放式坐姿、交叉式坐姿、叠放式坐姿等，如图9-16所示。在大学生职业仪态管理中，推荐前两种坐姿。

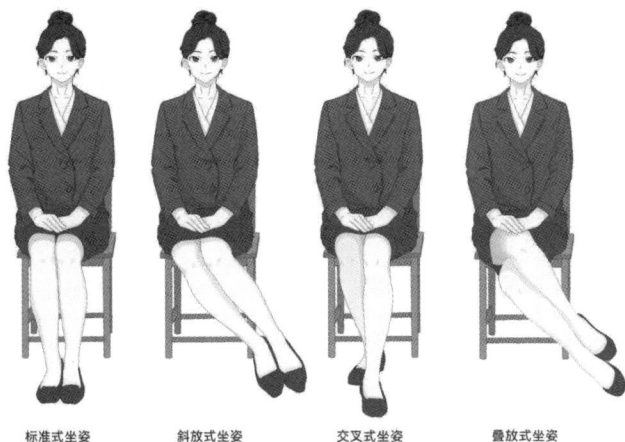

标准式坐姿　　斜放式坐姿　　交叉式坐姿　　叠放式坐姿

图9-16　女生的基本坐姿

男生的坐姿要求相对简单。男生的基本坐姿按照正式度从高到低排序，包括：标准式坐姿、垂腿开膝式坐姿、叠放式坐姿等，如图9-17所示。在大学生职业仪态管理中，推荐前两种坐姿。

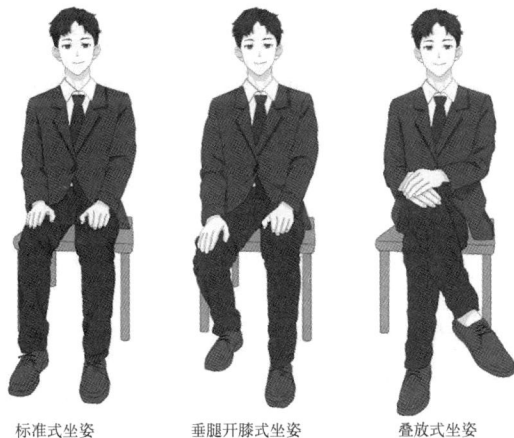

标准式坐姿　　垂腿开膝式坐姿　　叠放式坐姿

图9-17　男生的基本坐姿

（三）走姿

俗话说"行如风"，不是指走路要快，而是要求走起路来像风一样轻且稳。走姿是站姿的延续性动作，因此，走姿的基本要求也是建立在标准站姿的基础之上的。除此之外，还应注意步幅均匀，步速适当，沿直线行走，保持身体重心稳定。

1. 走姿的常见场景

（1）标准的前进走姿：当我们谈论走姿时，首先浮现在脑海中的通常是面向前方的标准前进走姿，这是最常见也是最基本的行走方式。

（2）优雅的后退走姿：在告别时，不宜立刻转身离开。正确的做法是先向后退几步，保持面向对方，然后再转身离开。在这个过程中，步伐应小而轻盈，以保持礼貌和优雅。

（3）引导式的侧行走姿：在引导客人时，应走在客人的左前方，并略微向右转体，侧身面对客人，同时保持适当的距离，以便更好地引导和交流。

2. 应避免的不良走姿习惯

（1）低头走路或走路时长时间看手机。

（2）采取内八字或外八字的走路姿势。

（3）走路时身体前倾或重心不稳，左右摇摆。

（4）拖着脚走路或脚步过重发出明显声音。

（四）表情

表情管理是仪态管理中非常重要的一部分，在职场人际交往中扮演着至关重要的角色。作为一种强大的非语言沟通方式，表情不仅能够传达情感和态度，还能影响个人形象和沟通效果。

区别于其他仪态管理更注重对自己本身的要求，表情管理是一种双向互动的动态管理机制。我们不仅要有意识地控制和调整自己的表情，同时还要注意观察他人的表情，准确识别情绪，更好地理解对方的情感和意图，以适应环境并达到沟通的目的。

在日常生活和职场中，最基本的表情管理主要集中在两个方面：一是眼神，二是笑容。

1. 眼神

（1）注视的区域

在与人交往时，以尊重和友好的态度注视对方是非常重要的。有效的注视区域是对方的"眉眼三角区"，这个区域由对方的眉心作为顶点，两侧颧骨作为底边的顶点，形成一个三角形，心理学家也称之为"焦点关注区"，如图9-18所示。通过注视这个区域，你可以展现出对对方的尊重和关注，同时也能保持舒适和自然的眼神交流。

虽然直视对方的眼睛通常被认为是一种表示尊重和专注的交流方式，但事实上，对于那些不擅长社交的人或在长时间对话中，一直紧盯双眼，会让交谈双方感到不适，也会让气氛有些窘迫和尴尬。因此，在交谈时可以将目光游离于对方的"眉眼三角区"，虽然没有真正直视对方的眼睛，但依然可以给对方留下被关注的良好感觉，同时，注视的位置在这个区域内略有变化，也可以一定程度上缓解不善交谈者紧张局促的心理状态，避免尴尬情形的出现。

图9-18　"眉眼三角区"示意图

（2）注视的时间

在一段较长时间的交流过程中，注视对方的时间是非常有讲究的。一般情况下，与对方目光接触的时间约占全部交谈时间的三分之一。过少的注视时间，会给对方带来被忽视、被轻视的感觉；而过多的注视时间，会给对方带来压力，甚至显得暧昧，或带有敌意。

（3）注视的角度

注视角度的不同，往往意味着身份地位的差异，也可以用来表达不同的态度。平视时，双方身份地位对等，容易营造一种平等、友善的沟通氛围；仰视时，往往给对方一种被尊重和重视的感觉，适用于对待尊长；俯视时，可以表达对晚辈或弱者的怜爱、包容，也可以表达轻蔑之意。

2. 笑容

面带笑意是友善的基本信号，发自内心的真诚笑容，会让和你交往的人心情愉悦。笑容有很多种，其中最适合在人际交往和职场礼仪中运用的是微笑，微笑可以给人带来无穷的力量。

在面试中保持微笑，一是可以展示你的真诚和友善，二是可以反映你良好的心情，三是可以体现你自信乐观的心态和从容不迫的心境。当然，并不是说面试整个过程中都要保持微笑，那样会很不自然，例如谈到严肃问题的时候，依然微笑是不合适的。用轻松自然的心态去和面试官交流，当笑则笑，但也不能哈哈大笑或捧腹大笑。不能把微笑只留给面试官而对其他人区别对待，应该尽量对遇到的所有人保持礼貌的微笑。

（五）言谈

在大学生职业仪态管理中，除了前面所讲站姿、坐姿、走姿、表情等"举止"的部分，还应包括"言谈"。一个人的言谈，是其成长经历、人生阅历、学历背景、知识储备、才智水平、情商水准以及应变能力等诸多方面的外在表现，是需要通过长期的积累慢慢涵养而成的，很难在短时间内获得实质性的提升。但通过学习并掌握一些言谈的基本原则和注意事项，也可以在短暂的日常交往中起到一定的积极作用。具体来说，可以从以下几个方面进行练习。

1. 注意使用文明用语

在交谈中要使用文明且优雅的语言，避免使用粗话、脏话、荤话等。当不得不提及可能会引起尴尬或不适的用词时，可以使用委婉的表达来代替。例如，用"洗手间"代替"厕所"，用"方便一下"代替"去解手"。

2. 将礼貌用语变成一种表达习惯

礼貌用语是社会交往中用来表达尊重和谦逊的专门用语，是文化习俗和社交礼仪的一部分，更是汉语言文化传承下来的一份珍贵瑰宝。多使用礼貌用语能营造和谐氛围，建立良好印象，化解矛盾冲突，提升个人素质和树立良好形象，对人际交往和个人修养都大有裨益。

在日常交流中，我们可以更多地融入礼貌用语，甚至形成一种语言习惯：称呼时用"您"不用"你"；要求他人做事时用"请"开头；多用感谢语"谢谢"或者"感谢"；多用道歉语"对不起"或者"抱歉"；多用道别语"再见"或者"再会"等。在一些特定场景中，也可以使用一些礼貌用语，例如，初遇道"久仰"，久别言"久违"，迎客称"光临"，候客表"恭候"，访人说"拜访"，离席讲"告辞"，先退用"失陪"，阻送呼"留步"，求批讲"指教"，求助说"劳驾"，托事道"拜托"，扰人表"打扰"，求谅言"包涵"等。

3. 语言表达应清晰明确

在交谈过程中，准确运用语言至关重要，它能显著提高交流的效率。

首先，发音要标准，这是确保信息准确传达的基础。除了在老乡之间需要强调同乡亲密关系的情形外，应避免使用方言。此外，外语的使用也要谨慎，尤其要避免在中文表达中随意穿插外语词汇。除非是在特定行业约定俗成的语言习惯下，且交流双方都熟练掌握该外语，否则贸然使用外语可能会造成沟通障碍或给听者带来不好的印象。

其次，语速要适中，过快会让对方难以跟上思路，过慢则可能使对话拖沓。一般来说，每分钟150~180个字的语速比较合适，这样既能保证信息输出流畅，又能让对方有时间消化和理解。

最后，音量要合适，应根据当下环境选择与之和谐的音量。同时，口吻要谦和，内容要简明扼要且没有歧义。

4. 交谈主题的选择要有技巧

在开启一段对话时，选择合适的主题至关重要。

在较为正式的场合中，交谈主题一般是既定的，这样，双方都能有一定的了解和准备，能够围绕主题展开深入且有条理的讨论。例如，在学术会议上，与会者围绕既定的科研课题进行交流，大家都能在专业知识的基础上进行思想碰撞。

在偏向日常的场合中，交谈主题宜选取自己熟悉且擅长，同时又能引起对方兴趣的内容。例如，在图书馆偶遇，可围绕阅读、书籍开启话题；在博物馆邂逅，历史文化、文物鉴赏的话题是不错的选择；旅行途中结识新友，分享旅行趣事、美食美景等话题则更为恰当。

同时，有些主题需谨慎避开。个人隐私是敏感领域，涉及他人收入、家庭矛盾等隐私话题，容易侵犯他人权益、引发矛盾。捉弄对方带有恶意，会伤害对方的自尊心和感情，破坏关系。诽谤旁人不仅违背道德，还会给他人留下不良印象。

5.善言者首先善听

善于表达的人一定是善于倾听的人。只有尊重对方，善待他人，才能推动一场交谈往好的方向发展。因此，良好的言谈习惯往往源于良好的倾听习惯，从基本的认真去听，到高级的带着同理心去倾听，要做到"三多三少三不"，即多肯定、多响应、多共鸣，少否定、少独白、少总结，不冷场、不抢话、不抬杠。

❖ 素养训练

站姿训练

"靠墙训练"可以练习站姿。如图9-19所示，背靠墙壁站立，确保脚跟、臀部、肩部和头部都紧贴墙面之后，尝试提颈、挺胸、收腹、立腰，绷紧膝盖，同时还要保持面部表情自然放松，面带微笑。每天练习有助于感受正确的站姿，调整体态。

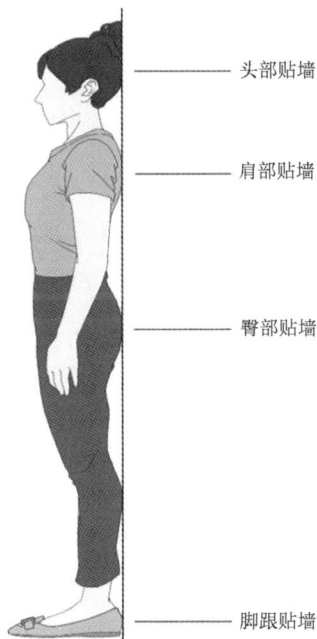

图9-19 通过"靠墙训练"练习站姿

走姿训练

走姿训练贵在坚持。记住标准走姿的基本要领之后，日复一日地练习，坚持在日常生活中练习和使用标准走姿，相信走姿仪态一定可以得到改善。你可以借助以下两种训练方式。

1.身体感知训练

练习走直线。闭上眼睛走直线，这有助于提高对身体各部位的感知能力。

2.观察和练习

在一面大镜子前进行走姿练习，或者录制自己走路的视频，观察自己的走路姿势与标准走姿之间的差异，找出需要改进的地方，针对性地优化动作要领。

笑容训练

练习笑容的方式有很多，在此分享两种简单实用的笑容训练方法。

1.咬棍法

这种方法也被称为"咬筷子法"，但不推荐使用筷子作为训练工具，因为大多数筷子一头粗一头细，使用筷子进行笑容训练，容易导致肌肉用力不平衡，从而引起嘴歪的症状。推荐使用铅笔或眉笔等粗细均匀的棍子进行练习。练习的时候，先将棍子卡在后槽牙的位置，上下左右摆头，放松和激活面部肌肉，然后用门牙咬住棍子，嘴角最大限度地上扬，并保持一段时间，在保持的过程中取下棍子，反复练习以形成肌肉记忆。

2.发音法

可以通过发音辅助进行笑容训练。常用的发音助词有"茄""开""心""一""黑"等。可以对着镜子尝试发出这些音，观察哪一种更适合自己，通过长期练习形成肌肉记忆。

第三节　大学生职业礼仪策略

✦ 职业素养

一、见面礼仪

（一）称呼

在人际交往过程中，称呼是必不可少的。恰当的称呼，是一场良好沟通的起点；不当的称呼，也可以迅速为一场失礼的沟通画上句号。称呼不仅仅是一个简单的名词，它还承载着文化、礼仪和情感的多重含义。在初次见面时，恰当的称呼能够为双方的交流打下良好的基础。随着关系的深入，称呼也可以相应地变得更加亲切和个性化。掌握正确的称呼方式，是大学生职业礼仪培养的重要策略之一。

1.称呼的分类

（1）职务性称呼

在一般的职场交往中，对待有一定职务的人，以职务相称是最常见的。常见的职务性称呼如表9-1所示。

表9-1 常见的职务性称呼

类别	常见的职务性称呼
企业	董事长、总经理、经理、主任、秘书等
政府部门	省长、部长、厅长、局长、县长、处长、科长等
高校	书记、校长、院长、主任、（工会）主席、（协会）会长、（部门）部长、（社团）社长等

在具体实践中，职务性称呼的方式分为以下几种情况。

一是只称职务。例如，董事长、局长、校长等。适用于彼此认识的较正式的场合。

二是姓氏＋职务。例如，王董事长、李局长、张校长等。适用于一般性的正式场合。

三是姓名＋职务。例如，王强董事长、李军局长、张明校长等。适用于典礼、仪式等非常正式的场合。

四是姓氏＋职务简称。例如，王董、李局、刘处、陈秘等。适用于熟人之间的非正式场合。

（2）职称性称呼

对于拥有中高级技术职称的人，在需要体现其专业技术水平、能力和成就的场合，可以以职称性称呼相称。常见的职称性称呼如表9-2所示。

表9-2 常见的职称性称呼

类别	常见的职称性称呼
高校教师	教授、副教授、讲师等
研究人员	研究员、副研究员、助理研究员等
工程技术人员	高级工程师、工程师等
卫生技术人员	主任医（药、护、技）师、副主任医师、主治（主管）医师等
新闻专业人员	高级记者、主任记者、记者等

类别	常见的职称性称呼
出版专业人员	编审、副编审、编辑等
法律专业人员	律师等
会计人员	高级会计师、会计师等

类似的，职称性称呼在使用中有以下几种情况。

一是只称职称。例如，教授、高级工程师、主任医师等。适用于彼此认识的较正式的场合。

二是姓氏＋职称。例如，王教授、李律师、张记者等。适用于一般性的正式场合。

三是姓名＋职称。例如，王强教授、李军律师、张明记者等。适用于典礼、仪式等非常正式的场合。

四是姓氏＋职称简称。例如，李律、张记、孙高工（高级工程师的简称）、赵工（工程师的简称）等。适用于熟人之间的非正式场合。

（3）学衔性称呼

在学术论坛、学术交流等学术性场合中，可以使用学衔性称呼。学衔从低级到高级分为学士、硕士、博士。一般情况下，当对方学衔为博士时，会选择学衔性称呼，以突出其学术水平。

类似的，学衔性称呼在使用中有以下几种情况。

一是只称学衔。例如，博士。常用于熟人之间。

二是姓氏＋学衔。例如，王博士、李博士。常用于一般性交往。

三是姓名＋学衔。例如，王强博士、李军博士。适用于较为正式的场合。

四是学科＋学衔＋姓名。例如，工学博士王强、经济学博士李军、医学博士张明等。这种称呼方式最为正式。

（4）行业性称呼

如果不清楚对方的姓名、职务等信息，又没有深入交往的需求的时候，可以使用对方所从事行业的约定俗成的称呼方式进行称呼。例如，在学校，可以称呼长者为"老师"，称呼同龄人为"同学"；在医院，可以称呼医护人员为"医生"或者"护士"；在警局，可以称呼穿警服的人为"警官"；在打车的时候，可以称呼司机为"司机师傅"，等等。

2. 称呼的原则

在不同的文化和社交场合中，称呼的选择和使用有着严格的规范。面对同一个对象，称呼的选择可能不止一种，在不同的场合、以不同的身份出现或者带有不同目的时，称呼的选择均有所不同。选择称呼时，需遵循四个原则：第一，要符合常规，遵循普遍认可的称呼习惯；第二，要区分场合，根据不同的环境选择合适的称呼；第三，要考虑双方的关系，依据亲疏远近来确定称呼；第四，要入乡随俗，尊重当地的风俗习惯。

3. 实用策略

大学生在参加校园招聘的过程中，会遇到很多来自企业或其他单位的校外人士，称呼的选择策略一般有三种情况。

其一，如果对方直接向你告知了称呼方式，那么你应该优先选择对方建议的称呼方式。例如，对方人员主动向你介绍"同学你好，这是我们公司人力资源部的李主任"，你可以直接称呼对方"李主任"。

其二，如果对方主动向你提供了职务信息，那么你应该及时准确地判断出合适的职务性称呼。例如，对方主动告知"同学你好，我是某某学校人事处的处长陈强"，你可以称呼对方"陈处长"。需注意，在双方见面打招呼这种一般性社交场合中，如果对方的职务是副职，非必要不在称呼时加上"副"字。例如，若对方告知"同学你好，我是某某公司办公室副主任王刚"，你可以称呼对方"王主任您好"，而不是"王副主任您好"。

其三，如果对方并没有主动向你介绍或者透露明确的职务信息，那么本着宁愿保守也不冒险出错的原则，可以称呼对方为"老师"。俗话说"三人行，必有我师"，对待来招聘的行业前辈，称呼"老师"一般不会出错。例如，对方仅简单说了一句"你好"，你可以回复"老师您好"。

【知识拓展】

中国素有礼仪之邦的美誉，古人在称呼上有非常严格的规范，使用不当或者犯了忌讳甚至能招致杀身之祸。在现代汉语中，一些体现教养和礼貌的谦辞、敬辞的用法依然保留了下来，沿用至今。了解和学会正确使用常见的谦辞、敬辞非常必要，如果用反了，恐怕要在重要场合闹笑话。

（1）称呼与自己相关的人事物多用谦辞

称自己的长辈为"家父""家母""家兄""家姐"；

称自己的晚辈为"舍弟""舍妹""舍侄"；

称自己的妻子为"内人""拙荆"；

称自己的孩子为"犬子""小儿""小女"；

称自己的见解为"愚见""拙见"；

称自己的作品为"拙文"；

称自己的礼物为"薄礼"。

（2）称呼与他人相关的人事物多用敬辞

称他人的姓名为"尊姓""大名"；

称他人的年龄为"贵庚""芳龄""高寿"；

称他人的父母为"令尊"（父亲）"令堂"（母亲）；

称他人的孩子为"令郎"（儿子）"令爱"（女儿）；

称他人的妻子为"夫人"；

称他人的见解为"高见"；

称他人的作品为"大作"；

称他人的礼物为"厚礼"。

（二）介绍

介绍礼仪在人际交往中扮演着至关重要的角色，它不仅是一种基本的社交技巧，也是展现个人素养和尊重他人的重要方式。对于大学生而言，在商务会议、职业面试、社交活动等场合，得体的自我介绍和对他人的介绍能够展现自信和尊重，有助于构建积极的人际关系网络。通过掌握介绍礼仪，大学生可以为自己的职业生涯打下坚实的基础，开启成功之路。因此，掌握恰当的介绍礼仪，是大学生职业礼仪培养的重要策略之一。

1. 介绍自己

介绍自己，也叫自我介绍，是一种在缺少介绍人的情况下，个人主动向他人展示自己身份背景信息的行为。它通常发生在社交场合、职业面试、会议会谈或其他希望他人认识自己的情境中。通过自我介绍，个人可以有效地传达自己的基本信息、职业背景、教育经历以及个人兴趣等，从而达到结识他人或者被他人熟悉的目的。

在介绍自己时，应注意以下几点。

一是选择恰当的时机。应确保在对方有空闲并愿意倾听时进行介绍，避免在对方忙碌或不便时打扰，否则不仅达不到自我推介的作用，还会适得其反。

二是态度真诚，有礼有节。进行自我介绍时，应该真诚自然，自信从容，切莫畏首畏尾，也不能自视甚高。自我介绍的内容应实事求是，展现出真实的自我，避免夸大或虚假。语言上多使用礼貌用语，肢体上可以运用合适的表情和手势以增强亲和力和信任感。

三是简洁明了，时间有度。自我介绍应力求简洁有力，优先介绍对方感兴趣的信息或最能展现自身特色和优势的信息，避免冗长和啰唆。根据自我介绍的不同场合和目的，时间上可长可短，短则只报自己的姓名，长则需要几分钟的陈述，在介绍过程中还要实时观察对方的反应，及时调整策略，如果对方显示出感兴趣或开放的姿态，那么可以适度详细展开，反之就应该及时结尾。

2. 介绍他人

除了介绍自己，还有一种情况是介绍他人。

（1）确认意愿

在充当介绍者的角色前，首先要明确被介绍双方的意愿。一是避免双方已经认识，没有介绍的必要；二是避免双方或其中一方并不想与对方结识。在征求意见的时候，一般应先征求身份地位较高者的意见，再征求身份地位较低者的意见，并优先考虑前者的意愿。

（2）介绍顺序

在为他人进行介绍时，掌握介绍的先后顺序是非常有必要的。虽然具体情形有很多种，但基本原则是相似的——尊长享有信息优先权，即先介绍身份地位低的人，再介绍身份地位高的人，让尊长先获得信息。例如，介绍双方为长辈和晚辈的关系时，应先介绍晚辈，再介绍长辈，让长辈先掌握晚辈的信息；介绍双方为上级和下级的关系时，应先介绍下级，再介绍上级，让上级先掌握下级的信息；介绍双方为主人和客人的关系时，应先介绍主人，再介绍客人，让客人先掌握主人的信息；介绍双方为一男一女，强调性别时，应先介绍男方，再介绍女方，让女方先掌握男方的信息。

当被介绍的一方不是一个人而是多个人时，应该按照身份地位从高到低依次进行介绍；当身份地位相当或不够明确的时候，可以按照由近及远的顺序依次介绍。

3. 实用策略

大学生在职业社交中，一般都是处于低位者的角色，应积极主动地把握适合自我介绍的时机，主动开启社交，绝不能只是被动地等待他人介绍。

自我介绍不一定只发生在第一次见面互相认识的时候，如果不确定对方是否还记得自己或者是否清楚自己的名字，那么完全可以主动再次向对方介绍自己。这样可以防止对方陷入尴尬的境地，会让对方感受到被尊重，体现出你善于换位思考的品质。

（三）握手

不同的文化背景和社交场合孕育了丰富多样的相见礼仪。常见的有点头礼、握手礼、拥抱礼、鞠躬礼、合十礼、拱手礼、跪拜礼等，每一种礼仪都是文化特色的体现。其中，握手礼在正式场合中最为通用，因为它简单、直接，并且易于跨文化交流。关于握手礼，需要了解握手的场合、握手的次序、握手的方式等。

1. 握手的场合

应当握手的场合主要包括以下几种。

一是见面。在初次认识或长久没见再次重逢时，可以一边握手一边问候，如"很高兴认识您""久仰大名""久违""好久不见""欢迎光临"等。

二是告别。在结束会面或分别时，可以一边握手一边告别，如"再见""再会""慢走""恕不远送""期待下次再见"等。

三是祝贺。当对方有升职、获奖、结婚、生子等喜事需要庆祝时，可以一边握手一边道喜，如"恭喜""祝贺"等。

四是慰问。在对方遭遇困难或不幸时，握手可以传递同情和支持的情感。

五是感谢。在接受帮助或服务后，可以通过握手表达感激之情。

六是和解。在解决分歧或冲突后，可以握手言和，此时握手象征着和解与重新开始。

七是合作。在建立合作关系或签订协议时，握手是双方给予承诺和信任的象征。

若双方手部不净，或手部受伤，或手里携带物品不方便握手时，则不宜行握手礼。

2. 握手的次序

在行握手礼时，哪一方先伸手是非常有讲究的，一般情况下应按照"尊长享有主动权"的原则决定握手的次序，即尊长先伸手，位低者不宜先伸手。例如，长辈和晚辈之间，应该长辈先伸手；上级和下级之间，应该上级先伸手；新员工和老员工之间，应该老员工先伸手；老师和学生之间，应该老师先伸手；女士和男士之间，应该女士先伸手。

这里有一种特殊的情况，就是主人和客人之间：当客人抵达的时候，主人应该先伸手以表欢迎；当客人告辞的时候，客人应该先伸手以表感谢。

当需要与多人进行握手时，应该按照"由尊到卑、由近及远"的顺序依次握手。

此外，握手的次序还应该遵从"律己容人"的原则，即规范要求自己，但宽容对待他人。如果对方在本不应先伸手的情况下，主动伸手希望与你握手，最得体的做法是礼貌回应。如果自己确实有不适宜握手的情况，应坦诚讲明并表达歉意。

3. 握手的方式

常规的握手方式：单手相握，用右手与对方右手相握，握住对方的手掌，适当用力，略微上下晃动，双方的手掌都垂直于地面，握手时间一般以3秒左右为宜。

当与对方属于亲朋故交时可以采用双手相握的方式，即在单手相握的基础上，用自己的左手覆盖在对方手背上。

在行握手礼时要注意，在任何情况下，都不宜使用左手进行握手。握手时间不宜过短，也不宜过长。握手过程中不能大幅度地摇摆和抖动。

4. 实用策略

在任何情况下，观察、感知和尊重对方的反应和偏好都是至关重要的。如果不确定是否应该握手，可以通过微笑、点头或其他非接触的方式表达友好和尊重。

二、线上社交礼仪

在数字化和网络化日益普及的背景下，线上社交成了一种重要的社交方式，线上交流和远程办公在某些行业里已经成为一种职场新常态。线上社交礼仪在当今社会中的重要性日益凸显，作为大学生，应该学习并掌握常见的线上社交礼仪，包括电话礼仪、短信礼仪、邮件礼仪等。

（一）电话礼仪

案例：小陈是一名刚开始找工作的大四学生。因为大四已经没有课了，所以他常常早上睡到自然醒再起床。有天早上8点半，还在睡梦中的小陈被电话铃声吵醒，他烦躁地直接挂掉了电话，想继续他的美梦。过了十几分钟，小陈的电话再次响起，他睡眼惺忪地看了一眼来电显示，是一个陌生号码，他接听了电话，十分不耐烦地问："谁呀？"没想到的是，电话竟然是一家招聘单位打来的，询问他是否可以参加下午的面试。可想而知，小陈的这场面试，还没等正式开始，就已经结束了。

1.打电话的礼仪

（1）选择合适的时间

工作上的联系应尽量选在工作时间内打电话，还应注意尽量避开上班前半个小时和临下班的时间。生活中的联系应尽量避开对方可能的休息时间，如深夜、午休以及节假日。当需要打国际长途的时候，应充分考虑两地的时差。当然，如果是突发情况或遇到紧急事件，应该及时联系。

（2）寻找合适的环境

在拨出电话前应确保通话信号畅通以及环境安静，确保通话时声音连贯清晰，避免背景噪音干扰。

（3）拟好通话的要点

在拨打电话前，应针对通话的目的提前准备好沟通要点，确保通话过程条理清晰，高效有序。有必要的话，可以将一些可能提及的关键信息写下来放在手边备查。

（4）礼貌问候和自报家门

电话被接通后，应首先问候对方并自报家门，以示尊重，最好可以简单扼要地讲明来意，以便对方迅速反应。如"您好，我是某学校今年的应届毕业生王小明，我想咨询一下贵公司明天面试的有关情况，不知道您现在方便通话吗？"避免直接抛出问题，让对方来不及反应，或者说了半天对方还没搞清楚来电人代表的立场。在通话中可以多使用礼貌用语，如"请问""谢谢""不好意思"等。

（5）控制通话时间

尊重对方的时间，尽量在预定时间内完成通话。避免冗长的通话，尤其是在对方可能需要处理其他事务的情况下。在通话结束时，礼貌地表达感谢。

2.接电话的礼仪

（1）及时接听

尽量在电话响起的前三声内接听，显示对对方的尊重和重视。如果当时不方便接听电话，在挂断电话后应该马上回复一条信息，信息内容应包括：未接电话的原因、表达歉意、表明自己回复电话的大致时间。如果漏接了电话，应尽快回拨给对方，说明未接电话的原因并表达歉意。

（2）认真记录

在接听电话时，准备好笔和纸，以便记录重要信息或后续行动。避免因未记录而遗忘重要事项。如果关键信息没有听清楚，可以及时向对方确认。

（3）转接电话

如果对方沟通的事项并不是由你负责，你可以礼貌告知，并请相关负责人来接电话，或者直接向对方提供负责人的联系方式。

（4）善待错拨电话

如果接到错拨电话，应保持礼貌和耐心，告知对方拨错了号码，避免对错拨者表现出不耐烦或粗鲁的态度。

3. 实用策略

当今社会，手机已经成为人们生活、工作、社交等过程中必不可少的工具，几乎24小时陪伴着我们，出现在各种各样的场合。正因如此，我们在使用手机时应更加注意礼仪，保护自己隐私的同时，尊重他人的隐私和公共秩序。在日常使用手机的过程中，我们应该注意以下几点，以免引起不必要的误会或反感。

一是避免打扰他人。在会议室、图书馆、书店、音乐厅、电影院等场所，或在进入领导办公室汇报工作前，应该注意将手机调为震动模式，防止电话铃声响起。

二是尊重个人隐私。不在任何时候偷拍、偷录他人，在自己的社交平台发布涉及他人的影像资料应征得对方的同意。

三是充分展示信任。在对方可能顾虑有人会录音、录像的场合下，可以主动将手机正面向上放于桌面，以示众人，打消顾虑。

四是保持手机畅通。注意时刻保持手机电量充足，话费余额充足。若因乘飞机或其他特殊情况需要关机时，应与家人和领导同事说明情况，恢复联系后应及时回应未读消息和漏接来电。

五是主动保存号码。对于首次联系以及将来可能发生联系的电话号码，应该及时保存，并且备注好对方的姓名、单位、职务等关键信息。

六是保护个人设备。妥善保管个人手机，避免遗失或被盗，同时也保护个人的数据安全，重要数据和资料应做好备份。

（二）短信、微信、邮件礼仪

案例：小张利用暑假的时间找到了一份还不错的实习工作，公司给他安排了一位有经验的老员工作为师傅。小张特别勤奋好学，不懂就问，但是师傅对他的评价却不算高。因为小张经常问问题不分时间和场合，也不太注意发信息的礼仪。例如，师傅常常收到小张的信息"在吗"，等师傅忙完手头的工作看到这条信息回复他的时候，小张再回复一句"师傅，您方便吗？我有个问题想咨询您。"师傅回复"可以"，小张才终于把需要问的问题提了出来。在师傅看来，这样的沟通方式效率太低，常常让他心感不悦。后来，师傅告诉小张，有问题可以电话沟通，比发信息更及时高效。有一次，小张给师傅打电话的时候，师傅正好在开会，于是挂断电话，给小张回了一条消息"抱歉，正在开会不方便接电话，有事给我发消息。"不一会儿，小张发来了一条消息，但是却是语音消息，师傅哭笑不得。

1. 短信礼仪原则

短信是以文字作为载体的一种信息传递方式。不同于面对面或者语音交流，短信不能传递语气、语调、情绪等信息，在沟通时效上也不一定非常及时，因此应力求简洁、准确和规范，以免引起歧义和误解。

（1）明确短信适用的场合。短信作为一种非即时但可以保存痕迹的信息交互方式，不适用于紧急信息的沟通，一般用于通知、提醒、备忘等。

（2）在短信内容结构方面，应注意称谓明确，正文简洁有条理，尽量将必需信息涵盖在一条信息内，减少短信往来次数，确保表述内容准确无歧义，末尾明确署名。

（3）发送短信和回复短信的礼仪与电话礼仪有相通之处，在此不再赘述。但需要额外注意一点，收到短信，应能回尽回，确认后及时回复，以便让对方及时知道你已收到并知晓短信内容，方便他人安排工作。

2. 微信礼仪原则

以微信为代表的社交类手机软件，极大地方便了我们的日常交流，它们不仅提供了即时通讯的便利，还融入了社交礼仪的新元素。

（1）慎发语音。在使用微信进行沟通时，我们应该优先使用文字消息进行回复，因为文字信息更容易被接收者快速阅读和理解。在与上级或客户交流时，更应避免发送语音消息，以示尊重和专业。

遇到开车或其他手头不便的情况，我们应该根据事情的紧急性来决定如何回复。如果情况并不紧急，最好的做法是等到可以安全打字时再进行文字回复。如果需要立即回复，并且确实无法打字，我们可以发送语音消息，但在此之前，应该首先向对方说明自己目前无法打字的特殊情况，并表达歉意。这样，即使使用语音消息，也能体现出对对方的尊重和对沟通礼仪的重视。

（2）巧用表情。微信平台提供了众多的表情符号，这些表情符号常被称作"颜文字"。之所以有此称谓，是因为它们不仅能够传递文字所表达的信息，更能直观地反映发送者的情感状态。表情符号的使用能够在一定程度上补充纯文字交流的不足，增添交流的趣味性，让对话变得更加生动和愉悦。

然而，表情符号的使用也需要适度和恰当。我们应考虑接收方的偏好和文化背景，避免发送可能引起对方不适或误解的表情。适时适量地使用表情符号，可以有效地提升沟通的亲切感，同时也展现了我们对交流礼仪的理解和尊重。通过精心挑选和使用表情，我们可以在微信交流中营造更加积极和谐的社交氛围。

（3）管理好微信昵称。一方面，我们应该谨慎选择并设置自己的微信昵称。一个得体、大众化且具有高雅气质的昵称，能够给人留下良好的第一印象。特别是在职场环境中，使用真实姓名作为微信昵称是推荐的做法。这样做不仅方便同事和合作伙伴辨识，还能在无形中增强职业形象的正式性和可信度。另一方面，在添加他人为微信好友之后，及时为对方设置备注是一项明智的举措。通过备注，我们可以记录下对方的单位、职位和姓名等关键信息。这种"单位＋职位＋姓名"的备注方式，有助于我们在日后的交流中迅速回忆起对方的身份和背景。即使长时间未联系，或者对方出于某种原因更换了微信昵称，我们也能够通过备注信息快速识别对方，避免因忘记对方身份而引起尴尬或误解。

（4）注意微信群的使用礼仪。微信群聊作为一个多人交流的平台，其成员构成往往比较复杂，在使用微信群时，我们应当遵循一定的礼仪规范，以维护群聊的秩序和效率。一是避免公群私聊。在微信群中，应避免将个人对话公开化，如果需要与群内的某位成员进行深入交流或有私密事宜需要沟通，应添加对方为好友，并通过私聊的方式进行。二是尊重群聊主题。每个微信群聊都有其特定的主题或目的，我们在发言时应尽量围绕这一主题进行，避免偏题或引入与群聊无关的内容。三是避免刷屏。在群聊中发送信息时，应注意控制信息量，避免连续发送大量信息，造成刷屏现象，影响其他群成员的阅读体验。四是注意发言时机。在群聊中发言时，应注意时机。避免在不适当的时间（如深夜或工作时间）发送信息，以免打扰到其他群成员。

3. 邮件礼仪原则

电子邮件作为一种正式且具有国际性的沟通工具，在职场交流中扮演着至关重要的角色。与短信和微信相比，电子邮件在表达方式和礼仪要求上有着更为严谨的标准。以下是使用电子邮件时应遵循的一些礼仪原则。

（1）精心设计邮件主题。收件人收到邮件时，第一眼看到的就是邮件主题，因此主题应直截了当、简明扼要地通过关键词句展示此封邮件的核心内容，以引起对方的重视，便于对方优先查看和尽快处理。可以根据邮件内容，在主题中使用中括号加关键词的方式引人注意，例如：【会议通知】首届全国大学生机器人大赛动员大会定于4月5日召开；【征集意见】关于部门团建时间和地点的意见征集；【简历】某高校土木工程专业李强的个人简历。

（2）仔细检查邮件附件。在发送带有附件的邮件时，必须仔细检查附件是否正确无误，确保所附文件是你想要发送的版本。同时，对附件的文件名进行规范重命名，使其清晰明了，便于收件人识别。若有多个附件，应按照逻辑或重要性顺序进行编号，以便于收件人查阅和整理。

（3）邮件内容结构清晰。邮件正文应遵循结构清晰的原则，包括恰当的问候语、正文段落、结束语和签名（一般应留下联系人的姓名和电话）。正文内容应简洁、明确，避免冗长和复杂的句子，确保信息高效传达。选择便于阅读的字体和字号，对于重要信息可以对文字进行一些特殊处理，如加粗、高亮显示、加下划线等。

（4）邮件的发送和回复礼仪与电话、短信礼仪有相通之处，在此不再赘述。

三、面试礼仪

（一）守时守信

守时守信是职场上一项基本的职业道德，而在面试中，时间观念的重要性更是不言而喻，它往往是面试官对求职者进行评估的第一项内容。迟到或匆忙抵达面试地点，不仅会给面试官留下不良印象，还可能被视为缺乏自我管理能力和自我约束力。此外，面试安排通常是紧凑的，个别求职者的迟到可能会影响整个面试的流程。

1. 面试前的准备

在准备参加面试时，首要任务是确保自己能够准时到达。这需要我们在出发前充分考虑路程距离、交通状况，甚至迷路的可能性，并据此计算出所需的出行时间。这样的规划有助于避免迟到的情况发生。

2. 到达时间的把控

一方面，应避免在面试中迟到；另一方面，我们也不应过早到达面试地点。提前10到15分钟到达是较为合适的一个时间点，这样可以避免因过早到达而打乱面试官的日程安排。当然，如果单位事先通知了多人同时参加面试，那么早到的求职者可以在指定的等候区等待。

3. 迟到的处理

如果不可避免地迟到了，即便是轻微的迟到，也不应放弃面试机会，或是过于焦虑。面试官通常对一定程度内的迟到是宽容的。在这种情况下，主动提前通过电话联系面试官，说明迟到的原因和预计到达时间，是一种负责任的做法，往往能够得到面试官的谅解。然而，如果迟到时间过长——例如超过一个小时，或者在面试官处理后续重要事务前无法到达——情况就会变得不利。因个人原因，如记性差或睡过头导致未能准时参加面试，通常难以获得谅解。

4. 对面试官的体谅

作为求职者，我们必须理解并接受面试官可能会因各种原因迟到，无论是因为其他紧急事务的耽搁，还是作为一种对求职者耐心和职业素养的考查。在这种情况下，我们应保持耐心和理解，避免表现出任何不满的情绪。同时，我们也应该认识到，我们无法对面试官的时间管理或礼仪行为提出要求，但可以控制自己的反应和行为，展现出我们的职业素养和理解力。

5. 计划有变应主动提前告知

若因为个人原因放弃参加面试的机会，应该主动提前告知联系人，并真诚表达自己的歉意，以便对方有充分的时间对面试人员进行调整，避免影响招聘工作的推进。

（二）沉着等待

参加面试时，我们的表现从到达面试地点的那一刻起就已经开始了，作为面试者在候场的时候也应该时刻注意自己的言行举止，争取表现出卓越的职业礼仪和素养。以下是对面试等待阶段的一些建议。

1. 主动报到并听从安排

到达面试地点后，应立即向组织者报到，并在报到后留在候场区域。遵循组织者的指示，按照指定的顺序在特定区域等候，不要随意离开指定位置。

2. 保持耐心和礼貌

等候面试期间，保持耐心是非常重要的。无论是在接待区坐着，还是在面试室外排队，都应保持冷静和礼貌的态度。避免频繁查看时间或向组织者询问面试进度，这可能会表现出焦虑和不耐烦。同时，不宜在等待区域频繁走动，以免显得浮躁不安。

3. 有效利用等待时间

利用等待时间来整理思绪和调整状态。可以复习个人介绍、简历上的关键信息，思考可能的面试问题及其回答，或进行深呼吸以帮助自己放松。

4. 维护安静有序的环境

在候场时，应将手机调至震动模式，避免在候场区域内拨打和接听电话。如有紧急电话需要接听，应选择不影响他人面试的地点，在礼貌告知组织者后离场接听，并尽快结束通话，尽早返回候场区域。与其他面试者保持适当的社交距离，避免主动发起聊天或交头接耳。同时，避免吃东西或制造噪音，共同维护一个安静有序的候场环境。

（三）进出有礼

在面试过程中，妥当地进出面试室同样体现了求职者的专业素养和对细节的关注。以下是一些建议，以确保你在面试中的每个环节都能给人留下良好的印象。

1. 耐心等待

如果没有人通知你面试开始，即使前面一位面试者已经离开，你也应在门外耐心等待，不要擅自进入面试室。这是对面试官的尊重，也避免打扰他们可能正在进行的讨论或休息。

2. 及时回应

当你听到自己的名字被叫到时，立即用清晰有力的声音回应"到"或"在"。这不仅表明你已经做好了准备，也展现了你的专注和反应能力。

3. 敲门进入

在进入面试室之前，轻轻敲门以示请求进入，这是对面试官的基本尊重。等听到面试官的回应后，再缓缓推门进入。

4. 从容不迫

开门的动作应尽量轻，避免发出响声。进门后把门关好，面带微笑，向面试官鞠躬、行礼、问好。保持自然而有礼的态度，避免过度紧张或过分热情。

5. 礼貌离场

面试结束时，要礼貌地向面试官表示感谢，可以再次鞠躬或点头，并带走所有个人物品。使用面试室的座椅后应归位，展现出你对细节的关注。轻轻关门离开，避免制造噪音，确保门在你离开后是关好的。

四、引导礼仪

（一）楼梯引导礼仪

楼梯引导礼仪是确保安全、尊重和效率的重要方面，尤其是在正式场合或拥挤的环境中。以下是一些楼梯引导礼仪的基本规范。

1. 引导者的位置

如果被引导人对于环境比较熟悉，应优先由尊者走在前方以示尊重；当客人初次光临对环境并不熟悉时，引导者应主动进行介绍，在引导他人上下楼梯时，引导者应走在楼梯靠外侧略靠前的位置，以便为跟随者指引方向。

2. 保持适当的速度

引导者应保持适中的步伐速度，既不要过快也不要过慢，根据跟随者的节奏调整自己的速度。

3. 避免拥挤

如果楼梯较窄，应避免多人并排行走，以免造成拥堵或不便。

4.礼让原则

如果在楼梯上遇到对向而行的人，应遵循"上让下"的原则，即上楼的人应礼让下楼的人先行。

5.注意安全

在上下楼梯时，提醒跟随者注意楼梯边缘和任何可能出现的障碍物，确保大家的安全。

6.照顾特殊需求

如果跟随者中有老人、儿童或行动不便的人，应给予额外的关注和帮助。

7.尊重女性

如遇穿着短裙或短裤的女士同行，男士应避免走在女士的下方，即上楼时，男士在前，女士在后。

（二）电梯引导礼仪

电梯作为现代建筑中常见的垂直交通工具，其使用礼仪对于维护秩序和确保安全至关重要。以下是一些基本的电梯引导礼仪。

1.进出电梯的次序

（1）在乘坐有专职操作员的电梯时，应由长者和尊者先行，最后一名同行人员进入电梯后，应礼貌告知电梯管理员所去楼层，并表示感谢。

（2）当使用没有专职操作员的电梯时，应指定一位引导者先步入电梯，并站在控制面板旁边。这位引导者需要用一只手按住"开门"按钮，同时用另一只手轻轻挡住电梯门，以确保门保持开启状态，让所有人都能方便地进入。随后，其他乘客应遵循尊老爱幼的原则，让年长者和尊贵的客人优先进入电梯。同样的，在出电梯时，也应该由一名引导人在前引导，长者和尊贵的客人先出电梯，后出的人应按住开门键，确保所有人都能顺利走出电梯。

2.在电梯内的站位

电梯内比较靠里的位置被视为上位，靠近门口和两侧的位置被视为次位，最靠近电梯按键的位置是最次位。一般应将电梯最里侧中间的位置留给客人或领导，其他陪同人员依次站在两侧，并且面向中间侧身而立，避免站在客人或领导的正前方，避免完全背对或正面相对。引导者应站在电梯按键处，方便控制电梯和为他人提供帮助。

3.礼貌让行

上下电梯时应遵循"先下后上"的原则，避免拥挤和争抢。

4.保持安静

在电梯内，应尽量避免交谈或打电话，保护自己的隐私，尊重他人的隐私。

（三）乘车引导礼仪

乘车无论是在日常生活中还是在职场外出时，都是极为普遍的交通方式。在乘车过程中，不同身份的乘客通常遵循一些传统礼仪来选择座位。

1.轿车上的位次

一般来说，轿车上的位次排序讲究以下基本原则：后排为上，以右为上。但具体又分为司机驾驶和主人驾驶两种情况。

（1）司机驾驶

当有专职司机驾车时，轿车后排右侧为上位，后排左侧次之（后排一般仅安排两人入座），副驾驶为最次，如图9-20所示。

（2）主人驾驶

当由主人驾车时，轿车副驾驶位置为上位，然后依次为后排右侧、后排左侧、后排中间，如图9-21所示。

图9-20　有司机驾驶时的位次　　　　图9-21　由主人驾驶时的位次

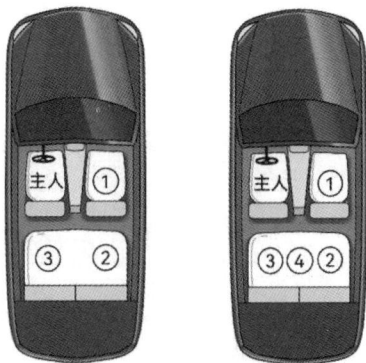

2.上下车的次序

一般来说，上下车次序的基本原则为：尊长先上后下。后辈应主动为尊长开关车门。

3.特殊情况灵活处理

在某些特殊情况下，如尊长行动不便或有其他特别需求，后辈应尊重其要求，根据实际情况灵活调整，提供必要的帮助。

五、位次安排礼仪

位次安排是社交礼仪中的一个重要方面，尤其在正式的商务、政治或社交活动中，位次安排是否规范和恰当一定程度上决定了组织工作能否顺利开展。作为初入职场的大学生，了解常见场景下的位次安排，既可以帮助工作顺利开展，也可以避免陷入不必要的误解或尴尬。

（一）基本原则

位次安排应遵循一定的逻辑和惯例，如按照职位高低、行业地位、与活动的相关性等因素来决定座位的顺序。在不同文化和具体情境下，位次安排的规则可能有所差异。职场新人需要学会根据不同场合灵活调整，以符合当地的文化习惯和活动要求。

在最常见的职场情形中，位次安排的原则可以概括为以下几条：前排为上、居中为上、远门为上、面门为上、以右为上。

（二）会议座序安排

1. 主席团排座

主席团的座次安排原则为：前排高于后排，中央高于两侧。当入座领导为单数时，主要领导居中，2号领导在1号领导左手位置，3号领导在1号领导右手位置，依次向两侧排开；当入座领导为双数时，1、2号领导同时居中，2号领导在1号领导左手位置，3号领导在1号领导右手位置，依次向两侧排开，如图9-22所示。。

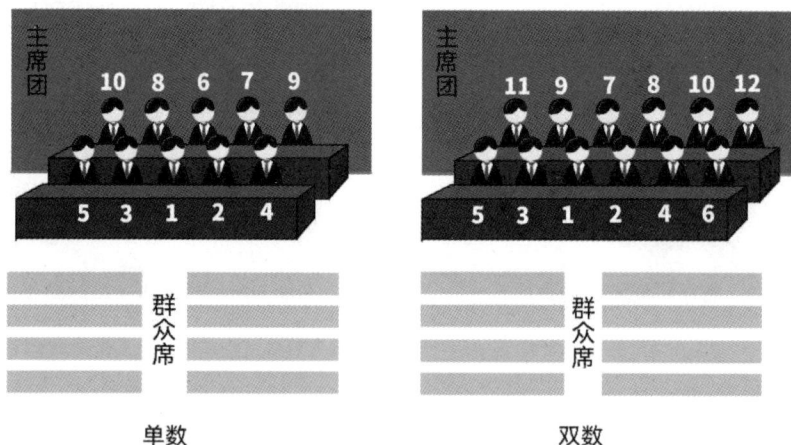

图9-22　主席团座次安排

2. 群众席排座

群众席的座次安排原则为：一楼座席高于楼上座席，前排高于后排。常见的安排有以下两种，如图9-23所示。

（三）宴会座序安排

1. 桌次安排

在宴会上，当所设餐桌不止一桌时，桌次的排序应遵循以下几个基本原则。

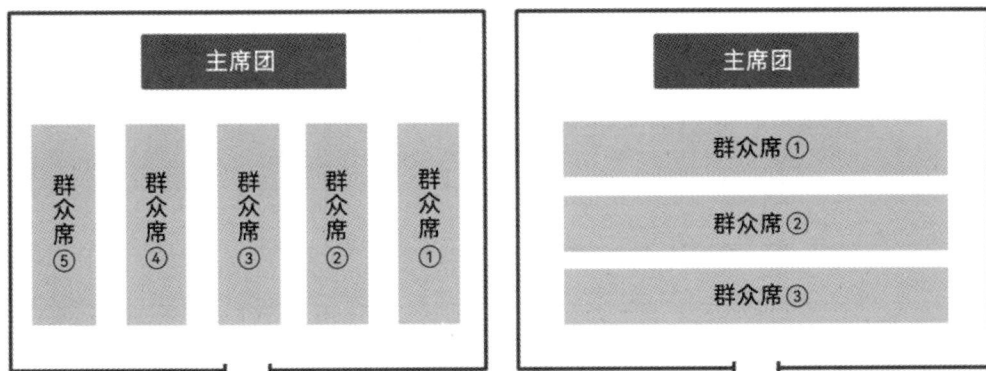

图 9-23　群众座次安排

（1）以右为上。当房间内餐桌横向分布时，在室内面向大门的右边为上，左边为下，如图 9-24 所示。

（2）以远为上。当房间内餐桌纵向分布时，远离大门为上，靠近大门为下，如图 9-25 所示。

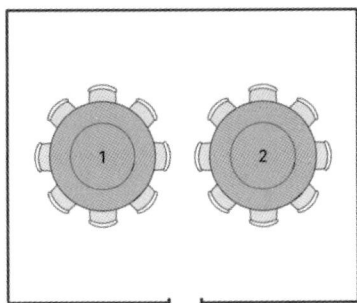

图 9-24　餐桌横向分布桌次安排

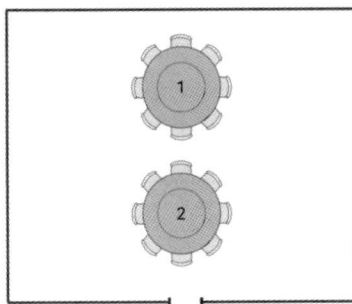

图 9-25　餐桌纵向分布桌次安排

（3）居中为上。当房间内多张餐桌进行分布时，应在居中为上的基础上同时遵循以右为上和以远为上的原则，综合考虑排序，如图 9-26 所示。

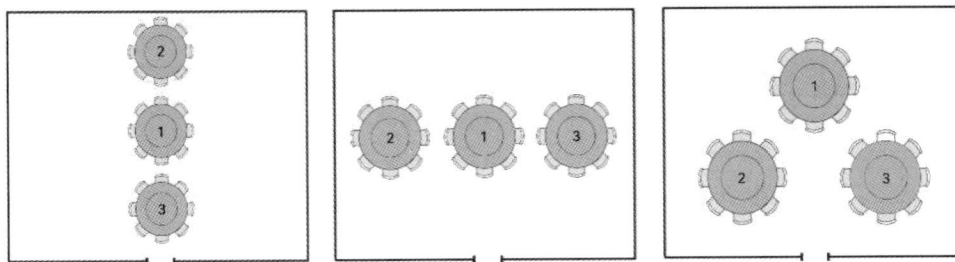

图 9-26　多张餐桌分布桌次安排

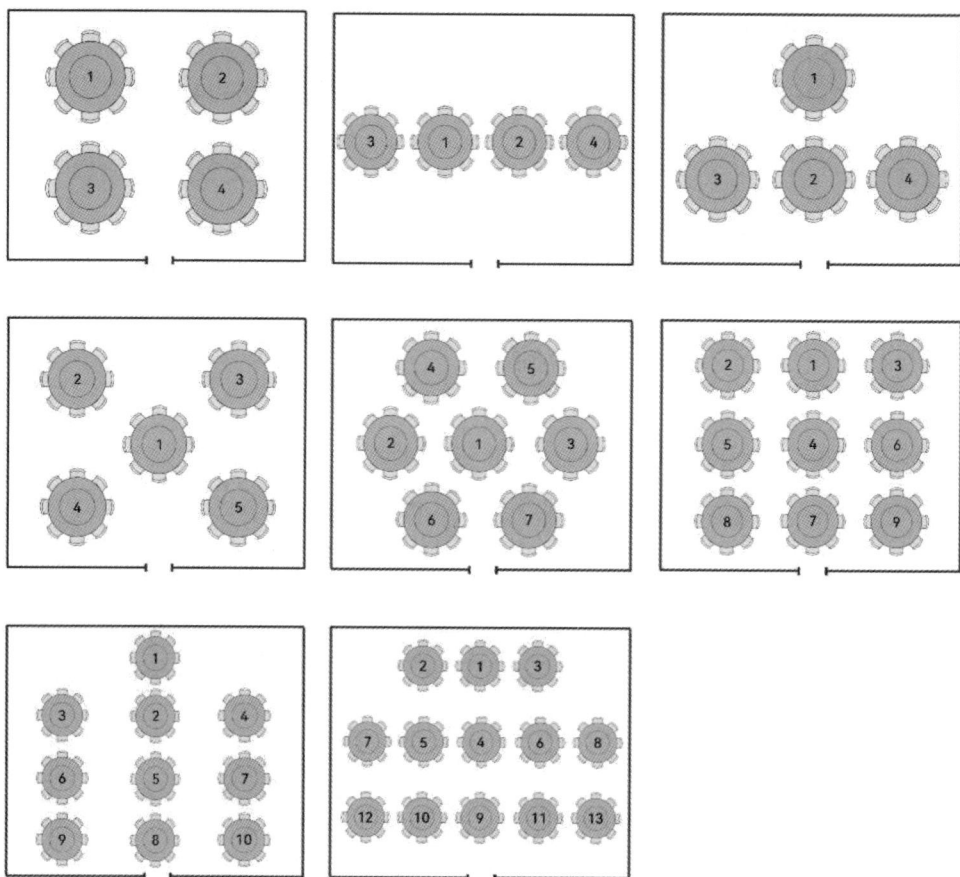

续图9-26

2.座次安排

在宴会上，确定好桌次之后，对于每一桌的座次安排应遵循以下基本原则：主人面门（又分为一个主人和两个主人两种常见情况），主宾居右（指的是主宾坐在主人的右手侧），如图9-27所示。

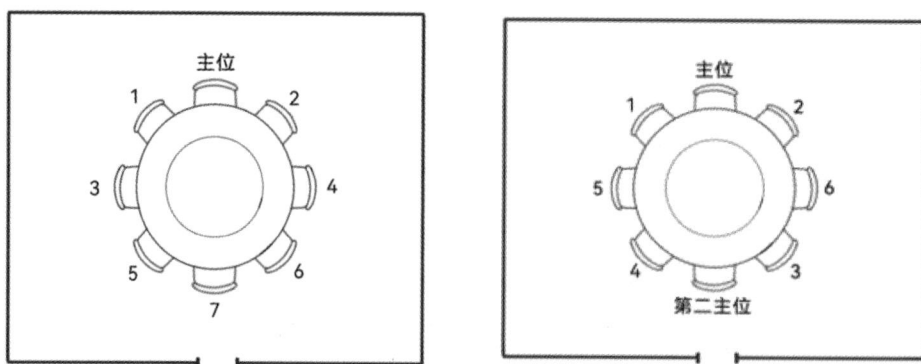

图9-27　座次安排

❀ 素养训练

小组模拟场景训练

本章介绍了部分常见的职业礼仪策略，在理论知识学习的基础上，还需要通过在实践中不断练习，才可以转化为自己的内在职业素养。

与同学一起开展模拟场景训练，几人为一个小组，规定特定情境并分配角色，进行礼仪模拟训练。在模拟结束后，互相分享感受，进行优缺点评价，从而改进自己的礼仪习惯。

情境	角色分配	情境描述
1	领导 A，职员 B	领导 A 与职员 B 一起乘公务车前往某活动现场。情境模拟包括上车、下车、同行、乘坐电梯、到达会场等环节
2	学院领导 A1—A5，校友发言代表 B1—B3，学生干部 C	学院建院纪念日活动，有 100 名校友返校参加典礼活动，身为学院学生干部的你作为典礼会务工作的负责人，有以下工作：邀请学院领导参会、确认参会人员名单、会场座次安排、现场引导入座。情境模拟包括发送活动邀请、确认参会情况、座次安排、迎接嘉宾等环节
3	男友 A，女友 B，男方父亲 C，男方母亲 D，女方父亲 E，女方母亲 F	谈恋爱多年的二人到了双方父母第一次见面的时候，男方与父母一起携礼物到女方父母家进行拜访。情境模拟包括见面问候、介绍、入座、递茶等环节
……		

【延伸阅读】

1. 《职场礼仪实训》，龚鹰，海洋出版社，2020 年

2. 《职场礼仪（第二版）》，谢力维，李竺蔚，西南财经大学出版社，2020 年

3. 《大学生职业生涯规划（职业素养与能力篇）》，袁敏，北京理工大学出版社，2020 年

4. 《职场礼仪（第二版）》，金正昆，中国人民大学出版社，2015 年